亲子
系列 1

亲子教育超级人气讲师
靳丽华 著

我的孩子顶呱呱

九州出版社
JIUZHOUPRESS

序——

对孩子的爱不只是一种

平日里，在与同龄的妈妈聊天中，大家的话题永远离不开孩子，说着说着不少妈妈的话里就会流露出无奈与失望。接着就是不理解，她们不明白自己无私的爱却毫无收获，为什么自己的孩子总是那么不懂事，那么不出色，那么不尽自己的意。

爸爸妈妈们在纳闷：我对孩子的爱还不够吗？孩子生下来，我们不舍得穿，不舍得吃，把一切好的东西提供给孩子。可为什么孩子就是不理解这份爱？

可是在孩子看来呢？

之前一段时间，一家网站做出了一个名为“父母皆祸害”的专题，点击率很高，也吸引了很多青少年。我看到后，不禁心头像针扎了一样疼。

我们做父母的到底是怎么了，让孩子们发出了这样的呐喊。看着很多孩子写下的文字，我才明白，他们一样需要爱，可是他们不需要父母任意摆布的“爱”。

我相信，几乎当家长的，都是那么深爱自己的孩子，那么无私地、心甘情愿地为孩子做着一切自己能做的事情。但是，你是否知道，爱孩子有很多种方式，不仅仅是给孩子留了多少好吃的，不仅仅是省了钱给孩子报了多少特长班，有时候，一句理解的话、一个信任的眼神更能让孩子感受到爸爸妈妈的温暖和爱意。因为在孩子的成长中，他们更需要爸爸妈妈理解的爱、支持爱、信任的爱。

一位和我年龄相仿的妈妈问我："为什么你的孩子能那么懂事？你怎么教的？"我说："我没怎么教他。"另一位朋友问："你平时怎么管孩子的？"我说："孩子的事情，我还真管得不多。"一位家长问我："你孩子上的哪所学校，上的哪个辅导班，我让我孩子也好好学一学。"我说："孩子从小到大，没上过辅导班。"

我的回答既得到了很多朋友的羡慕，也得到很多朋友的不解。我想，不是他们不爱孩子，而是他们把对孩子的爱框定在"教好、管好、学好"。很多时候，他们更是把原本的爱这样一点点地缩小了，限制了。也正因为如此，孩子对爸爸妈妈付出的爱开始反抗，开始呐喊。

每次看到这样的事情后，我就特别想说点什么，也很想写点什么。索性，我把养育儿子呱呱的生活片段整理起来，也将我看到的现象整理好，写给周围的朋友看，希望她们能把对孩子的爱再扩大一点点。就这样，朋友们发来邮件、打来电话说："你怎么不早点给我提这些意见呢？"

我说对大家有帮助就可以。

朋友们说：“太有帮助了，多写点，也能让我爱好我的孩子。”

朋友们很期待，很期待我能说出有意义的观点和方法，以提供给他们，而我却感觉有些力不从心。我力争在尽快的时间将养育孩子的观点提出来，也尽我所能将道理说清楚，希望能让更多的朋友在读的时候能感觉真的有所帮助。

在这里，我想先说明的是，我的孩子呱呱不是天才，也非精英。但在我的心里，他从出生后就是一个与众不同的孩子，他有自己的喜好，有喜欢的玩具，也有不喜欢吃的菜肴，有赞同我的时候，也有不同与我的观点。而这些又和很多很多的孩子一样，因为每个孩子天生就各有特点。我在生活中，一贯采取“不教、不学、不管”的原则，不教孩子怎么和大人说话，不教孩子怎样照着书本上的天才儿童去做去学；不报孩子浑身上下没有的潜能班，不学一些书上宣扬的“高分技巧”；不去干涉管束孩子的社交、不翻看孩子的日记，等等。我高兴的不是他拿回及格的成绩单，高兴的不是他拿回来多少的薪水，而是他对世界、人生、生活有自己的独特的思考。

在养育孩子的过程中，我也有辛苦，也有劳累，也有过错。当听到孩子咿呀学语，叫第一声“妈妈”时，我想我要做的不仅仅是爱他，更要做的是爱好他；当孩子第一次和我争辩时，我才发现我不仅要爱孩子，更要尊重孩子的想法；当我过生日收到孩子亲手绘画的卡片，我感激生命里有孩子。在孩子的身上，我看到了积极乐观的生活态度，看到了青春年少的远大梦想、也看到他对未来的激情与当下的拼搏。

我想，这正是孩子给我们带来的生命的力量吧。

就这样，孩子一天天在长大，在点点滴滴的生活中慢慢长大。我也希望更多的家长，以更多的爱、以不同方式的爱让孩子幸福而快乐地成长与生活。

目　录

第六辑　爱孩子要懂得适时放手

第一辑

好妈妈爱孩子要爱得明白

天下的妈妈都深爱自己的孩子，很多妈妈明明爱自己的孩子，却总是在言行中给出了相反的教育，如此得到的结果自然成了苦果。孩子不理解爸爸妈妈如此尖锐的爱，而爸爸妈妈也不理解自己的爱为何得不到孩子的爱。原因在于，爸爸妈妈爱孩子却没有爱得明白，没有给予孩子更高质量的爱。

1. 小心愿中隐藏的大故事

生日许愿

每个人都有自己的心愿，即使年龄很小的孩子也有愿望。他们的愿望有时候是美好的，而有的时候，他们的愿望背后隐藏着巨大的秘密。这些秘密让他们感到痛苦与无奈。

呱呱过四岁生日的那天，正好是周六，一大早就围着我和先生，左转转，右转转。我问："呱呱长大了一岁，高兴吗？"

呱呱眨巴着双眼，撇着小嘴想说什么，但又不说，过了一两秒钟，呱呱转过来问我："妈妈高兴吗？"

呱呱这么一问，我愣了一下。孩子长大了一岁，为父为母自然是高兴，我一手拉着呱呱的小手，一手抚摸着呱呱的脸蛋，高兴地说："我和爸爸都为呱呱高兴。我们的呱呱长大喽。”

可是呱呱听完后，似乎并不怎么高兴，脸上也看不到平日那种无忧无虑的喜悦。这时，爸爸叫呱呱过去拿彩条，呱呱挣脱了我的手，跑了过去。

正好是周末，我的老同学听说呱呱过生日就决定和老公一起过来。我要抓紧时间准备好做饭的材料。

呱呱看到阿姨和叔叔来，可能是忘记了不高兴的事情，忙着在客厅里跑来跑去，一会给阿姨拿小板凳，一会说要给叔叔看自己的新书包。看着呱呱又开心了，我也就打消了刚才的疑虑。

中午吃完饭，我们几个大人摆好蛋糕，点好蜡烛，一起为呱呱唱着生日歌，呱呱高兴地在蹦跳着。这时候，老公说：“呱呱，许愿吧。”

可是，呱呱这个时候好像想起了什么，不蹦跳了，嘟着嘴，站在原地似乎在想什么。

呱呱问：“爸爸，许愿是不是就像电视里那样？”呱呱是不知道许愿的意思吗？我心里在想，以前给呱呱解释过这个词语。叔叔和阿姨开始教呱呱怎么做。

呱呱有些着急了，抢着问：“只能许一个吗？”阿姨在旁边说：“一年过生日许一个愿望，等你长大了，愿望就实现了。”

呱呱说：“爸爸妈妈，叔叔阿姨，明天我还要许愿，我还要过生日。”我们几个大人都以为呱呱喜欢过生日的气氛，大家也都应声着说：“好，明天呱呱还是小寿星。”听了这些话，呱呱才站在蛋糕前，合着小手，眯着眼许了愿。

大人们都以为孩子说这些话就是闹着玩的，可是接着发生的事情，让我感到孩子内心里藏着很多秘密，而这些秘密有的时候让他感到很难受，有担忧，也有恐惧和焦虑。

送走了同学夫妻二人，呱呱也玩得有些累了，我哄着呱呱去睡觉。当我要抱起呱呱的时候，呱呱就醒了，说要爸爸妈妈也一起睡觉。

这个时候，呱呱的表现让我越来越疑虑了。我看到呱呱睡意很足了，我就答应呱呱陪他一起睡觉，可是呱呱坚持让爸爸也在他身边。看到呱呱委屈的样子，我叫来老公。我们两个人都站在呱呱的小床边，我轻轻拍着他，哄着呱呱睡熟。

当呱呱睡好后，我和先生悄悄走开。我和先生的感受是一样的，都觉得呱呱今天很奇怪。因为呱呱晚上睡觉都自己一个人，自从两岁开始自己睡后，从来都不需要我们陪，何况今天是白天，难道今天是想在爸爸妈妈面前撒娇吗？

我把呱呱早上和我的对话告诉了先生，先生觉得很纳闷。我在想，孩子还小，难免有脾气，不管不问就可以了，也许过几天就没事了。可是又一想万一要是孩子有什么痛苦的事情，这样对他的心理发展肯定有影响。一番商量后，我和先生认为，孩子有什么事情不愿意说，而这个不愿意说的事情又让孩子很难受，如果不能帮孩子解开的话，那么，孩子一想到这个事情，就会有丝丝的痛苦。因此，我和先生决定采取“必要的行动”问清楚孩子。

孩子心头的纠结

我和先生也有些累了，就休息了一会，迷迷糊糊中感觉到有人在推我，一边推，一边叫：“妈妈，妈妈……”

我问：“我们的呱呱睡醒了，是不是口渴了？”

呱呱好像很不高兴地说：“爸爸妈妈说话不算数。”

听到这话，我感觉事情有些严重了，急忙说：“呱呱今天过生日，怎么不高兴了呢？爸爸妈妈说错什么了吗？”

呱呱一脸的不高兴，说道：“爸爸妈妈不是说要和我在一起吗？”

我说：“是啊，爸爸妈妈就是说要和你在一起啊。”

呱呱着急地说：“那刚才爸爸妈妈就偷偷跑了，不在我屋里了。”

听了呱呱的话，我才知道，我和先生刚才给孩子承诺，说要一直陪着他，可是他以前睡觉的时候，我都是哄睡着他，就走了，呱呱都很认可的。今天呱呱生日反倒这样较真了。

我说：“爸爸妈妈当时是答应了，可最后爸爸妈妈没有做到，这件事情是爸爸妈妈错了，爸爸妈妈给你说对不起，好吗？我们的呱呱不要生气了。”

我很诚恳地对孩子说。我接着说："爸爸妈妈看到你睡着了，爸爸妈妈在旁边一直站着会把你吵醒的，而且今天爸爸妈妈也有些累了，就回自己的房间休息了一会，没想到我们的呱呱生气了。以后你自己睡觉的时候，爸爸妈妈只待一会，好不好？"

呱呱好像想到了什么，就问："那我能和爸爸妈妈一起睡吗？我把爸爸妈妈哄睡着了，我再睡。"

听到儿子这样说，我心里感到暖暖的。在儿子的眼里，爸爸妈妈和他是一样的，需要人哄着睡觉，也需要有人来看护。

我笑着对呱呱说："我们的呱呱长大了，知道心疼爸爸妈妈了。不过，你要自己睡。"

呱呱从我的怀里挣开，一下子站在我面前，理直气壮地说："不！我就要看着爸爸妈妈。"

呱呱今天到底怎么回事？

"看着爸爸妈妈？呱呱为什么要看着爸爸妈妈呢？爸爸妈妈这不是在你身边吗？"我再次拉起呱呱的手，将他拉在我的怀里，准备给他讲故事。

呱呱低着头不说话，一点也没有往日的精神劲儿。我为了转移呱呱的注意力，让他去自己屋里拿书，呱呱却说："我不爱听。"

我小声问："呱呱今天许的什么愿呢，悄悄告诉妈妈，好吗？"

呱呱一听这话，就说："妈妈说过愿望不能说的，我去找爸爸玩。"我的试探失败了。

呱呱的生日就这样度过，孩子心里有不想说的愿望，而我和先生心里也都感觉不踏实。孩子玩起来就忘记了不高兴的事情，可是突然看到什么或者听到什么，他的心里又会想到那些不高兴的事情。这就是孩子，他不能像大人那样去伪装，也不会像大人那样去刻意忘掉，他的心里也藏着许多事情。

就这样，呱呱时而忘记，时而记起那件不高兴的事情。到晚上，非要和爸爸妈妈一起睡。我和先生不管怎样问他，他都不说，就说要看着爸爸妈妈。我和先生觉得这样问孩子也让孩子为难，就让孩子坚持自己的理由吧。

当三个人一起躺在床上后，我和先生都给呱呱讲故事。呱呱一手拉着爸爸，一手拉着我。看着呱呱很高兴的样子，我说：“我们的呱呱今天很不一样呢，自己不仅过生日，还想着爸爸妈妈，专门来陪爸爸妈妈。”

呱呱说：“爸爸妈妈这下就不会跑了。”

我问呱呱：“爸爸妈妈在呱呱身边呢，怎么会跑呢？”

呱呱撅着嘴说：“幼儿园里的宁宁说，他过生日的时候，爸爸妈妈就跑了，再也没有回来。”

我问呱呱：“宁宁的爸爸妈妈怎么会跑呢？”

呱呱张张嘴，又转头看看爸爸，说：“我告诉你们，你们不能告诉别的小孩。”

我说：“我和爸爸不会告诉别的小孩的。”

呱呱两个小手在胸前比划着说：“宁宁说（他）爸爸妈妈经常打架，然后（他）奶奶说在生日的时候许个愿，爸爸妈妈就不打架了，他过生日的时候他他爸爸妈妈再也不要打架，不然的话他就不要他们了。”

呱呱又看看我和先生，接着说：“宁宁睡着了，醒来后，爸爸妈妈都跑了。（宁宁）奶奶说，（宁宁）爸爸妈妈都是坏蛋，都被大灰狼叼走了，再也不要宁宁了。”呱呱说到这里，拉着我和先生的手，说：“我不会不要爸爸妈妈的。”

听了呱呱的话，我才明白，为什么今天呱呱如此反常。因为过生日，让呱呱想起了幼儿园的伙伴宁宁。宁宁的爸爸妈妈因为关系不和而离开了宁宁，孩子以为是自己许愿把爸爸妈妈给弄跑了。就这样，呱呱担心今天的生日许愿，也担心自己的爸爸妈妈会被许愿弄跑了。

我对呱呱说：“宁宁的爸爸妈妈不是因为宁宁许愿才离开的，也不是被大灰狼叼走的，可能他的爸爸妈妈有事情要去做吧。只是宁宁的奶奶看到他的爸爸妈妈都走了，就生气地给宁宁这样说的。”我轻轻拍着呱呱的小肚皮，对他说：“生日许愿是件很开心的事情，比如你想要什么或者想看到什么，都可以在心里记住。有的愿望需要自己努力就能得到，可是有的就得不到。”先生在旁边则笑着说，孩子太小，不知道愿望是什么呢。

呱呱抢着说："我要爸爸妈妈陪我睡觉。"先生用手轻轻地捏了一下呱呱的脸蛋，说："呱呱今天长大了一岁，反而想黏着爸爸妈妈。"

先生在逗呱呱开心。我在想，用什么语言能更好地给三岁的孩子解释清楚这个许愿的事情呢。

我在想，呱呱为这件事情如此难受，不知道他的伙伴宁宁又是怎么度过这些天的，也许当他看到别的孩子的爸爸妈妈时，自己却看不到爸爸妈妈，心里永远都会认定是他的那个愿望让爸爸妈妈离开了他，孩子幼小的心里，隐藏着如此沉重的愧疚，让他如何快乐得起来呢？

"善意"的谎言该不该给孩子说

许愿的事情过了几天后，呱呱也不再提起，这件事情在他心里也就渐渐淡化了。但是这件事情却在我的心里泛起沉思。这让我想起周围很多爸爸妈妈经常用一些谎言来管教孩子。就像宁宁的奶奶善意地告诉宁宁，许个愿望，爸爸妈妈就不吵架了，当孩子看不到爸爸妈妈时，奶奶则狠狠地说爸爸妈妈被大灰狼叼走了。

这些话在大人看来也许是为了孩子好，为了给孩子解围，他们认为有时候这些谎言必须说，因为他们是善意的，原因是这些谎言是为了孩子好，为了孩子的成长。那我们来听听其他"善意"的谎言吧。

记得有一天，我送呱呱去幼儿园，快到幼儿园的时候，看到一个小女孩拉着妈妈的手哭泣着，就是不愿意进幼儿园。年轻的妈妈，一开始是好言相劝，可是几分钟过后，女孩还是哭。妈妈生气了，就说："你要是再不进去，一会妖怪来了，妈妈可不管你了。"

女孩一听不哭了，眼睛朝四处看，我想可能是在找妈妈说的"妖怪"吧。几秒钟后，女孩哭得更厉害了。这位妈妈生气地甩着胳膊，往后退了两步，厉声地说："就知道哭，我走了。"然后，做出要走的样子。我知道这位妈妈也是想让女儿停止哭泣，抓紧进幼儿园，可是她越是这样，孩子越是哭得厉害。

因为在孩子的心里，她会想，妖怪要来了，妈妈也不管她了，只剩下她一个人，妖怪会抓走她的，这个时候，她的心里怎么可能还会想着进幼儿园呢。

我看到后，我对呱呱说："那个小妹妹是你们班的同学吗？"呱呱摇摇头。

我蹲下来对呱呱说："小妹妹年龄小，不想上幼儿园，她妈妈还要去上班，你和妈妈去帮妹妹一下，好吗？"

呱呱说："妈妈，我带妹妹进去吧。"呱呱显示出一副承担任务的样子。我说："我们给阿姨和妹妹说一声。"

我带着呱呱走过去，我对那位女士说明情况。呱呱这个时候站在小女孩的对面，很诚恳地说："小妹妹，你别哭了，我带你去坐马车（呱呱一直把幼儿园的木马叫成马车）。"小女孩可能是看到有一样大小的伙伴，停止了哭泣。那位年轻的妈妈看到后，一直说谢谢。

有很多爸爸妈妈都会像这位妈妈一样，孩子一哭闹，就用"妖怪"、"魔鬼"、"大灰狼"等词语吓唬孩子。这些妈妈说，只有这一招管用，孩子立即不哭不闹了。这样的谎言是"善意"的吗？等到孩子稍微大些的时候，就明白没有所谓的"大灰狼"，可是这些妖魔鬼怪的形象总是在他的心里盘旋着。

我有个同学说，她的孩子现在都十几岁了，胆子特别小，就连毛毛虫都害怕。我见过她的孩子，虽然长得挺高大的，胆子确实很小，晚上下自习不敢回家，楼道里稍微黑灯了，就必须让爸爸妈妈接他。我和同学聊天的时候，我无意问起，孩子小时候是不是用一些话刺激过他。我同学说小时候孩子很调皮，管不住，孩子一不听话，她就说"妖怪来了"，孩子听到这话能乖些。孩子有时候睡觉还贪玩，她把灯关掉，就说妖怪来了。孩子不喜欢洗澡洗头发，每次她也说，"好好洗，妖怪就不会来了，要不然，妖怪就会吃不爱洗澡的孩子。"

听了这些，我就责备她。孩子从小接受这种观点，心里一害怕，只能处处听爸爸妈妈的，因为他要爸爸妈妈保护他。直到现在，不知道还有多少爸爸妈妈用这样的话来让孩子听话、顺从，他们不知道，这些吓唬和谎言背后，会让孩子幼小的心灵要承受多大的恐惧和焦虑。孩子需要安全感，可是都被父母活生生地剥夺了，不仅如此，父母还用各种自认为"善意"

的谎言让孩子相信这个世界上有那些“妖怪”、“大灰狼”。谎言本身就会让孩子生活在欺骗之中，而家长认为的“善意”在孩子眼里却未必是“善意”。爸爸妈妈是爱孩子的，可是不要用这些“妖魔”形象打开孩子认识世界的心门。

2. 快乐王子的童年

爸爸妈妈都希望孩子能够健康快乐，那首先把童年还给孩子，因为童年是属于孩子们的。童年是孩子们应该享有的美好时光，而不是父母强加给孩子幼小身心的枷锁。

快乐的小王子

提起童年，让我想曾经很流行一首歌曲，歌曲名字就是《童年》，这首校园歌谣让我们很多人陶醉于其中。歌词里的“池塘边的榕树上 / 知了在声声地叫着夏天 / 操场边的秋千上 / 只有蝴蝶儿停在上面……”仿佛描述的就是自己的童年，从那以后，每次听到这首歌，就让自己很放松，闭上眼回忆起童年那段美好的时光，带着弟弟去捕捉知了，给弟弟摘枣吃，和弟弟为了挣零钱抢着摘棉花，等等。而如今已上大学的呱呱说起自己的童年时却很是自豪，因为他在小时候是我们家的“小王子”。

呱呱具有很强的记忆力，这一点我和先生都很惊奇。后来才知道，几乎每个孩子在幼儿期、童年期都是如此，只要孩子感兴趣的事情，他就会牢牢记住。呱呱小时候很喜欢听童话故事，我下班回来再晚，他睡觉前都要听。我记得有一段时间，呱呱都四岁了，总是喜欢听《白雪公主》里王子骑着白马带着白雪公主一起走的那一节。好几天，呱呱都是要听王子来救白雪公主的这一节，还问我王子骑的什么样的马，并悄悄对我说：“妈妈，等我骑着这个（匹）马后也带着你去救白雪公主。”

我听了后笑着问：“我们的呱呱要做个英俊的王子呢。”

呱呱听后，挺起胸膛，很是骄傲地说：“妈妈，我就是那个王子。”就这样，呱呱自封为“王子”。

为了圆呱呱的“王子梦”，在过“六一”儿童节前一天我就专门到儿童玩具店给他挑选与王子相关的玩具。我看到一辆小马车很不错，白色的小马顺着已经设计好的路线一直走，搭配的是很有西方元素的车篷和卡通人。我决定给呱呱买下。而呱呱则有自己的设计。他拿出爸爸给他用木棍削好的木剑，让爸爸给他做好佩饰，然后风风光光地在客厅里走。当我把买好的玩具给他时，他高兴地说：“这是王子的马车。妈妈这是哪里来的？”我说：“今天是儿童节，爸爸妈妈送个王子的礼物啊。”呱呱很高兴地拿起马车，然后放下木剑，摆弄起马车来。

呱呱看到马车上卡通人穿着和自己不一样，自己就在屋子里到处找。卡通人戴着黑色的小礼帽，他问：“妈妈，哪里有王子的帽子？”我说：“今年的儿童节只有这个礼物了，王子的帽子需要等到你生日的时候或者明年的儿童节才会出现。如果你看看家里有什么东西可以制作一个帽子的话，那妈妈就帮你。”

呱呱眨着眼睛，好像在想什么。他说：“妈妈不能给王子变一个吗？”呱呱说的“变”，就是《西游记》里孙悟空的变。我说：“妈妈不是孙悟空啊。”

呱呱接着问：“那孙悟空在哪里呢，他不是神通广大吗？他看不到我吗？”听了呱呱的话，我笑了，孩子总是把故事和现实混淆，而他想象的事情是美好的，我现在解释这些现实，他又不能理解。那就让孩子生活在这个美好的童话里吧。

我对呱呱说：“呱呱觉得孙悟空能看到王子吗？”呱呱说：“孙悟空当然能看到了，说不定他这会就在花果山里准备出发呢。”

我笑着问：“孙悟空是唐僧的徒弟，他怎么会听王子的呢？”

呱呱听了后，停了一下，很快，似乎很有把握地说：“我把我的马车借给唐僧用，这样他去取经就不会累了，孙悟空就会给我变个好看的帽子了。”

呱呱似乎很为他想的方法高兴，兴奋地说：“妈妈，孙悟空来了后，我要给王子变好多好多的东西。”

我看到呱呱这样开心，我说：“孙悟空现在帮师傅取经呢，估计明年才能来呢。那这个时候，王子该怎么办呢。”

呱呱听了后，高兴劲似乎一下子少了一半，他拿着木剑，低着头有些不好意思地说："妈妈，我想要个帽子。"

这个时候，我知道呱呱想让我再去买一个和卡通人一样的帽子。我知道，如果这会买了帽子，过一会他又会想到什么又想要。我说："我们呱呱想要个帽子，是觉得有个帽子戴上更帅气吗？还是觉得要和卡通人一样呢？"

呱呱拿着木剑无精打采地甩着。看到呱呱这时候不言语，我就在想，呱呱这个时候在想什么呢。他也许在思考，他该怎么想办法让妈妈给他买一个帽子吗，还是在想自己到底为什么要那顶帽子？

今天本来是个高兴的日子，我不想让呱呱因为没有一顶帽子而不高兴。我对呱呱说："我们的呱呱不是说自己是王子吗，王子总会有办法拥有一顶帽子的，对不对呢？"

呱呱听我这样一说，眼睛一亮，似乎想到了什么。他说："妈妈，我知道帽子在哪里了。"说着，跑到书房里拿出一个宣传册，就要上手撕开。原来呱呱想起来曾经去过的公园里发的宣传册上有个戴礼帽的迎宾人的画像。

呱呱边说边着急地说："妈妈，帽子在这里呢。"只听"哧"一声，宣传册上被呱呱撕成了两半，可是帽子却不能戴。呱呱看到自己的"杰作"，不好意思地转过来看着我，转而说："妈妈，王子的帽子坏了。"

看到呱呱已经知道自己做错了事情，我也不加深惩罚，只是惋惜地说："我们的王子今天没有帽子戴了。"说着我就假装折叠起宣传册，再拿来几页整齐的宣传纸，铺在桌子上，一边折，一边说："王子再想想办法吧，如果没有孙悟空，你自己也会有个帽子的，而且这个帽子会更特别呢。"

呱呱听到这话，很兴奋地跑到我面前，踩着椅子，看着我在叠。呱呱好像知道了我要做什么，就高兴地说："妈妈，王子有帽子了。"看我叠了一半，呱呱急不可待地说："妈妈，让我来。"我看着呱呱着急的样子，就交给他来做。有的地方做不来，呱呱额头上都渗出了汗珠，我趁机对呱呱说："我们的王子今天给自己送了个节日礼物，对不对？"

呱呱开心地笑了。等到帽子最终折叠好后，呱呱觉得哪里不对，又急忙跑到自己屋里，拿出彩画笔，在上面涂颜色。我对呱呱说："为什么非要和卡通人的一模一样呢，你自己喜欢什么颜色就涂个颜色吧。”

呱呱也不直接说话，只见一会涂几道绿色，一会涂上黄色。十几分钟后，一顶五颜六色的帽子呈现了。呱呱高兴地举起帽子对我和爸爸说：“我是王子，我是王子。”

虽然我们搬了很多次家，但我都会将呱呱小时候自己做的东西一一保留下来，因为这些都是呱呱童年最珍贵的记忆。

快乐是每个人的权利，是为人父母最希望给予孩子的一种精神状态，而在孩子眼里，快乐很简单，爸爸的一个微笑，妈妈的手工帽子都能让孩子发自内心地感到快乐，而这些最简单的快乐，你给了孩子多少呢？

小王子要活到一百岁

就这样，呱呱渐渐长大。等到呱呱上小学了，还不忘记自己是个“王子”。每年春节，我们就带着呱呱回农村老家过节。呱呱九岁那年一到爷爷奶奶家里，呱呱就会笑着说：“爷爷奶奶，你们的王子回来啦。”奶奶说：“这都多大了，还天天自封王子呢，你这王子要做到多大啊。”

呱呱笑呵呵地说：“奶奶，我是个长命百岁的王子，我要活到一百岁呢。”

我站在旁边说：“这个王子啊，每到周末或者过节就很逍遥呢，嚷嚷着要到处巡游一番，说是要到处走走。”呱呱急忙解释道：“奶奶，我到处巡游，是为了能记住更多的街道，这样方便你们过去玩的时候，好给你们做导游。”

听呱呱这样解释，爷爷奶奶都笑了。接着，呱呱拿出他和爸爸给爷爷买的一副老花镜，而且还试着自己带给爷爷看。爷爷被呱呱的表情逗乐了。爷爷笑着说，这个呱呱什么时候才能不顽皮呢。

呱呱戴着花镜，模仿着一位长者的样子，说道：“爷爷，王子我要活到一百岁，爷爷要活到二百岁。”接着，呱呱开始为爷爷奶奶表演看到的小品，一个人模仿两个角色，一会说着说着就串词了，还乐在其中。

爷爷奶奶说，呱呱脑子聪明，你们也不说让他周末去学习，总是带着出去玩，瞎转悠，这样就赶不上其他孩子了。我说，咱们家的王子出去巡游也是在学习呢。

我能理解老人的想法，这也是很多家长的观点。我所在的社区里，很多爸爸妈妈都迫不及待地让孩子在两岁就开始学英语，专门送到市区里最好的英语培训班，要让孩子从小与国际接轨。

有一个年轻的妈妈，专门把工作辞掉，为的是天天陪孩子上钢琴班、少儿数学班、少儿绘画班，她每次见到我，都会很骄傲地说，她的孩子今天又会弹某首音乐家的曲子。每次这个时候，我看着她旁边的孩子都为之可怜。孩子看上去身体很瘦弱，低着头不愿意看我，任凭妈妈在和别人说话。这完全不像童年时期的孩子。不知道在孩子的世界里，有没有快乐？这位妈妈可能感觉自己是很快乐的，因为她的孩子会弹名曲，会说英语，这让她感到了自豪，可是孩子不快乐。法国著名文学家巴尔扎克曾这样感叹："童年原是一生最美妙的阶段，那时的孩子是一朵花，也是一颗果子，是一片朦朦胧胧的聪明，一种永远不息的活动，一股强烈的欲望。"

童年是属于孩子的，而我们的家长却剥夺了孩子的童年，不断地为孩子充塞着大量的东西。

童年是谁的？

很多家长总是认为，想让孩子长大成为什么样的人，就要一出生就开始在这张白纸上画，凭借着自己丰富的想象力想画什么就画什么。一会把孩子设想成钢琴家，一会设想成科学家，一会又设想成商界名人。就这样，孩子成了父母的试验品。孩子从开始会叫爸爸妈妈时，孩子已经不属于他自己了，他的所有一切都交给为他将来负责的爸爸妈妈。

爸爸妈妈们经常在"爱的名义"下，剥夺了孩子的快乐。我在这里引用一份国内的报告。

2007 年国家针对儿童群体做了一个调查，报告中显示，城市儿童的总体快乐水平是 71.41 分，快乐水平表现一般，学者们认为有很大的可提升空间。而不同的家庭背景，不同的年龄特点，在快乐状况上均有明显的差异。儿童随家庭收入增高其快乐水平有明显上升趋势，但家庭月收入达到万元以上之后儿童快乐水平却出现下滑。这说明，随着家庭收入的提高，可以有更好的物质条件来更好地满足儿童的需求，从而可以明显提升快乐水平。但对于收入很高的家庭来讲，家长的工作时间和应酬的时间会急剧增加，与孩子在一起的时间会减少，对孩子的关注会减弱，会减弱孩子的快乐水平。这其中还有一个数据值得爸爸妈妈们注意，即 10 岁以上儿童的快乐水平下降明显，14~16 岁儿童的快乐水平最低，不到 70 分。这个年龄段的儿童基本都是初中阶段，已经有上好学校和中考的压力，学习压力比小学有明显的增加。而且，这个阶段正好是青春期，身体发育和思想意识都在发生急剧的变化，这些都会影响到他们的快乐水平。在调查中，学者发现，孩子们快乐的理由是学习上有了进步，而他们不快乐的原因是因为成绩的下降。

苏联、教育家苏霍姆林斯基在他的教育著作中这样写道："教师在往孩子头脑里填塞现成说法、结论和论断时，常常甚至不给儿童机会去接近思想源泉和生动语言的源泉，捆住了想象、幻想和创作的翅膀。孩子由一个活泼、积极、好动的人变成一部记忆机器……不对，这是不应该的。不能用一堵高墙把孩子同周围世界隔离开来。不能让孩子失掉欢快的精神生活。孩子只有生活在游戏、童话、音乐、幻想、创作世界中时，他的精神生活才有充分价值。没有了这些，他就是一朵枯萎的花朵。"我想把这话也说给家长们听，如果在孩子的童年给孩子充塞太多太多的机械记忆，只能让孩子越来越不快乐。

我不希望呱呱还没有长大就不快乐，更不希望他越来越"枯萎"，我和很多家长一样，也希望我的孩子长大后能快乐、有所成就，但是在孩子幼儿、童年时期，我没有让孩子感受到痛苦与压力的存在，也不随意在他纯洁的内心里泛滥地绘图。呱呱在三岁的时候看到爸爸在练习书法，他也嚷嚷要练习，结果弄得满身都是墨汁，我和先生看到后，不仅没有责备呱呱，而且让呱呱知道了该怎样握笔，怎样开始书写笔画。先生看到呱呱满脸墨汁的样子，很有童趣，就给呱呱拍了张照片。呱呱在十岁的时候，在这张照片旁边附上自己用毛笔字小楷写的"乐"字。

除此之外，呱呱的暑假、周末，我没有给他报过任何的培训班，要么在家玩，要么就是随着我和先生去城市的各个地方转，有时候是公园，有时候是小街道。我们带着呱呱闲逛城市的时候，不是走马观花，而是让呱呱用双眼去观察，用自己的心来认识这个世界。我想孩子在学校里集中上课已经是一种系统培训了，而再报其他任何班级，再好的老师也比不上学校群体教师的智慧。所以，我让孩子在他的童年时期要拥有自己的快乐，因为这份快乐是属于孩子的。我想让孩子在长大后每次回忆起童年时，脑海中不只是空白。

3. 对孩子的爱要表达到位

人们常说："父爱如山，母爱似水。"我相信每个父母都是爱自己的孩子的，但却有很多父母在口头上斥责孩子，不论孩子做出什么成绩，在父母的眼里总是毫无价值。

爱孩子却口是心非

经常看西方的电影电视时，大家就会发现，西方的父母在孩子上学或者回来时都会对孩子说："宝贝，爸爸妈妈爱你。"而这种爱的表达很显然在我们国家并不盛行。我们的爸爸妈妈总是习惯用相反的语言表达对孩子的爱。可是有时候这种"口是心非"的表达只会让孩子越来越没有爱的感觉。

有一天，我一个同学给我打电话，说她孩子离家出走了。我急忙问怎么回事。同学在电话里说明了情况。原来她儿子和别的孩子因为发生口角在学校受到了老师的批评，而且还让家长到学校去。我问道："是不是孩子打架了？"同学说："打了，两个孩子胳膊上都抓了几道，还好，没有伤着要害地方。你说说，我怎么生了这样一个儿子，我真是讨厌死这个孩子了。"

我说："你们后来是不是批评孩子了？"

同学生气地说："能不批评吗？他让我那么低三下四地给老师说好话，我这辈子就没做过这样丢人的事。"

我说："那两个孩子为什么打架，你问清楚了吗？"

同学说："打架就是打架，还问什么原因？不管什么原因，打架就是不对。"

我说："咱们那会上学，你不也和别的同学吵架吗？庆幸孩子没什么严重事情。现在关键是找到孩子。"

同学说："我把亲戚家电话都打了遍，找不到。也不知道去哪去了，不管了，爱去哪就去哪。"

我说："你是不是也当着孩子面这样说他的？"

同学说："他打架做错了，我当然批评他了。你说这孩子平时也没这么倔强，我说让他滚，就是生气了，骂他两句，他还真的就离家出走了。"

我说："孩子才十二三岁，这个时候犯小错是正常的现象，你不问清楚孩子为什么和别人打架，万一孩子没错呢，就只顾着自己生气了，出口就让孩子滚。明明心疼孩子，还这样口是心非。"

"你说我那会还能顾得上这么多？他爸没打他就不错了。"看来同学的气还没有消。我劝道："老同学，假设如果有人骂了你难听的话，或者有人先打了你，你会不会还手？你的孩子什么性格，你应该很了解的，不要随便责骂孩子。孩子犯错了，你心里难受，孩子心里也很难受，他接受了老师的批评，也许他觉得他也有他的道理，只是没有说出来，他这个时候最需要父母来帮助他，而不是误解他，继续责骂他。"

电话里沉默了一会。

同学这时候说："我这么骂他不也是为他好吗？"

我反问道："我天天骂你，你不爱听，可是我说我为了你好，你能接受吗？疼孩子怎么能用反话来责骂孩子呢？"

同学最后说："这么说，这次是我错了？"

我肯定地对同学说："是的。你为孩子好，可不能说出让孩子滚的话，这句话太让孩子伤心。"

我了解我这个同学，脾气比较急躁，幸亏她老公脾气比较温和。可是她在气头上的一句话，活生生地将自己孩子赶出了家门。即便是孩子回来，即便爸爸妈妈做再多的解释，可是他们那句话已经伤了孩子的心。爸爸妈妈总是觉得对孩子的爱不需要去说，也无需说，就是骂孩子也是为了孩子将来好。可是这种"骂"语在孩子看来并不是爸爸妈妈爱的表达，而是割裂他内心对爸爸妈妈的爱。爸爸妈妈对孩子有爱，而孩子同样也对爸爸妈妈有爱，如果因为一句气头上的话伤害了彼此的感情，这到底怪谁？

“你给我滚！”这话出自父母的口，让孩子离开家，可是当孩子真的离开时，父母的心才觉得后悔莫及。

在这里，我并不是说让我们刻意去学习西方人直接表达对孩子的爱，而是想告诉爸爸妈妈们，不要让那些自认为爱孩子的语言变成孩子心头的恨。我和先生达成一致，如果呱呱有做错的地方，我们会帮助呱呱分析，而不是用恶语刺激孩子。呱呱在上学期间也会因为一些鸡毛蒜皮的事情和同学发生不愉快的事情，只要呱呱能和同学解决的事情，我们不干涉。但是只要呱呱开口讲给我们听，我们会帮他分析，站在对方的立场思考发生矛盾的原因。呱呱这样一想，觉得自己也有错，便会主动找同学和解，有时候碍不过面子不好意思主动承认，我们便会鼓励他敢于承认错误也是一种能力。当然，如果呱呱做得对的事情，我们会让呱呱坚持。这些就需要爸爸妈妈就问题而分析问题了。

冷嘲热讽的话刺激了谁

我和先生刚搬到新家时，呱呱已经五岁了。有一天是周末，我和先生在家进行大扫除，正巧楼上搬家，房主年纪和我们差不多，其中女主人姓陈，我叫她小陈。小陈来我家借钳子，正好看到呱呱在和我先生一起修剪花枝。小陈很惊奇地问：“你家孩子这么小，你怎么能让他拿着这些工具？不怕他伤着吗？”我说：“没关系的，他知道怎么做。”小陈的表情有些怪怪地看着我，然后离开。第二天小陈请我们一家人到她家做客。

小陈的孩子叫贝贝，比呱呱大一岁，已经上一年级了，两个孩子在里屋玩。我们几个大人在客厅里聊天。过了一会，呱呱走了出来，表情有些不对，我猜两个孩子可能没玩到一起，就对呱呱说：“呱呱，坐在妈妈这里。”

过了一会，贝贝也出来了，闹着要看电视，小陈就打开电视。贝贝拿着遥控器一直在按频道，小陈看到了一下子就从贝贝的手里夺过遥控器，用手指着贝贝的头说：“你以为你是谁啊？没个好样。回屋写作业去。”贝贝不服气地看着小陈，大声地说：“我写完了。我就要看电视。”说完就去他妈妈的手里抢遥控器，小陈和贝贝就在那推推搡搡。我看了，就说让孩子看一会电视吧。小陈很不高兴地说："这小毛贼，一天到晚就知道玩，语文数学都不及格。"贝贝说："你和爸爸（小时候考试）就没及格过。"小陈说："大人说话小孩子不要插嘴，等你下次考及格了再看。"贝贝说："我下次考给你看。"小陈连讽带刺地说："你要是能考及格了，我就不姓陈了……你们家祖坟上就没有这棵苗。"贝贝反问道："你们家有吗？"

呱呱在一旁问我："妈妈，什么是祖坟上没有苗？"我听了后愣住了，我在心里告诉自己，小陈家以后不能来了。贝贝会这样反问妈妈，那小陈肯定是经常这样说孩子了。我告诉呱呱，回家后给他解释。

我和先生找了个借口离开了小陈家。回到家里，我问呱呱："为什么一开始不和贝贝玩耍了呢？"

呱呱有些难受地说："贝贝有个机器人，我拿着要看，他不让我看，说我是小孩子、小毛贼，不配玩他的机器人。他还说我是个小矮子。"

听了呱呱的话，我感觉真后悔，不该带着孩子去这样的家里。即使呱呱才五岁，但是他也能知道贝贝不让他玩的理由。我相信，贝贝能这样说，是因为经常听到他爸爸妈妈这样说，否则，他小小年纪从哪里学来这些。小陈对小孩的称呼也许在她看来是对孩子的昵称，可当孩子也学会了这些词用在了别人的孩子身上，显然不怎么中听。何况孩子还小，有时候会听到人们说"贼"是不好的称呼，这样一来，自然感觉并不是好词。我对呱呱说："小毛贼是陈阿姨家乡的话，是对小孩的一种称呼，并不是不好，也不是坏孩子的意思。只是妈妈和爸爸也不喜欢这个称呼，以后我们不会这样说的。你比贝贝小，个字比他小，他就随口说了矮子，以后我们呱呱会长高的。"呱呱听了后，情绪有些好转："妈妈，我一定要长得高高的。"

从那以后，呱呱很不喜欢和贝贝玩耍，贝贝上小学，两个孩子虽然也经常见，不过不怎么玩耍。小陈倒是见了我后，总是说她家贝贝和她顶嘴。我好意地劝她，以后对孩子的批评时不要总是用冷嘲热讽的话，孩子会学的。小陈不以为然，不屑地说："小毛贼还能反了天？"事实证明，我说的是对的。贝贝的学习成绩一直不高，还把班里的同学都得罪了，原因是，贝贝总是给同学起外号，而且专门抓住同学们的缺点起。小陈有一次告诉我说，她批评孩子考试成绩不及格，结果孩子说，谁让爸爸妈妈遗传的不好，还说爸爸妈妈家祖坟上就没有考试及格的人。

生活中，爸爸妈妈这种类似的讽刺话语太多了，比如“小屁孩，你以为你是什么大人物啊？”“哎哟，你以为鼻子插根葱就是大象？”等等。孩子在成长中，对语言的运用都是学习与积累的过长，在这个过程中，爸爸妈妈是孩子的第一任老师。三四岁的小孩，并不能理解讽刺的话语的含义，但爸爸妈妈经常用什么话语对孩子说，孩子在也都记在了心里，当孩子觉得自己慢慢长大后，爸爸妈妈的那些冷嘲热讽的话自然也就会脱口而出。

美国教育家布鲁诺说，如果一味地挖苦、贬低，会导致孩子的反抗，他们会反对父母，反对学校，或者反对整个世界。冷嘲热讽是变相的挖苦、贬低，甚至是轻蔑，父母的这种态度怎么会让孩子拥有健康的心态呢？

别对孩子实施“冷暴力”

记得先生正在攻读博士学位时，学习期间很辛苦，既要抓紧时间翻阅书籍，又要顾及家庭生活。有一天是周末，我临时有个会议，六岁的呱呱和先生在家里。先生在书房修改要发布的文章，期刊部编辑催得紧，先生上午十二点前必须修改完，呱呱写完作业后就跑到书房让爸爸陪他玩一会。先生忙着要修改文章，就对呱呱说：“爸爸这会很忙，自己玩去吧。”呱呱讨了个没趣，从书房走了出去。过了十分钟，呱呱又去了书房，先生看到呱呱来了，就没说话。呱呱这次看到桌子上放着墨水，就想起来他要练习写字，就趁爸爸不注意的时候，拿走了墨水。

呱呱在自己的小屋里，用铅笔蘸着墨水在本子上写字，没一会工夫，呱呱写了很多字，可手上和上衣到处都是墨水。呱呱拿着写好的本找爸爸，想让爸爸夸他写得好。可爸爸一看呱呱这样，有些生气，他看了一眼呱呱，生气地说：“没看到爸爸很忙吗，还在这里捣乱。去把自己的手洗干净，再把衣服洗干净，洗不干净别来见我。”

呱呱看到爸爸很生气的样子，沮丧地走了。他自己拿起香皂使劲洗手，可是衣服怎么洗，他还不知道，就跑过去问爸爸。爸爸看到呱呱来了，以为呱呱又要调皮，就什么也不说，只顾着修改文章。呱呱委屈地走了出来，用脸盆接了点水，用肥皂抹在衣服上，用手蘸着水擦洗上衣，结果袖子到处都是水。等到中午我回来的时候，发现呱呱还在洗那件衣服。我很生气地找先生，到底怎么回事。先生说来不及解释，拿着书稿急忙出去了。

我问呱呱到底怎么回事，呱呱就是不说话。我说要给呱呱换衣服，呱呱眼里藏着泪，委屈地说："爸爸说让我洗干净，洗不干净不让我见他。"我听了后，猜出来可能先生批评呱呱了。我问，呱呱上午做了什么事情了呢。呱呱说他写了作业，用墨水练字了。我说，那呱呱把写好的字给妈妈看看。

呱呱说："妈妈要看吗？"

我说："当然要看了，呱呱知道自己在家里练字了，妈妈当然高兴了。"

呱呱小声地说："可是爸爸不喜欢。"

我问："你怎么知道爸爸不喜欢呢？爸爸一直夸赞呱呱字写得漂亮啊。"

呱呱说："可是我刚才让爸爸看，爸爸很生气，也不和我说话。"

我知道了事情的大概。先生自己有事情忙，当看到呱呱弄脏了衣服和手，不知道呱呱是想让他看看写的字，更严重的是先生用不理孩子来惩罚孩子。

我给呱呱解释道："爸爸上午要修改文章，要是修改不完，期刊部的叔叔阿姨就有完不成任务了。爸爸只看到你弄脏了手和衣服，没有看到我们呱呱写的字就批评呱呱。爸爸做得不对，一会爸爸回来，让爸爸给你道歉，好吗？"

呱呱听了后，问："爸爸在修改什么文章？修改好了吗？"

我说："爸爸修改的文章是爸爸这一年的研究成果，爸爸刚刚修改好了。"

呱呱说："那爸爸和叔叔阿姨都完成任务了，是吗？"

我说："是啊。呱呱在替爸爸担心啊，真是个好孩子。爸爸肯定这会也在后悔刚才不该那样对你。"

呱呱说："爸爸要是不和我说话了，妈妈和我说话吗？"

我说："爸爸只是一时着急，不会不理你的，妈妈当然会和呱呱说话的，而且保障爸爸以后不会这样的。"

我想，先生的一时态度让呱呱想了很多。这也让我想起了"冷暴力"惩罚。

所谓的“冷暴力”,我们也都知道,就是采用一种不予理睬的态度。在家庭中，爸爸妈妈由于孩子的错误，而对孩子实施一种“冷暴力”惩罚，这种惩罚比责骂更让孩子难受，精神上更受折磨。

有的爸爸妈妈是因为孩子考试成绩不好，不理睬孩子，以此发泄自己的不满。我认识的一个朋友，说他孩子考试成绩没有达到他的预定目标，他和妻子商量好，决定一个月不理孩子，也不过问孩子。我对他说，这个招数只会让孩子失去了对父母的信任，也让孩子突然从温暖感受到冰凉。

在孩子成长中，爸爸妈妈的这种“冷暴力”态度，会让孩子对自己的所作所为失去信心，也会让孩子在成长中逐渐学会冷漠他人，甚至冷漠自己的父母、亲人。因此，我要大声地告诉爸爸妈妈们，千万不要让“冷暴力”惩罚成为管教孩子的武器。

4. 爱孩子，又岂能戏弄他

孩子在成长中并不能完全理解玩笑与戏弄的本义，而成人仅仅把孩子当做不懂事的孩子，经常以孩子的言行为乐。当大人在笑的时候，也许孩子的心理或精神上正经历着巨大的变化。

孩子不是大人的炫耀物

我遇到过这样的一个小女孩，她三岁的时候，妈妈就送她学习舞蹈，小女孩跳舞跳得非常好。女孩的爸爸妈妈当然也很自豪，家里一来客人，爸爸妈妈就会让小女孩跳舞，这样逢人遍夸赞小女孩跳得好。有一次，小女孩脚扭伤了，可是爸爸妈妈还希望孩子能在众人面前舞蹈一翻，我和其他人都劝着不要让孩子再跳了。爸爸妈妈觉得面子上过不去，就连哄带诱导，小女孩忍着痛扭扭歪歪地跳完了。我们也都夸赞了一番，让孩子赶紧休息。可是爸爸妈妈却不高兴，尤其是妈妈当着我们的面就对孩子说："跳成这样，以后还能有什么出息。"等到客人走后，妈妈更是就指责女儿太丢人了。结果，第二天，小女孩关着自己的门，就是不出去。小女孩在屋里哭着说，她再也不想见人了。爸爸妈妈用各种办法都没让孩子出屋，爸爸妈妈气的干脆不管孩子。等到晚上，爸爸带着撬锁的人撬开锁后，才发现小女孩躺在床上饿晕过去。小女孩后来再也不喜欢跳舞。

我想这个女孩的爸爸妈妈如果不是一味地让小女孩表演，孩子也不会这样讨厌自己喜好的事情。孩子表演的好，爸爸妈妈脸上有光，觉得孩子很争气，可是当孩子表演的不好，爸爸妈妈又指责孩子。试想，幼小的孩子对自己本来可以博得父母开心的事情失去了自信，他以后做什么事情都会想着"做得不好，爸爸妈妈会失望"，事事都不敢去做，孩子的兴趣又从何培养呢？

呱呱小时候很喜欢表演节目，幼儿园的老师每次教了儿歌或者舞蹈，他都会回来兴高采烈地表演给我和爸爸。每次这个时候，我和先生都会参与其中，也会指出呱呱唱错的地方。有一次，呱呱的姑妈小霞带着自己的同事到家里做客。呱呱见到小霞很高兴，小霞还给呱呱买了一个飞机模型。呱呱一下子就迷上了飞机模型。

我们吃完饭后坐在一起聊天，呱呱姑妈的同事看呱呱很可爱，就问我呱呱在幼儿园里学些什么。姑妈立即说："我们呱呱很聪明，每次老师教的儿歌，呱呱只要听一遍，他就会唱。"

那个同事说："这个孩子真是聪明，那给我们表演一下吧。"

我听了后，并不是很愿意，因为我平时就极力反对大人们让孩子表演这个，表演那个。可是这是呱呱姑妈的同事又不好驳回。我刚要问呱呱是否愿意的时候，呱呱姑妈说："呱呱，给我们唱一个你这几天新学的儿歌，好不好？"

呱呱在玩模型，似乎对姑妈说的话并不在意，也许这个时候并不想一展歌喉。我说"小霞，呱呱在玩呢，就让他多玩一会。一会他自己想唱的时候，我们再听。"

可是我这个小姑子不达目的不罢休，就对呱呱说："呱呱，飞机模型是谁给你买的呀。"

呱呱说："姑姑买的。"

小霞说："那你要是不给姑姑唱歌，姑姑可就走了啊，姑姑也不让你玩飞机模型了。"

呱呱这时候感觉不对劲了，他转过来对姑姑说："姑姑不是把飞机（模型）给我玩了吗？为什么不让我玩了啊？"

"那你给姑姑唱个歌吧，你要是唱歌了，姑姑下次再给你买一个。"小霞在用玩具诱惑呱呱。

我立即对小霞说："不要惯他这个毛病。"小霞眨眨眼说："没事，我逗他玩呢。"

呱呱为了得到玩具，不是很情愿地唱了一首，表情也没有平时在家那么丰富，只是单调地唱完，就赶紧去玩模型了。

呱呱唱完后，我对呱呱说：“去好好玩吧，一会想唱的时候再给我们唱，我们随时会给呱呱鼓掌的。”

这时候，小霞对我说：“嫂子，你怎么不让呱呱再唱了啊。我们同事们的孩子到我们办公室，一下子唱十几首呢。”

我说：“那你们这些大人们把小孩当做表演者了啊，小孩也有不愿意的时候呢。你看呱呱刚才那表情已经说明他不乐意唱了，你再给他诱惑，以后做什么事情都必须先给甜头才去做了。”小霞和她同事听了后觉得很有道理。

小霞说的事情我也遇到过。很多爸爸妈妈为了让孩子在同事们面前展示一下才能，就哄着让孩子表演或者干脆把孩子当做炫耀物，高兴了就拿着一些糖果让孩子唱歌跳舞，不高兴了就把孩子仍在一边。而在孩子这个立场上，大人们手中有糖果或者好玩的玩具的话，就去按照大人的吩咐去做事情。这样一来，孩子岂不是只认糖果或者某些好处，又怎么会想起什么亲情或者该不该做呢？

苏联教育家苏霍姆林斯基曾说过：在没有明智的家庭教育的地方，父母对孩子的爱只能使孩子变成畸形发展。这种变态的爱有许多种，其中主要的有：娇纵的爱；专横的爱；赎买式的爱。因此，我想对这些爸爸妈妈们说，千万不要把自己对孩子的爱变了味。

开玩笑的话说不得

前几天在网上的幼儿频道看到这样一个小片段：一个年轻的爸爸和一个三岁的小孩开玩笑的。爸爸故意对孩子说，孩子的耳朵太大，太招风了，像猪八戒的耳朵。儿子听了后就摸自己的耳朵，然后就问爸爸，为什么自己的耳朵这么大？爸爸又故意说，因为你今天做错了事情。小孩子不说话了。爸爸接着说，要把孩子的耳朵割掉，就像电视剧里把猪八戒的耳朵割掉一样。孩子听了后，眼里的泪水马上就出来了，哭泣对爸爸说，他没有耳朵了。

爸爸边说边用手当做刀一样，做出姿势要割掉孩子的耳朵。孩子越哭越厉害，而爸爸则偷偷在笑。过一会，爸爸又告诉儿子说爸爸有超强的本事，能把耳朵找回来安装上。说着，爸爸就摆摆手，装作把孩子的耳朵安上了。

这段视频应该是一家子人给孩子拍的童趣。可是这样的童趣让人看了难受。一群大人们笑得前俯后仰，孩子则哭得泪汪汪。我不明白为什么这些大人拿孩子的身心来开玩笑。孩子一会儿哭一会笑，大人们则大笑不止，这种行为让我感到心痛。有的家长可能看到这里会说："不就是和孩子玩玩嘛，哪有那么夸张。"我想说的是，别让这种玩法，惊吓了孩子的心。

我家呱呱小时候也经历过这样的戏弄。

记得有一次我晚上加班，先生从幼儿园接了呱呱回家。两人路上遇到先生的同事小刘。小刘看到呱呱后，就非要拉着先生去附近的小商品店，说要给呱呱买好吃的。先生拗不过小刘，只好带着呱呱一起去。结果，小刘每次给呱呱一个东西时，都要让呱呱叫他一句叔叔，否则，就不给呱呱好吃的。呱呱叫了三次后就不愿意再叫了。结果小刘使出了一个招数，要把呱呱卖了，不让他见爸爸妈妈。呱呱吓得一下子不吃了。小刘看到自己的话起了作用，笑了几下。先生这时急忙和小刘搭话。那天呱呱回来后，有些难受地对我："妈妈，刘叔叔说要把我卖了。他还说不让我见爸爸妈妈了。"我听了后立即问先生怎么回事。先生淡淡地说，同事开了个玩笑。我说这个玩笑怎么能随便开，我说出了道理。我把呱呱叫来，问呱呱："听到小刘叔叔说那些话的时候，觉得难受还是害怕？"呱呱说："害怕。妈妈，我不喜欢他。"先生觉得这也只是孩子一时的情绪。

这样的事情太多了。大人们总是喜欢用一些玩笑之词逗孩子，而这些大人们所认为的玩笑，在孩子看来却是一种恐惧。有的大人经常开小男孩的玩笑，比如"把你的小鸡鸡割掉"、"把你扔到河里"等等，这些话让人听起来真是不舒服，可是大人们经常这样说，以此在孩子们面前炫耀自己的强大。而在孩子们看来，这些玩笑是一种恐惧，孩子们害怕失去爸爸妈妈，害怕自己没有了耳朵，没有了"小鸡鸡"，即使他们不知道这些身体器官的功能。大人们就是这样一步步将孩子的安全感剥夺了。从另一个角度来看，当成人这种恐吓经常出现时，孩子变不会再相信，也会给予同样的回击。孩子会想：大人们说话都不是真的，总是想着办法骗我。而对于恐吓孩子的其他成人，同样也会付出代价的，孩子见到吓唬的人就反感，不喜欢。这又能怪谁呢？

5. "听话"是优秀孩子的标杆吗

很多爸爸妈妈都告诉孩子要听话，让孩子什么事情都听大人的。在家长们看来，听话的孩子就是"好孩子"，不听话的孩子就是他们眼里的"坏孩子"。这样一来，是否"听话"成了成人判断孩子的一个标杆，可这个标杆能代表什么呢？

妈妈，我是坏孩子吗

呱呱上幼儿园的时候，我和先生轮流接送。那时候接送孩子都骑自行车，呱呱最喜欢我们骑车时，他坐在后面看各种新奇的事物。社区里设置了体育锻炼器材后，呱呱每天放学回来都想去。有一天，我照样带着呱呱回家。正是下班的时间，各家都开始做饭了。我也想抓紧时间回家以便好做饭。呱呱这时候看到有个小孩在玩转盘，他就坐不住了，对我说他也想去玩。

我对呱呱说："你刚才不是说饿了吗？妈妈要回家做饭呢。"

呱呱说："妈妈，我想玩会。"

我说："那咱们说好，就玩一会。要不然一会爸爸回家，也饿了。"

呱呱高兴地说："好啊。"

呱呱这下一玩，忘记了饥饿。眼看玩了二十分钟了，呱呱的兴致还没有减退，一会和小孩比赛，一会把那些器材上了个遍。我看着呱呱玩得高兴，虽然很着急，我没打断他，就和那个小孩的奶奶聊天。

过了一会，小孩的奶奶让孩子别玩了，该回去吃饭了。小孩看着呱呱不走，也不走。两人越玩越高兴。奶奶装作很生气的样子说："你要是不走，奶奶不管了。"小孩对奶奶的话仍是置之不理。那位奶奶看着我，也想让我把呱呱叫回去。我刚要开口，那位奶奶就说："快点听奶奶的话，赶紧回家吃饭。"

那个小孩还是在玩。奶奶就不耐烦地说："这孩子怎么这么不听话？爸爸妈妈一会把饭菜都吃完了，就不给坏孩子留。"

呱呱看看我，问："妈妈，爸爸是不是把饭菜都吃完了？"

我听了说："妈妈还没做饭呢。呱呱还想玩吗？"

呱呱回头看看刚才的伙伴被奶奶拽走的背影，又看看我，小声问我："妈妈，我还想玩会那个。"说着指给我看那边的器材。我说："呱呱要是还想玩，妈妈就陪你。要是不想玩，我们就回去。"

呱呱说："那我是坏孩子吗？"

我问："呱呱不是坏孩子啊，在妈妈眼里，呱呱是个好孩子。"

呱呱接着问："那个小朋友是坏孩子吗？"

我听出来呱呱的意思了，他的意思刚才自己的伙伴被奶奶说成是坏孩子了。我说："刚才的奶奶想让小朋友回家吃饭，她担心小朋友饿了，可是小朋友并不是坏孩子。"

三岁的呱呱说："妈妈，我不做坏孩子。我们老师说，不让我们和坏孩子玩。"我突然觉得没有办法给呱呱讲清楚什么是好，什么是坏。可是这个问题又必须让他慢慢知道，否则单纯地听一个人说另一个人是好是坏，他就盲目地判断自己的伙伴。

呱呱一个人玩了几分钟，觉得没有了兴趣就说回家。在路上，我问呱呱："你说什么是坏孩子呢。"

呱呱说："老师说不听老师的话就是坏孩子。"

我问："那他们怎么不听老师的话了呢？"

呱呱说："老师唱歌的时候，他们总是不坐好。还总欺负班里的女孩。"

我对呱呱说："老师唱歌的时候，要对老师尊敬，如果故意起哄或者捣乱，那就有些不好了。可是如果他发现了老师唱错了，或者他想上厕所之类的，就不能说是坏孩子。但是欺负别的同学就不对。"

呱呱说："妈妈，不听大人的话也不是好孩子，对吗？"

我说："刚才和伙伴玩耍，你们确实想玩会，那就不能说是坏孩子。可是如果你们是故意不回家，就想让爸爸妈妈着急，那就不好了。因为爸爸妈妈担心你们玩的时间长，小肚子饿了。”

呱呱说：“妈妈，那我想玩的时候，你就陪我。要是我饿了还在玩，我们就回家。”听着呱呱的逻辑，我有些笑了。呱呱似乎明白了，可我觉得我很难判断出他玩的时候是不是饿了。看来，呱呱在玩的时候，他自己会有个分寸了。

“听话”，也许是爸爸妈妈给孩子说得最多的一个词。我想爸爸妈妈让孩子听话，是认为孩子是小孩子什么事情都不懂，所以爸爸妈妈让孩子听话，是为了孩子好。基于这样的动机，爸爸妈妈是好意的。可是在孩子看来，这并不好。想多玩一会，可是爸爸妈妈不让玩，要听爸爸妈妈的，否则就不是爸爸妈妈的好孩子；想穿红色的衣服，可是爸爸妈妈不喜欢红色，必须听爸爸妈妈的话买蓝色的。就这样，“听话”的孩子在幼小的时候可以什么事情都依着爸爸妈妈，而当长大后，他们要么反抗，要么顺从。

我原来工作的学校里有一个张老师，是我们教学组的副组长。妻子在三十五岁时生下儿子，甚是关爱。而两人对儿子最常说的词就是：“儿子，听话。”

记得只要同事把孩子带到学校时，同事们一问孩子话，孩子就回头看爸爸妈妈，同事们都会说该叫什么，该问候什么。我的桌子上摆着两盆花，上面有呱呱画的可爱笑脸。小男孩看到我桌子上的小花盆后，就一直在看。我问他：“喜欢吗？”小男孩点点头，但就是不说话。我看孩子喜欢，就决定送给他。同事看到后，回头就严肃地问孩子：“你向阿姨要了？”孩子摇摇头。我急忙解释。我想小男孩喜欢的并不是花，而是上面的笑脸。张老师是个耿直的人，她说她对孩子的教育一直采取严格管教。她从孩子的手里拿过花盆，对孩子说：“不是告诉你，不能拿别人的东西吗？你怎么就是不听妈妈的话？”张老师一边说一边给我眨眼睛。我能理解张老师的意思，不能让孩子养成向别人要东西的习惯，即使别人送的也要推辞。

小男孩看着妈妈，不忍心把花盆交给我。张老师这时和蔼地说：“我们家聪聪真是个听话的好孩子。”在办公室里，张老师不让聪聪多说一句话，也不让聪聪乱走动，否则，张老师就会厉声地说：“你怎么总是不听话？”

聪聪确实是个听话的孩子，妈妈说什么他都顺从。聪聪十二三岁了，每次和爸爸妈妈出门，总是小心翼翼地跟在爸爸妈妈后面。见到熟人，张老师会教聪聪称呼什么，可聪聪的称呼声永远让对方听不到。张老师这时总说："这孩子从小就这样，太内向了。"接着张老师转身对聪聪说："聪聪，你要听话，以后称呼叔叔阿姨时，声音大些。"聪聪发出很小的声音回答。张老师经常对我说："你说这孩子怎么回事？以后怎么办？"我劝她，以后不要什么事情都让孩子听大人的，有时候孩子也有主见。张老师则说："那哪行啊，孩子这么小，万一跟坏人学坏怎么办？让他听我的，还不是为他以后着想。"可是这种着想，除了让孩子变得懦弱、胆怯，还有什么呢？

伪装成一个"听话"的好孩子

爸爸妈妈要求孩子听话，可是并不是所有的孩子都像聪聪那样事事顺从，他们在"听话"的成长中，也学会了对抗。

呱呱上初中后，由于是换了学校，新结识了很多同学。周末的时候，呱呱请了附近小区的同学来家里玩。我正好在家里。呱呱建议大家在客厅里玩，客厅比较大。有个同学看到我在家，就凑到呱呱耳边小声说话。只听呱呱笑着说："没事的。"呱呱为了打消同学们顾虑，对我说："妈妈，我和同学们在客厅玩会。"我说："你们玩吧。我也有事情要做呢。"

我知道孩子们在一起聊天不希望家长在，所以我回自己的房间里做自己的事情。我告诉呱呱照顾好同学。我刚进屋，就听到几个同学对呱呱说："咱们还是去小屋吧，小心咱们的聊天被你老妈听到，以后会告诉老师的。"

呱呱笑着说："没关系的。我们玩我们的，我妈有自己的事情要做呢。"

周六在家里主要事情就是打扫房间，洗衣服。今天呱呱的同学来做客了，我的工作也就简单了。一开始，我一打开房间门，欢欢笑笑的孩子们就不说了。呱呱看到了，就对同学们说："没关系的，只管畅所欲言吧，我爸爸妈妈都很民主的。"同学们互相看着，表示有所怀疑。

我去洗衣服时，听到有一个同学就说，每次他爸爸让他听话，听爷爷奶奶的话，他都会伪装成很听话的样子，故意装作很虔诚的样子，让爸爸妈妈放心，他一定会好好学习的。只听呱呱笑着说：“直接给你爸妈说不就可以了吗？伪装诚实，多累啊。”那个同学说：“那就表明我的浑身要有很多处成肿块。”有一个同学说：“你老人家可叫笨，我每次不仅伪装，而且专门跑到我爷爷奶奶那里。因为爷爷奶奶是我的尚方宝剑。爸爸妈妈让我听话，我就让他们听爷爷奶奶的话，反正爷爷奶奶听我的话。”同学们一片笑声，笑完之后，都表示很想快点长大，长得高高大大的，而且要比老爸老妈强壮。

晚上，呱呱的同学们走后，呱呱一边帮我打扫，一边对我说：“妈妈，我今天觉得自己真幸福。同学们一个比一个惨。这几个同学在家里什么事情都要听爸爸妈妈的。这么大了，穿什么颜色的袜子都要由妈妈决定。”我对呱呱说：“那可能是爸爸妈妈从小习惯这样做了。”

呱呱很不理解地说：“都这么大了，还要听爸爸妈妈的，真是可悲。不过他们也都有自己的对策。”

我说：“这些同学心不错，都不是坏孩子，只是不要经常探讨怎么对付爸爸妈妈，你们以为爸爸妈妈真的看不到吗？应该与爸爸妈妈好好沟通，也让爸爸妈妈听听他们的想法。”

呱呱说：“爸爸妈妈是不是都觉得他们永远是对的？为什么都要让孩子听他们的？张楠想学跆拳道，结果他老妈说学那些没用，让他报各种英语班，说听爸妈的没错。结果张楠有好几次都不去上英语班，每次都给爸妈说英语课很好，他很喜欢。我觉得他爸妈再这样下去，张楠越来越会骗爸爸妈妈了。”

我对呱呱说：“父母出发点是好的，可是没有好好听孩子的想法。”

是的，在爸爸妈妈眼里，孩子永远是孩子，孩子的言行只要不合大人的意愿，就是孩子的不对。爸爸妈妈总结的时候，孩子做错了就是没有听他们的话。孩子在成长，他们有自己的思想、观点，如果两代人不能很好地交流，父母只是以“听话”来判断孩子的好坏，这样的标尺有时候会让孩子为了“好”而伪装“好”。我想，这肯定不是爸爸妈妈们所希望看到的。

做个听话的爸爸妈妈又何妨

呱呱从小到大，他说的话，我和先生都会认真听，这是对孩子成长过程中思想进步的有的时候,我和先生做得不对的地方,呱呱也会指出来。呱呱经常说,我和他爸爸是最听话的家长。

呱呱小时候，我也试图寻找他的兴趣点，观察他喜欢什么，不喜欢什么。可是有时候呱呱偏偏不配合。呱呱四岁的时候，很喜欢在自己的作业本上画一些小图案。我看到后就问呱呱：“是不是喜欢画画？”

呱呱可能是一时兴起，就随口说：“喜欢。”我接着问：“那为什么不在绘图本上画，而只是画在其他本上呢？”

呱呱说：“班里的同学都这样画的。我们要比赛，看谁的作业本好看。”

原来如此。我说：“那妈妈周末带你去画画班，学习画画怎么样呢？”

呱呱好奇地问：“是不是可以画很多好看的小动物？”

我说：“是啊。”

我想借这个机会让呱呱接触一下绘画，也想趁机让呱呱多一个兴趣，只要呱呱喜欢就行。呱呱兴致勃勃地跟着我去商店买了喜欢的彩色笔，也买了小画板。呱呱一回到家就开始用彩笔在作业本上画各种图案，有太阳，月亮，还有笑脸。我和先生都说在画板上画吧，不要在其他作业本上画。

可呱呱总是说，作业本上的图案可以让班里的其他同学看到。我和先生觉得呱呱学画画的目的可能只是为了能在班里炫耀一下自己的作业本，并不是真正喜欢画画，而我则是趁机想让他学习绘画。这样的结果可能并不能如我所愿。

一开始的几节绘画课，呱呱都很认真，每次回来都会拿着自己的画让我和爸爸看。我和先生看着呱呱歪歪扭扭，似像非像的画，都是简单的表扬，而呱呱都会将学到的重新认认真真地画在数学、语文的作业本上。可是过了半个月后，呱呱的兴趣就淡了许多。我看到呱呱的表现后，想继续让他上完绘画班的课，就鼓励他，老师以后会教更多的小动物的。

呱呱听了后，有些为难，而不是一开始的欢喜，他说：“妈妈，我不想去学画画了。”

我就问：“为什么呢？”

呱呱摇摇头，不回答我。我看到呱呱不情愿的样子，想追问的时候，他就开溜了。我想也许是呱呱画得不像，老师没有夸奖他？也许是同学们嘲笑他了？我后来就到绘画班了解情况，老师说呱呱画的挺好的，只是现在对绘画的热情不如一开始了。

我回家看到呱呱在玩，就随口说："呱呱，绘画班老师表扬你了呢。咱们接着把绘画班上完，好不好？"

呱呱看了看我，好像说什么了，但是又低着头在摆弄手里的玩具。我走到呱呱面前，说："报绘画班的时候，你也很喜欢，妈妈没有强迫你学啊，怎么说不去就不去了呢？"

呱呱低声说："不想去了。"

我问："那你听妈妈说，你告诉妈妈，到底为什么呢？"

呱呱不好意思地说："我们老师不让在作业本上乱画了。"

"老师不让画图案了，你就不去绘画班了吗？"我有些责备了。

呱呱说："嗯。"

我说："呱呱，学画画是你和妈妈都愿意的，现在突然不去学了，做什么事情都要坚持的。知道吗？"我看呱呱在听，可是手里一直在摆弄玩具，我问："你在听妈妈说话吗？"

呱呱抬头看着我说："妈妈，我不想坚持去了。"

听完呱呱这样说，我不能再争辩了，也不能再强迫他了。如果再说下去，呱呱对绘画班就更厌烦了。

晚上，呱呱拿着作业本让爸爸签字。我对先生讲了呱呱的情况，先生说："你趁机让呱呱学画画，可结果他的兴趣并不是画画。三分热度已经过去了。那就不学了吧。"我说，这个绘画班都交了很多钱了，中途退班学费就白交了，另外，稍微鼓励一下他，也许就可以坚持一下。

先生说："听孩子的吧，我看呱呱这次不是勉强能接受的。再说，他刚才让我签字的时候悄悄告诉我，让我转告你，他不去绘画班了。"看来，我是需要听听孩子的话了。不然，这个孩子以后总认为我会强迫他学习绘画了。

就这样，我听了呱呱的话。为了避免呱呱觉得我坚持让他上绘画班，我如实告诉呱呱我让他学习绘画的本意。呱呱也对我说明了他想学画画只是和同学们比比。而呱呱的这个小心思我应该早就知道，而我为了自己的小心思，趁机而入。呱呱的绘画班学习就这样结束了。

而这次小风波也让我明白，孩子不管多大，爸爸妈妈都要认真听听他们的话，站在孩子的角度，思考问题，这样才能让孩子听进去爸爸妈妈的话。正是如此，呱呱在很多方面都很有主见。

6. 为孩子的美好梦想插上翅膀

孩子对周围的世界很好奇，而且对事物的构想也很奇特，因此，在孩子的世界里，他要做的事情也很多，由此，他的梦想一一产生。即使不能实现的梦想，对于孩子而言，也都是极为珍贵的。

妈妈，我想给星星唱歌

农历的八月十五是中秋节，是我们国家的传统节日，每年的这一天，我和先生都会带着呱呱一起赏月，我们一边讲嫦娥与玉兔的故事，一边等待着月亮升起。呱呱小时候记不住“中秋节”，只是每年快到中秋节时，嘴里总是说：“月亮，月亮”。这样，我直接对呱呱说：“我们来过月亮节吧。”呱呱喜滋滋地在屋里跑来跑去。每当这个节日一到来，呱呱就很高兴，总是盼着月亮姐姐快点出来。等到呱呱再大些，就当起了一家人赏月的主角，他要讲故事给我们听。当讲到玉兔的时候，他还要学着兔子一跳一跳的样子表演。

呱呱五岁那年的中秋节，他给我和先生说了这样一个惊人的梦想。

我将月饼和洗好的水果放在桌子上,呱呱就帮忙摆放。并自言自语地说：“这个给月亮姐姐，这个给小白兔……”我过去问呱呱：“呱呱给月亮姐姐几块月饼呢？”呱呱说：“月亮姐姐最大了，我给她的最多了，有三块。妈妈，你看。”说着，呱呱左右手各拿一块。我说：“那一会把苹果也给一些给月亮姐姐吧。”呱呱欣然答应。

呱呱分配好月饼和水果后，自己跑到阳台上，着急地问：“月亮姐姐和小白兔怎么还不出来啊。”就这样，呱呱一个人来来回回跑了四五次。

我说：“呱呱，先吃几个葡萄吧，月亮姐姐和小白兔一会就来啦。”

呱呱说："我要等他们来了，一起吃。"

我听了后，夸赞他："呱呱知道和别人一起分享了。那妈妈陪你等一会。"我给呱呱讲起中秋节的相关的一些常识。我说，中秋节是个团圆的节日，这一天，大家都会回到家里和爸爸妈妈团聚，一起赏月、吃月饼、挂花灯……

呱呱听了后，就问："那月亮姐姐和小白兔也吃月饼吗？"

中秋节的种种美好故事都只是传说，呱呱理解不了传说的意思，而我只能将传说的意思等到他可以理解的时候告诉他了。我没有直接回答呱呱的问题，我问呱呱："你觉得月亮姐姐和小白兔吃的是什么样的月饼呢？"

呱呱想了想说："那就是月亮姐姐的妈妈和小白兔的妈妈给他们月饼了。"

我笑了笑说："他们的月饼是什么样的呢？"

呱呱说："圆圆的，月饼上画着月亮和小白兔。"

我说："我们呱呱想的真好。"

过了一会，看到月亮升上了，呱呱高兴地叫着我和爸爸一起看。过了几分钟，呱呱问先生："爸爸，月亮姐姐和小白兔正在做什么呢？"

先生说："也许正在吃苹果吧。"

呱呱说："不对，他们正在看呱呱呢。"

我笑着问："是吗？那小白兔正在做什么呢？"

呱呱说："小白兔正在招手呢。"说完，呱呱也开始招手了。我和先生都被呱呱的想象逗乐了。

过了一会，呱呱说："妈妈，那边的星星也在吃月饼吗？"

我愣了一下，急忙说："星星？应该是在看小白兔吧。"

呱呱说："妈妈，星星为什么不去月宫里呢？他为什么不和月亮姐姐在一起？"我被呱呱的问题难住了，我不知道怎么解释了。我说："月亮姐姐绕着太阳在转，星星也绕着太阳转，他们都有自己的路线，不能乱跑。星星有自己住的地方，也就不会去月宫里的。你看星星一闪一闪的，可能是在和月亮姐姐、小白兔打招呼吧。我们也和星星打个招呼吧。"

呱呱挥挥手，然后说："妈妈，我一会把我的月饼给星星一块吧。"

我说:“可以啊，你拿过来让星星看看吧。”

呱呱说着急忙跑过去拿了一块月饼，然后使劲在挥手。

呱呱想了想说:“妈妈，月亮姐姐有小白兔玩，星星没有人陪，我想去，去和它一起唱歌，唱老师教我们的新歌。你看可以吗”

看着呱呱天真而又有善良的样子我顿时感觉到一种温暖。我抬头看月亮，脑子里却想的是工作的事情，可呱呱想的是如此丰富美好的事情。我对呱呱说:“星星和月亮姐姐都离我们很远很远，月宫已经有宇航员去过了，可是星星住的地方还没有人去过呢。呱呱现在年龄小，需要长大像宇航员那样高大的时候才能去。”

呱呱说:“妈妈，我长大了要像宇航员那样给星星唱歌。”

我摸着呱呱的头，说:“好，我们呱呱从今天开始，又有一个美好的梦想了。”

呱呱小时候有很多奇思妙想，每次说出来都让我感觉他每天脑子里想得都不一样。每当他说出一个惊人的想法后，我不会打击他，因为这些都是孩子对所认识的世界最美好的感受，他希望自己有能力去做一些事情。像类似这些美好的梦想，我都会鼓励呱呱，丰富他的想象。而我生活中见到很多爸爸妈妈，他们在听到孩子说着美好梦想的时候总是猛力地打击。

我认识这样一个妈妈，孩子一说什么，她就说:“这么小能做什么啊？等你长大了再说。”有一天，我遇到这个妈妈和孩子正往回走。这个妈妈手里拎着东西可能有些沉，我们在小区的凳子上坐了一会，孩子说他不累，要拎东西回家。这个妈妈立即说:“等你长大了再说吧。什么都想干,你能干的了吗？”

我赶紧说:“孩子想帮帮你嘛。”

她有些埋怨地说:“这孩子一会一个样，一会要做这个，一会要做那个，就差到天上摘月亮了，真是费劲。”

我说:“孩子有想法挺好的，尤其是积极向上的想法、梦想，咱们都应该鼓励鼓励。”

这个妈妈说:“一鼓励，他就能上房顶了。这孩子就没让我省心过。昨天说想当什么研究火箭的科学家，就刚才还问我怎么做糖葫芦。你说这孩子能有什么出息。”

像这个妈妈的很多家长都一样，认为孩子的想法都是幼稚而可笑的，认为孩子即使说再美好的梦想都是白日做梦。可是他们不知道，孩子的这些梦想正如大人的理想一样，用得好可以激发孩子的潜能，让孩子将梦想变成理想，再去努力实现。

苏联教育家苏霍姆林斯基说：“人类的精神与动物的本能区别在于，我们在繁衍后代的同时，在下一代身上留下自己的美、理想和对于崇高而美好的事物的信念。”我们人类本身就有这样的梦想，为何不让孩子拥有自己的梦想呢？

小小粉刷匠的设计师梦

呱呱上幼儿园时，老师教了很多的儿歌，而他最喜欢的一首是《小小粉刷匠》。呱呱刚学会这首歌的时候，一放学就在家里唱，边唱边做刷墙的动作。正赶上我和先生决定将呱呱的房间改装一下，让他孩子随着年龄增长变换一下他对颜色的感觉。

那时候，装饰工比较少见，我和先生就决定自己动手。买好涂料、工具，等到暑假一到，我们就开工。呱呱年龄还小，我和先生想将他先送到姑妈家住几天。可呱呱一听说，他说：“妈妈，我要刷我的房子。”先生这时候说：“这次由爸爸妈妈帮你来刷，下次呱呱自己刷，好不好？”

呱呱撅着小嘴说：“不好。我是个粉刷匠，爸爸妈妈都不是。”说完，就开始唱他学的儿歌：“我是一个粉刷匠，粉刷本领强；我要把那新房子，刷得很漂亮……”我和先生看看呱呱这个样子，想着可以让呱呱试试。

我说：“呱呱可以参与粉刷自己房屋的活动中，不过爸爸力量比我们都大，那这次粉刷由爸爸做总指挥，呱呱和妈妈是粉刷匠，听爸爸的安排，好不好？”

呱呱高兴地跳着说：“太好喽，我是粉刷匠了。”

先生说这涂料味道刺激，对孩子不好，我说让呱呱体验一下，也许呱呱觉得味道难闻了，他就知难而退了。可事情并非我们所想。呱呱的劳动力远比我们想象的要强得多。

开始动工了，我们三个人全副武装，每人戴上帽子，口罩、手套，总指挥说先刷哪里，我们就开始刷哪里。先生是主力，站在梯子上先刷房顶，涂料一滴下来，呱呱就好奇地说是在下雨。呱呱看着爸爸很有力量，不一工夫就把房顶刷完，情不自禁地给爸爸拍手:“爸爸真厉害。我也要当爸爸。”

我和先生听了呱呱的话，累也就消失了。我主要做后勤工作，还要照顾呱呱，呱呱也不嫌弃味道难闻，忙得不亦乐乎，一会这边看看爸爸，一会那边看看，一会要给爸爸递刷子，一会要搅涂料。我和先生并没有指责呱呱，而是告诉他注意安全，不要伤着自己。

只要呱呱能够得着的地方，他绝对不放过展示自己的机会，拿着小刷子一道一道地“刷”。刷完，就摘下口罩，大声地宣布：“爸爸妈妈，看我刷得好不好？”我们都夸赞他,然后为了让他在门外休息一下。我就说:“呱呱，你站在门口那，唱一首《小小粉刷匠》，好不好？”

呱呱没有犹豫，立即走到门口，开始唱歌，而且还拿着刷子表演。听着呱呱在唱，我和先生也唱起来，三个人就这样在这首歌中，将房间涂刷完。呱呱看着天蓝色的房屋，高兴地说:“爸爸妈妈，我下次也要当总指挥。”

我和先生几乎同时说:“下次总指挥就是呱呱。”

呱呱房间更刷完，晚上和我们一起睡。我就对呱呱说：“今天呱呱这个粉刷匠很棒，以后爸爸妈妈的房间都由呱呱来刷。”

呱呱说:“好的，我要把爸爸妈妈的房间刷成绿色的，把房顶刷成红色的，把地上刷成金黄色的。”

我听了后，说：“为什么选这几个颜色呢？”

呱呱说:“红色是妈妈喜欢的，绿色是爸爸喜欢的，金黄色是大地的颜色。我以后还要把家里的房间都重新布置一下。”

看来，呱呱不甘心只是粉刷匠。我接着问：“为什么呢？”

呱呱说：“我的桌子离床有些远，晚上口渴的话，直接拿不到杯子，开关我要按在我床上。”

我说：“呱呱粉刷匠要变成设计师了。”

呱呱说："妈妈，设计师就会这些吗？"

我说："现在有很多的设计师，他们有的设计师能建造出高大的楼房，有的能设计出宏伟的大桥，也有的设计师能将家里的设计得既舒适又方便，就像你刚才说的，可以把开关设计在你的床上。"

呱呱听后，托着腮帮子说："妈妈，设计师真厉害，我也要做个设计师。"

先生听到后说："我们家有设计师了，儿子，爸爸为你骄傲。"

呱呱说："爸爸，我也为你骄傲。"

我听了这父子俩的对话不禁笑了，呱呱是不知道骄傲一词的真正意思，在他看来，应该是句赞美的话。

这样，呱呱又多了一个梦想。我和先生为了让他在体验这个梦想，在带他出去玩的时候，会有意识地让他亲自看一些特色的建筑，并给他讲解景区建筑的历史。呱呱边听边问，有时候他的问题，我和先生都答不上来，就只好告诉呱呱，回家好好查资料。

在我看来，孩子的梦想是他未来理想的雏形，尽管理想不能确立，但怀有美好梦想的孩子，他会热爱所认识的世界，热爱每天不一样的生活。科学家爱因斯坦说："每个人都有一定的理想，这种理想决定着他的努力和判断的方向。"孩子当爸爸妈妈的，都希望孩子有美好的理想，希望将来能有番作为，那么在孩子幼小时就不要轻视孩子的梦想，更不要将孩子的梦想折断。因为你双手折断的不仅是孩子的单纯愿望，而且打击孩子对未来的愿望，对生活的激情。

第二辑

做好爸妈的角色

如今，很多工作岗位已经不分男女性别，而在家庭中，爸爸妈妈的角色是任何人都替代不了的。因此，在培育孩子的过程中，爸爸妈妈负有共同的责任，做好爸爸妈妈的岗位的事情，孩子才能体会到爸爸妈妈的不同。

1. 无人可替代的爸爸妈妈

孩子的健康成长是由父母双方通力合作的成果，同样，只有双方共同努力才能教育好孩子。

爸爸的大手

呱呱上幼儿园后，对认识的汉字很想写下来，我和先生开始教呱呱写汉字。一开始呱呱写字有些难，我告诉几次怎样握铅笔，可是呱呱总是把食指放在拇指的上面。教了几次，呱呱也着急，我更着急。因为他握铅笔的姿势不正确，这样直接影响他以后写字。

有一天下班回家，我着急做饭，就让先生看看呱呱握铅笔的姿势改了没有。突然，我想起来，以后教呱呱写字的事情由先生来负责。一是因为先生的字写得很刚劲，二是因为我想让呱呱在和爸爸相处中，感受男性的角色。因为先生平时工作忙，对呱呱的饮食及学习上，我更多时间陪在其左右，而呱呱是个男孩子，他第一个接触的男性是自己的爸爸，我希望呱呱长大后具备男性刚毅的性格特征。

吃饭前，呱呱高兴地对我说，他会握铅笔了，而且要展示给我看。我看呱呱进步很快，就问呱呱怎么学的。

呱呱骄傲地说："爸爸教我的。"看着呱呱脸上那种自豪，我很好奇，先生用了什么方法让孩子进步这么快。

我问："爸爸怎么教的呢？"

呱呱比划着说："爸爸说他的大手握着我的小手，我就会握铅笔了。"

我说："妈妈也是那样教你的啊。"

呱呱说："妈妈的手没爸爸的手大。"说完，呱呱高兴地找爸爸去了。

我有些不能理解呱呱的逻辑，在他看来，爸爸的手比较大，自然就能教会他。我问先生这是怎么回事。

先生说："呱呱在幼儿园看到老师那样写，可能觉得你教他的和老师教他的是一样的吧。"这样的解释看似有些道理。这让我想起来，我教呱呱写字时，呱呱说老师就是那样的姿势，我说多一句，他便会辩解。我想在呱呱看来，幼儿园的老师和妈妈既然都是女性，那么握笔的姿势也是一样的。孩子的想法虽然简单，却告诉了我一个事实，那就是，爸爸角色的重要。

同样的教法，只是因为爸爸是个男的，手比较大，呱呱就学得很快吗？这个看似不符合逻辑的道理让我一直很难以接受。但我相信这是爸爸——男性的影响。

呱呱很快会写汉字了，我和先生就鼓励呱呱用一个小本专门写汉字，而且可以写上自己心里想说的话。呱呱从会写自己的名字、爸爸、妈妈等简单的字开始，一笔一画地记着每天发生的事情，简简单单的几个字，却包含了许多呱呱的乐趣与成就。"爸爸教呱呱写字"、"呱呱开始写字了"、"妈妈做的大虾好吃"……呱呱的歪歪扭扭的字到方方正正的字，这里面有多少次是先生的大手握着呱呱的小手，父子两人，一笔一画，一边写，一边念。呱呱长大后，汉字写得很像他爸爸的字，方正俊秀、刚劲有力。每次有人夸赞呱呱字写得好时，呱呱都说是爸爸教得好。

呱呱现在翻起他小时候写的汉字，笑的前俯后仰，他说，没想到他写这么差的字会写成现在这个样子。

我说："那快谢谢爸爸的大手吧。"呱呱听了后，自然是对爸爸的大手赞不绝口。他说，小时候只要爸爸的手握着他的手，他都会觉得他会像爸爸那样写出既好看又工整的汉字。

前些天看到很多媒体分析为什么越来越多的男孩言行趋向女孩化。我认为，导致这种现象发生的因素有很多，但其中在家庭中，我建议作为爸爸的男人，应该用自己的男性角色来潜移默化自己的孩子。

我认识一个女士，她儿子 15 岁了，已经上高二。有一次我们见面后，她刚带着孩子上完辅导班，孩子向我打招呼后就转身，我看到孩子用手扶眼镜时小拇指翘起来，也就是大家所常说的"兰花指"，不是很明显，但之后我还发现孩子的很多动作都和他母亲很像。我随口问道："你老公是不是不经常带孩子玩？"这位女士说："孩子从小就是我带大的，老公忙着跑生意呢，就是和孩子一起吃个饭都没有时间，哪有时间带孩子玩啊。不过我也不埋怨。从孩子生下来，我们就商量好，我带孩子，他在外打拼。现在也总算小有事业了。"这位女士谈起老公，脸上洋溢着喜悦之情。是啊，老公事业有成，儿子也很优秀。但我肯定，这个孩子身上缺乏她老公那种走南闯北的精神。

我对她说："让你老公多和孩子相处，毕竟男孩子嘛。"

她也许有所领悟吧，点了点头。

有人说，自古很多伟大的人物都是母亲教育成才，父亲只是起到间接的影响。可是这种影响对孩子而言，意义非凡。孩子并不是像成人们想象那样没有想法，没有观点，他们在成长中观察着周围的一切。孩子们由于经验不足，心理发展并不完善，心理品质还很柔弱，难免会遭受挫折与失败，这时爸爸便是他们最好的仿效对象，他们会看爸爸怎样解决问题，怎样度过困难，怎样面对失败。而这些，在妈妈身上则无法找到。爸爸的男性角色，可以说是孩子从母亲的家庭功能走向父亲的社会功能的过程。如果孩子在幼儿时期就缺乏这一过程，那么，以后对自己及家庭生活会有很多遗憾。

在家里，先生会和呱呱一起做“男性化”的游戏，比如玩枪，我和呱呱玩不起来，呱呱一点也不尽兴，而当呱呱和先生玩的时候，两人一会“敌我”，一会又是一个阵营的“战友”。再比如，全家去爬山，先生都会和呱呱一起比赛。我认为，在家庭中，培养儿女是爸爸妈妈双方的责任、义务，而双方的任何一个角色都是不可替代的。

德国心理学家埃里希·弗罗姆这样评价父亲和母亲的不同作用：“母亲是我们的家，我们来自那里；母亲是大自然，是土地，是海洋，但父亲却没有这些特征。在第一年他和孩子很少接触，这时他的重要性能与母亲相提并论。然而，虽然父亲不代表自然界，却代表人类存在的另一极，那就是思想的世界，科学技术的世界，法律和秩序的世界，风纪的世界，阅历和冒险的世界。父亲是孩子的导师之一，他指给孩子通向世界之路。”

华东交通大学母亲教育研究所所长王东华先生在其著作《发现母亲》中指出：“孩子的成长是从母亲身上、从父亲身上获得两级动力后才最终升空。”因此，我要提醒女士们，千万不要在教育孩子过程中独当一面，让爸爸远离孩子，而要让爸爸的角色充分发挥影响力，让孩子在成长中感受爸爸、感受男性的魅力与特征，从而更好地发展自己性格。

坚守妈妈的岗位

呱呱四个月大，我就开始上班，为了方便我上班以及上班休息时间回家看孩子，我和先生把家搬在我单位附近。这样，我早上喂好呱呱，就让婆婆在家看孩子，中间一有休息时间就往家里跑。完不成的工作，有时候拿回家，等到呱呱睡着了，我再加会班。婆婆看我和先生辛苦，就建议把呱呱带回老家养，这样我和先生就有更多时间工作，呱呱跟着爷爷奶奶也能生活得很好。可是，我并不认为这样为对呱呱好。我知道爷爷奶奶肯定会对呱呱很疼爱，可是我是呱呱的母亲，我不仅要承担养育呱呱的责任，而且在养育中，我要亲自体会和呱呱在一起的快乐，即使我再忙再累，我也浑然不觉得。后来，婆婆觉得有道理，呱呱六个月大时，婆婆便回老家照顾公公。我和先生则一边工作，一边养育呱呱。

每天早上，呱呱都要比我先醒，有时候他睁着眼睛看着周围的一切，有时候会大声哭，这时我就很敏感，第一时间看呱呱的尿布是不是湿了，又急忙起来给呱呱冲奶粉。先生在家时还好些，有时候先生要出差，我做饭时，把呱呱放在床上，呱呱四周围着被子，防止他翻身。等呱呱再大些，很喜欢动，一会翻身，一会踢被子，我就把放在小车里，放在厨房门口，我以最快的速度先做好呱呱要吃的饭，等喂好呱呱，我自己再吃饭。婆婆临回老家时，我已经打听到我们附近楼里，有个张大妈，她平时没事就帮年轻妈妈照顾孩子，额外挣点钱。我去找过张大妈，她说正好最近她没有照顾的孩子，可以帮我照看。我上班时候，就把呱呱送到张大妈家，下班时再接呱呱回去。

我想每个妈妈在听到孩子叫第一声“妈妈”时,那种激动是不可言语的。黎巴嫩诗人纪伯伦说:“人的嘴唇所能发出的最甜美的字眼，就是母亲，最美好的呼唤，就是‘妈妈’。”呱呱一岁三个月时，第一次叫我“妈妈”时，我的心被这一声呼唤而融化，虽然呱呱只能简单地发出“妈”，而我则为之欣慰一生。那一刻起，我想这之前为呱呱所做的，都是值得的，并暗暗地对自己说，要做好孩子的妈妈。

呱呱会走路了，可是这也给我带来了一个“麻烦”。记得有一次，我和呱呱商量好，我先做饭，吃完饭再带他出去“散步”，结果，呱呱等的有些着急，一直叫“妈妈”，他的小车被他晃得都要倒了。我的菜炒了一半，我赶紧跑过去扶着小车。为了让呱呱安全些，我把玩具摆在他的儿童车上，从屋里拿出一条床单，把呱呱的小车和客厅的茶几绑在一起。呱呱看着我忙来忙去，似乎很新奇，等我刚弄好这一切，呱呱却说:“妈妈，尿尿。”我又急忙把呱呱从车上抱起来，带他到卫生间，又重新放他坐好。呱呱不哭也不闹了，可我也不饿了。看着呱呱笑着，我的忙和累似乎也立即消失了。

呱呱一天天长大，也一天比一天懂事，他似乎能听懂我的话，带孩子也越来越顺利，越来越简单。

前阵子，我看到很多内容大致相同的博客文章，大概意思是说，现在很多爷爷奶奶成了孙子孙女的“爸爸妈妈”，原来很多年轻人不愿意带自己的孩子，而爷爷奶奶也正好没事做，就让爷爷奶奶们发挥余热。事实上，看似年轻的爸爸妈妈现在不带孩子，眼下省事了，当十几年后，孩子遇到问题了，爸爸妈妈就会觉得孩子太不省事了。

我遇到一个男孩子，高考结束后，他只把自己的真实想法告诉了奶奶，他对奶奶说他不想在当地上大学，可又不舍得离开奶奶，让奶奶以后跟着他去另外一个城市。奶奶一听，开始觉得孙子很是孝顺。可是后来，奶奶上厕所摔了一跤，这个孩子决定就在当地上大学，为的是能照顾奶奶。爸爸妈妈希望他能去上海读大学，为了这件事情，孩子与爸爸妈妈吵架，而且他说爸爸妈妈太自私，不知道关心奶奶。这时，孩子的爸爸妈妈才意识到，孩子对奶奶的依赖超出了他们的想象，他不相信爸爸妈妈，而只相信奶奶，因为是奶奶把他带大，这十几年，奶奶和他在一起的时间最长。后来，孩子的奶奶去世了，这个孩子把自己关在屋里整整两天不吃东西。

孩子的成长需要家人的关心，爷爷奶奶或者其他亲人的疼爱会让孩子感受到亲情的温暖，可是如果爸爸妈妈主动放弃对孩子的教育，孩子在成长中，对爸爸妈妈的感情会淡化许多。

我认识一个年轻妈妈，她自己是家里的独生女，从小就是爸爸妈妈的掌上明珠，她说她没有给孩子洗过一次衣服，也没有给孩子换过一次尿布，这些都是爸爸妈妈做了，而且她不知道怎么去做。当孩子会说话的时候，孩子每天围着外公、外婆转，她不觉得孩子渐渐远离她，反而觉得自己少了许多“麻烦”。

这位妈妈把照顾、养育孩子看成了是一件麻烦的事情，我难以理解。孩子是男女双方投入感情于其中的生命体，是人类生命的延续，养育孩子是父母理应承担的责任与义务，这本身就是人类生活的一种方式，而非麻烦事。如果一个母亲自动放弃自己做妈妈的岗位，那么又怎能要求孩子用心呼唤那甜美的字眼“妈妈”呢？

“妈妈”的岗位几乎每个女人都可以去上岗，但要坚持做好这个岗位，则需要每个妈妈认真对待，因为这项工作并非是充满热情就足够，它需要耐心，需要细心，更需要妈妈们在孩子幼小时坚守这个岗位。

只喜欢家的味道

每年暑假，我们都会带着呱呱各省参观一些人文景观。而每次到另外的城市，呱呱都不喜欢住宾馆，用他的话说，宾馆缺少家的味道。

呱呱 7 岁时，我们一家去南方某市旅游。由于暑假车票紧张，我们买到的车票到目的地的时间是凌晨一点钟。到市区后，出租车司机带我们去了一家宾馆。宾馆收拾得很干净，卫生也做得不错。坐了 20 个小时的火车，我和先生都很劳乏了，可呱呱看上去似乎并不累，好奇地看着宾馆里里外外，然后开始了一连串的问题。

“妈妈，这个香皂怎么这么小啊，比我的手还要小。”呱呱问。

我说：“香皂是一次性的，客人用几天后就扔掉了，如果像家里的香皂那么大的话，就很浪费了。”

呱呱说：“那这几天，我要是用不完呢，这块小香皂也要扔掉吗？”

我说：“是的。每个人用一小块，这样做，可以卫生些。”

呱呱说：“那我可以带走吗？”

我笑着说：“可以。抓紧洗漱吧，然后好好睡觉，明天好好玩。”

呱呱看到白色的被子、床单，又问：“妈妈，这些被子和床单为什么是白色的？我喜欢天蓝色的。”

我说：“现在宾馆都用白色的，这样洗干净后，客人们会觉得比较卫生。”

呱呱说：“那蓝色的也可以很卫生啊。我以后要开宾馆肯定不用白色的被子和床单。”

我和先生笑着说：“那你的宾馆都有什么呢？”

呱呱盯着天花板说：“要和咱们家一模一样的，这样睡觉会很香。”

先生说：“等呱呱以后长大了，就住高级宾馆吧，高级宾馆要舒服些。”

呱呱问：“有天蓝色的被子吗？”

先生摇摇头。

呱呱接着问：“有妈妈做得好吃的吗？”

先生摇摇头。

呱呱接着问："有爸爸买的篮球吗？"

先生还是摇头。

呱呱有些不耐烦了，问道："那高级宾馆有什么啊？"

先生说着："有漂亮的墙壁，宽敞些，不同风味的菜肴……"

呱呱说："那咱们家也有啊，对吧，妈妈。"

我说："是啊。不过咱们先要好好睡觉。"

第二天，参观结束后，回到宾馆里，呱呱对我说，想换一家宾馆。我们商量一下，决定换一家稍微好点的宾馆。

一进房间的门，呱呱就失望地说："怎么宾馆都一样啊？"

先生说："我的小王子，等你长大了，住高级宾馆吧。"

呱呱说："我只想住咱家，喜欢家里的味道。这里的味道怪怪的。"

我说："我们出来玩，搬不动咱家啊。"

呱呱说："这宾馆都是一个样子，要是发明一种机器，去哪玩，把家缩小一下装在箱子里就好了。"

我说："这个想法很不错。"

呱呱在屋子里转了一圈，似乎发现了什么，他说："妈妈，你有没有觉得这个宾馆和昨天住的味道是一样的？"

我住了不少宾馆了，只是觉得宾馆就是临时住的，大同小异，可是呱呱这样一说，倒让我觉得有些道理。

十天的旅程结束了，一回到家，呱呱高兴地说："终于回家喽，可以睡大觉，吃香喷喷的饭菜了。"

而每次旅行的时候，呱呱都说什么时候能把家随时搬走就好了。对于呱呱这个愿望，也许在未来的某一天可以实现吧。

呱呱上大学假期回来对我们说："家里的味道真是特殊，哪里都闻不到。最想念的就是爸爸妈妈了。"

我说："家里的味道是最特殊的，这种味道是一家人共同营造的。"呱呱说："要是走到哪里能把爸爸妈妈带着就好了。"我和先生听了就笑了，想起呱呱小时候要把家搬走的故事了。

家，不仅仅为人们提供了住所，更凝聚着家人的亲情与关爱。在家里，有孩子儿时的欢笑，有大人忙碌的身影，有一家人共同努力刷过的墙，在这个小屋里，有太多太多一家人难以忘怀的时光，温馨的家的味道让人终生难忘。我想呱呱肯定会认同我的观点，那就是温馨的家胜过高级的宾馆，因为家的味道只有家才会有。

2. 爸爸妈妈的补习课

好爸爸不摆“大架子”

呱呱上小学时，有一个要好的朋友叫李超，呱呱经常带李超来家里玩，可李超却不带呱呱去他家玩。呱呱说，李超的爸爸“架子”很大，李超很怕他爸爸。呱呱说的“架子”也就是我们平时说的口语，但按照李超的说法，他的爸爸是把爸爸的形象“威严化”了。这种“威严”不是简单的对孩子要求严格，而是将父亲的身份无限扩大，将自己的观点强加给孩子，即使是没有道理的观点，这种父亲也会以“我是你爸爸”的口吻告诉孩子，只能顺从爸爸。李超说从来没见过爸爸对他微笑过，平时对他的要求极其严格，李超稍有不对的地方，他爸爸更是严肃，严肃的让人感到害怕。

呱呱说，李超给他讲过一件事情，李超有一次数学作业少了一个小数点，他爸爸让李超在墙角占了两个小时，李超稍有一丝的不乐意，他爸爸就说，他是爸爸，儿子必须听爸爸的。李超每次都在呱呱面前叨咕，要是和呱呱换个爸爸就好了。

在李超看来，呱呱的爸爸不仅随和，没有爸爸的“大架子”，而且和呱呱是好朋友，什么事情都可以和爸爸商量，可以不用害怕和恐惧的好爸爸。我从李超的口中得知这样一个信息：爸爸的“架子”威严过重，让孩子在成长中感到莫名的恐惧。

爸爸妈妈是孩子的亲人，可以说，爸爸妈妈是最疼爱孩子的人，孩子不应该害怕爸爸妈妈，更不应该会感到恐惧。这种害怕与恐惧之感源自哪里？又会造成什么样的后果？

我遇到这样一个女孩，她对爸爸的“大架子”深有体会。这个女孩已经19岁了，第一次参加高考失败后，不想再复读，可是又害怕爸爸斥责她，就逼着自己复习，而她复习的动力就是远离爸爸，因为她害怕爸爸身上浓重的“爸爸”味。等她上了大学后，爸爸突然生病住院，可这个女孩说自己没有感到难过，爸爸出院后，妈妈几次告诉她给爸爸打个电话问候一声，可是女孩觉得爸爸对她只有冷漠，她对爸爸也没有什么好的感觉。

我听了后，极力劝导女孩，可这女孩却反过来问，谁体会过她小时候的感受？爸爸经常板着脸，让她印象最深的就是爸爸那张永远阴沉沉的脸，永远只会发命令，“爸爸是冷漠的，为何要求我付之热情？”

我想，深埋在这个女孩心底的这颗种子不仅影响了她的成长，以后还将会影响她的家庭生活。

在电视节目中，经常看到这样的剧情，父母严厉对待子女，等待孩子成长后，有所成绩，父母会告诉当初这样对孩子是为了孩子好，而孩子也会感激流泪。这些毕竟是剧情，现实生活中，这种“大架子”爸爸并不受孩子的喜爱，反而成为孩子心理上的负担。

有一次工艺课，老师要求两人一组做一件泥塑艺术品，呱呱和李超想出了要做一个有生命意义的作品，一个立体圆球，有凸出的山，有凹下去的海洋，也有一棵发芽的种子。两人在我家里做了半天，最后想做两个小泥人，李超说他擅长捏小泥人，就交给他来办。结果第二天，李超到学校告诉呱呱，他爸爸看到了泥人把他训斥了一番，还说要找老师谈谈。原来李超爸爸觉得李超在玩泥巴，而且认为老师这种工艺课不会给学生带来任何有价值的美感。李超后来成为班上同学们饭后闲谈的焦点。

呱呱从学校回来后，对先生说了这件事情，说不能理解李超的爸爸为什么把泥人也扔了。先生知道后，鼓励呱呱再抓紧时间做泥人，并表示参与呱呱的泥塑活动中，呱呱看到爸爸大力支持他，抛却了在学校的消极态度，他说不管作品能不能摆在教室里，他都要把这件作品做好。最后，呱呱和爸爸把泥人做好，还用彩色笔涂上颜色，这样一个“地球与生命”的作品就呈现出来了。呱呱和先生做好这些，已经是深夜十一点多了，但两人毫无困意，呱呱建议再加上一个小孩，那样就更完美了。先生听了后觉得呱呱想法不错，但是要考虑明天还要上学，建议呱呱明天接着做。呱呱听了爸爸的建议，美滋滋地睡觉了。

呱呱和李超的泥塑作品就这样出炉了，在老师和同学们的掌声中，呱呱感觉特别高兴。李超课下对呱呱说，以后做任何工艺品都要到我家，而且不能让他爸爸知道，否则他一辈子都别想在同学们面前抬起头了。

爸爸的“大架子”让孩子感到害怕不说，更让他从小就在同学们面前觉得自卑，这种心情，我想李超的爸爸是体会不到的。

爸爸和妈妈都是最棒的

呱呱上幼儿园时，每年的“六一”儿童节，幼儿园都会组织学生表演节目，呱呱希望我和先生都去，因为他觉得爸爸妈妈都来观看他的表演，他会非常开心。呱呱上幼儿园的最后一年，呱呱就要从幼儿园毕业了，在之前我们都商量好，一定去看呱呱和同学们的表演。可是事有不巧，先生在“六一”儿童节前几天被单位派去外地采访，一直回不来。我给呱呱解释，先生也打来电话给呱呱说清原因。呱呱虽然心里觉得有些遗憾，可他似乎很能理解爸爸，还告诉爸爸注意身体。

我为了打消呱呱的遗憾，告诉呱呱，我会拿上录音机把呱呱唱的歌录下来，到时候给爸爸听。呱呱听了后说他会好好唱的。

“六一”儿童节那天，我和呱呱一大早就起床，给呱呱准备好早餐，呱呱穿好表演服，就在这时，先生打来电话告诉呱呱他会在心里听到呱呱的歌声的。呱呱听了很是高兴。一路上总是情不自禁地对我说：“爸爸在很远的地方也能听到我唱歌。”

呱呱在台上表演，我和其他家长都在台下观看。我看了一下周围的家长，大部分都是妈妈来观看表演，也有爷爷奶奶。爸爸来看表演的很少。等到呱呱表演的时候，我拿着录音机在录音，旁边的妈妈问我：“怎么还要录音？”

我说：“先生临时出差听不到孩子唱歌，录给先生听的。”

这位妈妈有些惊奇地问我：“你先生还要听小孩子唱歌？”

我说：“孩子每年过节都是我们两个来，今年临时有事，看不成孩子的表演了，我想录下来，等他回来再听，也算给孩子留个纪念。”

这位妈妈说："你们可真细心……我给你说我们家那位啊，永远都是个没用的，让给孩子扎个风筝都不会。这不，孩子要表演了，我才匆匆忙忙买了一个。"

我说："那也怨不上你先生啊，现在会扎风筝的人有几个呢，市场上有卖的呢。"

"哎，你先生人家是个能干的人啊，你看单位还派去出差，我们家那位，这辈子都不会出家门的。"这位女士随意一个话题都能谈到她先生身上，我听着听着，大概了解了一些。这位女士的先生为人憨厚，在单位工作了三四年了，也没有升职，赚的钱不多，还不能扔下工作不干。她觉得嫁给这样的男人很憋屈。十分钟内，这位女士对自己先生的埋怨足足有一万多字。我劝了几句，孩子们的表演也开始了。

等孩子们表演结束后，我带着呱呱回家，和我聊天的那位女士带着孩子找到我，说可以坐一路公交一起回家。在回家的路上，这位女士又接着话题聊起她老公，让我为她评评理。我一直觉得这位女士对她先生的看法存在偏见，更何况当着两个孩子的面，我不想让孩子们听到这些埋怨的词语。可是这位女士却越说越愤慨。

我对她说："人总有优点的，你先生肯定也有你没有发现的优点呢。"这时，她的孩子走得有些慢了，她就转身，甩了一下拉着孩子的手："你怎么走得这么慢？"边走边对我说："你看看这孩子，浑身上下没有一点随我的，就随他爸那样，没出息。"

我回头看那个被妈妈称为"没出息"孩子的时候，我看到孩子低着头，只顾被妈妈拽着走，刚才他和呱呱聊天时的开心全消失得无影无踪。我在想，孩子在听到自己妈妈这样说他和爸爸"没出息"，他会怎样想？也许他还小，根本不懂得"没出息"的意思，可他肯定知道那些词并不好，因为他那不愿意让人看到他表情的样子告诉了我。

我心里感到很难受。我不知道要怎样改变这个妈妈。我能想象出她每天在家里怎样数落自己的先生和孩子，也能想象出她的先生和孩子每天要面对多少人的非议。且不说那位先生每天心里如何，孩子才六岁，他的脑海里就充塞着母亲的唠叨与埋怨。如此下去，这个孩子如果长大后没有像母亲那样期望的“有出息”，他会不会埋怨自己的父亲，因为他的母亲告诉他，父亲是个“没出息的人”。也许这位女士根本不觉得自己说的话会影响到孩子。

孩子的成长是夫妻双方培养的结果，在家庭中，夫妻的教育与言行直接影响着孩子的成长，而夫妻之间的诋毁、揭短，会让孩子对父母的认知发生改变。比如和我聊天的这位女士对先生的偏见，孩子在心中会形成“爸爸没出息，我也会没出息”的观点，而另一方面，孩子也会对母亲产生厌烦之情。

我有一家邻居住着一对夫妻，两个人都是生意人，每天忙里忙外，平时很少见到他们，但周末他们肯定会带着孩子玩。他们说这是为了培养与孩子的感情。可是他们一见到孩子，夫妻二人就开始互相揭短，男的说：“你每天就知道对着那些男人嬉皮笑脸，一个女人家，不好好在家管孩子，就知道在外面野。”女的就会反驳：“你以为你是个什么好男人？好爸爸吗？别以为你干的那些事没人知道，每天在外面瞎混，还有脸说我？”孩子就在这样吵闹中，一个人玩耍。等到这夫妻二人吵累时，才想起看孩子。可孩子对他们二人根本不在乎，连对他们的吵架也不屑一顾。孩子的这种态度已经说明，他已经把自己之身于爸爸妈妈之外，爸爸妈妈的事情和他毫无关系。这样的结果能埋怨孩子吗？孩子平时见不到爸爸妈妈，可是一见到爸爸妈妈还没来得及高兴，却听到这样的谩骂，一句比一句狠毒，孩子能接受的是“在外野”的妈妈和“瞎搞”的爸爸。而这些词语也都是爸爸妈妈教给他的。爸爸妈妈的爱也就在这些词语中消失，换来的是孩子对爸爸妈妈的漠视与不屑。

呱呱小时候，亲戚们在一起聊天的时候，都会问：“爸爸好，还是妈妈好。”呱呱都会开心地说：“爸爸妈妈都是最棒的。”这些话我从来没有教过他，也没有想到呱呱会这样回答。我和先生听到后都觉得很正常，因为我和先生确实做到了，在呱呱的眼里，爸爸妈妈就是他最棒的爸爸妈妈，因为我们从不把对方与他人的金钱、地位相比，也从来不让呱呱觉得爸爸或者妈妈的职业有什么高低贵贱之分。因此，在呱呱心里，他一直认为爸爸妈妈是最棒的。

因此，我要告诉爸爸妈妈们，尊重和认可自己的另一半，让孩子在爸爸妈妈共同努力的爱中健康成长，认可自己的爸爸妈妈，并为爸爸妈妈感到自豪。

孩子不是家庭矛盾的出气筒

记得曾经看过一个教育节目，一个女孩说自己爸爸妈妈婚姻不幸福，她从小就生活在爸爸妈妈的吵架中。她说爸爸妈妈一吵架后，她就会觉得是自己做错了事情，妈妈气得跑到外婆家，爸爸不去找妈妈，而是让她去找。每次，都是爸爸指着她大骂，等到她找到妈妈时，妈妈总是气愤地说："要不是因为你，我早就离婚了。"最后，女孩泪流满面地对着镜头说，她对不起爸爸妈妈。

妈妈婚姻的不幸，是因为孩子，而爸爸做错了事情，却要孩子承担。幼小的孩子成了爸爸妈妈矛盾的焦点，更成为爸爸妈妈问题解决的关键。在妈妈眼里，如果没有这个孩子，她会更幸福；而在爸爸眼里，孩子和妈妈是一体的，如果妈妈不在家，便是孩子的错。也许这个女孩的爸爸妈妈在看到节目后，也会认为自己人生的悲剧全来自孩子。可这一切是孩子的错吗？孩子是爸爸妈妈生命的继续，他毫无条件地来到了这个世界，却遭到了爸爸妈妈的百般责备。我想，这个女孩可能会一直带着"破坏爸爸妈妈幸福"的心情生活着。

有人说，生活就是问题叠着问题，我要说的是，在家庭中，也同样如此，夫妻、婆媳、兄弟姐妹等等之间的各种问题都会不断地出现在我们家庭生活中，而作为孩子的父母如何处理这些问题与矛盾，自然成为问题中的问题，因为这不仅涉及家庭中的问题，也涉及到孩子的成长问题。

我和先生也会因为一些意见不合而发生争执，但我们没有破口大骂，没有因为夫妻间的问题而指责孩子。

有一次，我和先生因为春节为老人购买礼物发生了争执，而同时，又因为火车票比较难买，一时又买不到车票，问题叠加在一起。我们每个人都有充分的理由，但一时的固执冲昏了头脑，我们两人越说越远，十分钟的时间，竟然把矛盾延伸到我们恋爱时晚上他没有送我回家。当我们还要争辩下去时，7岁的呱呱推开门，说："爸爸妈妈，你们谈恋爱的时候我在哪里？"

我和先生这才意识到我们犯的错，我们把一个很小的问题延伸、扩大了，由此引发了孩子的质疑。这让我们感到吃惊。我们互相看着对方，才发现此时的我们竟然如此不理智，任凭情绪发泄。先生打破了沉默，逗着呱呱说："呱呱和爸爸玩会，让妈妈想想，呱呱在哪里。"呱呱的一句话解决了我们僵直的局面，也让我们得以冷静下来思考片刻。有时候，在家庭中，问题的出现不期而遇，而解决的方式又是如此的巧妙。我觉得呱呱这时的问话反倒为我们解决了矛盾。

当矛盾激化时，我们似乎不顾及任何的感情，随意自己发泄，等到那股情绪发泄完，才懊悔刚才的言行。为了消除呱呱对我们争执的消极反映，我和先生像往常一样，一家人开开心心地吃饭，分享在一起时的温馨，让呱呱忘掉刚才的一幕。呱呱现在长大了，他说没见到我们吵过架，也没有像其他大人那样吵架后动不动就实施冷暴力，我则对呱呱说："这里面还有你的功劳呢。"呱呱也许早就忘记了当年自己的一句话解决了爸爸妈妈的矛盾，但是爸爸妈妈没有忘记。

孩子是家庭中的成员之一，爸爸妈妈在孩子幼小时是他们引路人，如果孩子走错了，爸爸妈妈有着极大的责任，而爸爸妈妈做错了事情，不能将问题推卸给孩子。等到孩子成长后，他会以同样的态度来对待父母，对待自己的人生，因为他已经习惯将矛盾和问题归于他人身上。这一点，可能爸爸妈妈没有注意到，因此，我要告诉为父为母者，在家庭中，万不可把孩子当做自己的出气筒，因为某一天，你也可能成为孩子的出气筒。

3. 爸妈的话也有错的时候

孩子顺从的开始——“听爸爸妈妈的话”

有一次，我接呱呱回家，路上听到一对父子的对话。儿子问爸爸：“爸爸，我想去那个转轮那玩会儿。”

爸爸说：“就知道贪玩。别玩了，赶紧回家练琴。”

儿子有些不愿意地说：“我不想回家。”

爸爸有些生气说：“听爸爸的话，回家把琴练好了，以后想怎么玩就怎么玩。”

儿子说：“爸爸，真的吗？”

爸爸说：“当然真的，爸爸说的能有错吗？”

儿子突然想起什么了，说：“爸爸总是这样说，可总是错的。”

爸爸说：“小屁孩，爸爸妈妈这不是为你好吗？”

很多家长说孩子小，没什么生活经验，也没什么主意，更没有远见，就经常以“爸爸妈妈为你好”为由，替孩子做主，他们认为这是爱孩子的表现。可事实上，孩子有自己的想法，而且有时候想得比家长还要多，还要远。

邻居张先生最近很是忙碌，因为他家孩子要参加高考，他每天到处打听哪些专业就业机会多，哪些专业薪水高。有一次，我看到张先生和儿子一起走，就听到张先生在鼓励儿子：“我都打听好了，考那个专业，单科一定要超过 120 分的，否则也未必能录取……听我的，准没错。”

我过去和张先生打招呼，张先生为了表示能说服孩子，就说：“不信你问问阿姨，家长都是为你好，这事就这么定了啊，回去好好复习。”

张先生的孩子走了后，我才听明白，张先生鼓励孩子报考某学校的某专业，但是单科分数线也要高些，否则录取希望还是比较小。

我说："孩子喜欢这个专业吗？"

张先生说："这时候还顾得上喜欢不喜欢啊，他得先听我的。考上再说，上个好专业，毕业也有好工作。我这几天就忙这事呢。"

看着张先生忙碌的样子，我知道"天下父母心"的意义，但也能体会他儿子的心情。因为那个孩子始终低着头不说话。后来才知道张先生的孩子早就把以后毕业做什么工作想好了，可爸爸就是不同意。因为张先生认为他说的肯定没错。

"听爸爸妈妈的没错"，这成了很多家长让孩子顺从的一个恰当的理由。因为在家长的眼里"孩子什么都不懂"，而这才是家长们低估孩子了。

张先生的儿子在同学的帮助下，把爸爸看好的好专业与自己喜欢的专业做了比较，从当前就业形势、不同级别的薪水到未来发展趋势一一列出。当张先生看了那张对比表格后，才发现自己的爱差点误了孩子。张先生见到我就说："孩子比咱强啊。"

这让我想起了黎巴嫩著名诗人纪伯伦的一首诗，他在《论孩子》中写道：

你们的孩子，都不是你们的孩子，乃是"生命"为自己所渴望的儿女。
他们是借你们而来，却不是从你们而来，
他们虽和你们同在，却不属于你们。
你们可以给他们以爱，却不可给他们以思想，
因为他们有自己的思想。
你们可以荫庇他们的身体，却不能荫庇他们的灵魂，
因为他们的灵魂，是住在"明日"的宅中，
那是你们在梦中也不能想见的。
你们可以努力去模仿他们，却不能使他们来像你们，
因为生命是不倒行的，也不与"昨日"一同停留。
你们是弓，你们的孩子是从弦上发出的生命的箭矢。
那射者在无穷之中看定了目标，
也用神力将你们引满，

使他的箭矢迅疾而遥远地射了出去。

让你们在射者手中的“弯曲”成为喜乐吧；

因为他爱那飞出的箭，

也爱了那静止的弓。

我们的孩子，从出生后，就开始有自己的灵魂，从接触人类文明开始，他就有自己的思想。孩子的外貌虽然像父母，遗传了父母的很多东西，但他们的还是和父母不一样，而且思想上更是不同。我们不能要求孩子所思所想与我们一样，更不能要求孩子与我们过一样的生活，也不能以爱来替代他们生活。

爸爸妈妈的忠告——“听老师的话”

几乎大家在送孩子上学时都会这样说：“记住，要听老师的话。”后面应该还有一句“如果不听老师的话，后果很严重。”为了不承受严重的后果，孩子从小在心底记下了在学校里要听老师的话。

我一位同学是一名中学数学教师，有一次他对我说，他上课讲错了一道题，讲到最后时他才发现自己的错误，然而他没有说出来，他期待学生们能指出来，并旁敲侧引地鼓励学生能指出来。他等了足足五分钟，全班五十二个孩子没有一个人站起来指出他的错误。当看着学生眼神里那闪烁着某种东西而又不得不顺从时，他的心里异常难受，他说自己是个失败的老师，经过一番思考，他决定换种教法。

从那节课后，他告诉学生任何一个老师都不是全能，也不是全才，任何时候都可能出错，鼓励学生“不要听老师的话”。这样实施半年后，他发现学生在课堂上开始“不听话”了，开始大胆地指出老师的错误了。他这下才觉得没白当一回引路人。

这让我想起呱呱上学时的许多次的“不听老师的话”。

呱呱上小学三年级时，拿着作文本让我签字。我一看，老师的评语是：“不尊敬教师。”我问呱呱发生什么事情了。呱呱说老师布置的作文是“我最尊敬的人”，呱呱写得都是生活中所看到的人，他写了早晨清扫马路的老爷爷，写了小区里每天准时出现的邮递员。而老师的意思要让大家写教师和科学家。为此，呱呱上课举手反对，他说科学家他没有见过，只见过画像，不知道科学家每天做什么。全班同学哗然大笑。老师有些生气，罚呱呱站了一节课，并要求他重新写作文。

我听了后，我知道这件事情呱呱也有做得不对的地方，他在课堂上这种直言让老师的威严扫地。但是老师的做法不值得我让孩子认可。

呱呱对我说：“妈妈，我不想写作文。我觉得我没有做错。”

我说：“妈妈觉得你作文写得很好，而且这几个人都是很值得尊敬的。我们也要尊敬教师和科学家，他们同样对社会、对我们做出了很多的贡献。如果没有教师，我们可能认识不了这么多的字，也可能学不到很多知识，没有科学家，我们肯定用不上电、看不了电视，对不对？”

呱呱还是有些不服气的样子，我想他可能心里还是在和批评自己的老师赌气。但我不能让他因为此事而憎恨老师，憎恨学校。

我说：“老师也会有错，不是所有的话都是对的，当我们发现时，要指出来，如果一个老师敢于承认自己的错误说明他是个了不起的老师。我想你们老师并不真的惩罚你，而是认为你在起哄了，搞得全班同学都笑她，所以有些生气。要是以后上课时有不同的看法，可以举手，然后说出你的不同意见。或者等到下课后找老师直接谈。”

呱呱不说话，过了一会，他说：“我向老师道歉，不过让我重新写作文，我做不到。”

我说：“你向老师真诚道歉，如果老师还是要求你写教师或者科学家，你可以不写。”

我支持呱呱的做法，并不代表我告诉他不尊敬老师。事实上，我们很多教师在工作中养成了一种“高高在上”的习惯，习惯让学生听从自己的一切。就像写作文一事，完全可以让孩子写自己心目中尊敬的人，而没有必要按照自己的意愿让学生顺从。

在这里，我想多说的是，学校教育一直的呼吁要培养学生的想象力与批判能力，那么我们就应该不仅仅是培养，而是在孩子的成长中，不要让孩子顺从我们这些年龄比孩子大的人。

呱呱上幼儿园时，我每次送他，我从未说过“听老师的话”，而是告诉他“玩得开心。”呱呱每次回到家我问“今天玩得开心吗？”而不是问他：“今天在学校听老师话了没有？”因为我不想让我的孩子从小就养成顺从的思维，更不想他以后没有自己的观点。

4. 工作与孩子，孰轻孰重

远离“工作忙”这个借口

有一次，我一个大学同学建议在这个城市工作的六个同学一起聚聚，因为大家有两年的时间没好好聊聊了。我听后，立即表示赞同，而且建议家属们都参加，到郊区的公园野餐一番。到最后，我们五个人都定了下来，唯独缺同学老郭。这个老郭开个小公司，看着公司不大，可是业务好像挺多，每年也挺能赚钱。老郭一听老同学们要聚聚，表示很高兴，可是遗憾的是他没有时间，他要去上海谈业务去。不过他说可以让他妻子和孩子去参加。

我听后，也只好说遗憾了。

老郭是我们几个同学中工作最忙的一个，偶尔逢年过节，我们才会打个电话问候一下。虽说在一个城市里，可见面的机会少之又少。

等到周末的时候，我们五个同学，加上各自的爱人，老郭的妻子带着孩子也来参加。我们大人们坐在一起聊天，孩子们在旁边玩耍，他们的年龄相仿，有的大的讲着班级的趣事，年龄稍小的则羡慕地听着。当谈到老郭的时候，老郭妻子表示下次一定让老郭来，也可以休息一下。我们调侃到老郭就忙着赚钱，赚那么多钱不知道享受生活。

老郭妻子说：“他每天忙的都不知道孩子现在多高，穿多大码的鞋了。上次回来，看到我给孩子买的旅游鞋，他以为是给他买的，说颜色太花哨了。我说给孩子买的，他吃惊地问我孩子的脚都这么大了？”

玩笑归玩笑，我们也都劝老郭妻子，让老郭多陪陪孩子。老郭妻子说，老郭是个闲不下的人。

我说：“老郭真应该多在家陪陪你们了，这工作，你说忙不完就没完没了，你说忙完了，也就忙完了。”

中午我们吃饭的时候，我们几个同学特意给老郭打电话，老郭在电话那边忙着说陪客户吃饭，没时间和妻子、孩子说话。他妻子和孩子也习惯了老郭的“工作忙”，我看着老郭的孩子拿着游戏机一直在玩，似乎他对这样的聚会并不在意，他只关注自己手中的游戏。我问老郭妻子，嘉嘉是不是不爱说话？她说嘉嘉对这样的聚会不喜欢，还是她硬拽着来的，每天就知道玩手机、掌上游戏机。说完，她嘱咐我，千万不要告诉老郭，老郭要是知道了肯定很伤心，每天在外忙死忙活的就是为了能送孩子以后出国上学，要是知道孩子只知道玩，那要气疯了。

老郭这样拼命赚钱就是为了让孩子出国留学，可是他不知道，自己这样忙，忙得连孩子生日也忘记了，忙得连孩子多高了都忘记了，忙得连和孩子说话的时间都没有。赚再多的钱，孩子即使能出国留学，这样的意义又有多大？孩子没有父爱的呵护，他长再高，以后处理各种问题又能依靠谁？

过后，我给老郭打电话，告诉他多和孩子沟通沟通，老郭左一句“工作忙”，右一句“工作忙”，就是舍不得留下时间陪孩子、家人。我最后说：“你的形象就是你孩子学习的样子，如果你这样忙工作，那以后孩子长大了，你想见见孩子，孩子也是工作忙，到时候，你会不会难受呢？”老郭敷衍了我几句，挂了电话。

第二天一大早，老郭打来电话约我和我的先生见面，说要谈谈他孩子的事情。老郭一见到我们就说，他把所有手机关机了，他今天只做一件事情，那就是让我们告诉他怎样把孩子教育好。

我对老郭提出建议，只要把“工作忙”的借口丢掉，多陪陪孩子，他和孩子生疏的关系就可以逐渐缓和。老郭在谈话中也承认了自己对孩子的疏忽，一直认为给孩子多提供物质生活就可以了，至于学习就全靠孩子自己努力。

我对老郭说，这个观点并不正确，孩子在家庭中，如果和父母的感情出现问题，直接影响他的学习，父母不仅是为孩子提供物质生活，更多的是精神力量和榜样，父母的形象是他们内在的榜样。如果爸爸妈妈每天以工作忙为理由而放弃与孩子交流、沟通，那么孩子自然会认为工作比任何事情都重要，如此而来，亲人和亲情又置于何处呢？

老郭说，他回家和妻子、儿子一起吃饭，儿子惊奇地问他，是不是公司倒闭了。他很生气，问儿子要是爸爸没有了工作怎么办。儿子冷冷地说，该怎么办就怎么办，他只能管好他自己，别的事情和他没关系。

老郭气愤地说：“每天辛苦赚钱不就是为了他吗？可孩子却说我和他没关系，这是什么儿子？”

我对他说：“你站在孩子的角度上思考一下问题，孩子每天见不到你，这是做爸爸的样子吗？”

我先生在一旁说，现在孩子不缺物质，缺的是精神，而这股精神从根源上说，还是源自父母，孩子的身心发展离不开父母的教育、沟通、引导。

老郭听了后，表示赞同。

现在的爸爸妈妈几乎都有工作，每个人都把工作的事情安排的满满的，都有谈不完的生意，做不完的事情。孩子要想和爸爸妈妈在一起的愿望几乎都被“工作”拒之千里。在孩子心里，自己在爸爸妈妈的眼里远远没有“工作”重要，那爸爸妈妈又怎么能要求孩子把爸爸妈妈看得比什么都重要呢？

我相信，在生活中，合理处理好工作和家庭的关系不是不可能的事情，关键在于，家长们是否真的调整过？是否真心愿意让“工作忙”的借口远离自己？我想，为了孩子，更多爸爸妈妈会调整好这个关系的。

别把工作情绪发泄给孩子

我和先生在家里有个规定，那就是进门前把工作中遇到的不快都扔掉，更不能对孩子发泄工作情绪。而这点还要从我发泄工作情绪说起。

记得呱呱刚上一年级时，学校离家比较远。我们每天接送都挺费时间，而且早上单位有规定，上班时要签字，迟到的结果就是从工资里扣部分金额。扣除的钱虽然很少，但要迟到的次数多了，在单位影响就很不好。

为了能顺利送呱呱上学，也为了我们上班不迟到，每天我六点起床，十分钟洗漱，叫醒呱呱和先生，做好早餐，然后一家匆匆忙忙吃完早餐，赶去上学、上班。这样两周后，觉得有些劳累，也有些紧张。有时候遇到路上堵车，我就迟到了。有一次，碰到了科室主任，看到我迟到，也不好意思说什么，但多少有些不高兴。我本想解释，可是主任转身走了。在单位的例会上，主任特意提到以后不要迟到等等。那天的工作事情也特别多，忙了一天，坐车回家又是堵车，一回到家里，先生和呱呱都嚷着饿了，要吃饭。

我当时就生气地对先生说，回来得早也不说做饭？先生看到我有些生气了,就说和我一起做饭。呱呱可能在一旁看到我脸色不好看,就对我说:“妈妈，老师今天表扬我了。”

我随口说:“真是个好孩子。”呱呱觉得自己受表扬了也没让我开心，就接着缠着我要给我讲学校里发生的事情。我对呱呱说:“先自己玩会吧。”呱呱不开心地走开了。

等到我和先生做饭时，先生问我怎么回事。我把当天在单位发生的不快都说了出来，先生淡然一笑:“就这点事情，至于拉着这么长的脸吗？呱呱都看出你的脸色不好了。你幸亏没说自己迟到了，要不然呱呱会觉得他让你今天挨批了。”我急忙说:“我怎么能怪孩子呢，是公交车在路上堵得走不动。”

“明天起，早起十分钟。”先生说，“一会呱呱还会问的。”

不一会，呱呱跑到厨房说，想吃苹果，我赶紧洗了一个给呱呱，呱呱看我脸色好了些，拿着苹果说:“妈妈先吃一口。”我摸摸呱呱的头，说:“呱呱真是个好孩子。”呱呱接着说:“妈妈刚才不高兴是因为呱呱不听话吗？”

我愣了一下，回头看先生，果然被先生说中了。当孩子看到爸爸妈妈不高兴时，害怕受到责骂不主动问话，等到爸爸妈妈不生气时，会试探性地问话，直到他觉得答案满意。

我对呱呱说:“妈妈刚才心情有点不好，是妈妈自己的事情，妈妈已经处理好了，呱呱不用担心了。”

呱呱说:“哦，妈妈肯定是犯了错，挨领导批评了。”

我说:“是啊，不过妈妈以后会努力做好的，争取像呱呱一样受到表扬。”

呱呱听了后，高兴地说:“妈妈，这个苹果奖给你。”

听呱呱这样一说，我一天的不快乐情绪顿时消失了。

如果我不克制自己的情绪，一回到家就责备先生和孩子，都是因为给他们做饭，送他们上学自己挨了批评，自己在单位丢了人，结果肯定是另一番情景。我庆幸自己没有把刚才埋怨的话当着呱呱的面说，否则，呱呱不知道有多难受。从此以后，我和先生就互相监督，在家里，遇到任何不快乐的情绪都要讲清楚，而且不牵连孩子，尤其不能把责任推卸到他人身上。

从那次我迟到后，我和先生商量好每天起床及做饭的时间，呱呱早上起来也加快了速度，我再也没迟到过。

我接触过一个这样的妈妈，她生孩子时正好单位实行裁员制度，她不得已把工作辞掉，等到孩子两岁时，她开始找工作，却找不到令她满意的工作。每次见到她时，她都要重复着一句话："孩子害得我没了工作。"

我问她："是不是对工作要求过高了？"

她说，现在也有两家公司已经决定录用了，可是她觉得达不到她的要求，她说之前的公司是外企，出国机会多，可以学到很多，就为了孩子，现在"沦落"到这个样子。

我劝她："先上班，等孩子稍大些，可以再换更好的。"她说："到那个时候，哪家公司要年龄这么大的？哎，要是不要这个孩子好了。"

看着她满眼后悔的样子，再看看她旁边可爱的孩子，我真的不知道该说什么了。孩子一出生，妈妈辞去了工作，失去了出国的机会，失去了晋升的机会，而这一切似乎是孩子拖累了妈妈。可是这些源头又能埋怨孩子吗？

我接触过一个女学生，她每年的春节都不愿意回家。她说她宁愿自己一个人在陌生的街头流浪，也不想回家。她对我说，爸爸妈妈原来在上海工作，妈妈怀孕后，爸爸妈妈搬到了中等城市，可是，爸爸的能力却不得已施展，本以为是个男孩会高兴些，可是她一出生，爸爸就很少笑了。她觉得她是家里多余的，甚至是爸爸的罪人，她从小就想逃离那个家，远离那个让她产生罪恶感的地方，而她现在做到了，因为她凭着自己努力学习考上离家很遥远的大学。她说她自由了。

真不知道这个女孩的爸爸妈妈听了这番话有何感想。大人们失去了工作，不反省自己的能力，却将责任归咎于孩子身上，难道不觉得很幼稚吗？孩子的出生是没得选择的，为什么爸爸妈妈们总是将自己的失败归于孩子呢？

我想这些孩子在内心是痛苦的，他们一边接受着自己成长中遇到的问题，一边更是忍耐着这种巨大的“罪恶”——害的爸爸妈妈没了工作。我呼吁爸爸妈妈们，停止你们那些幼稚的责备吧，让孩子无忧无虑地、健康地成长。

5. 游戏的魅力

小游戏解决大问题

呱呱三岁时，要去医院打预防针。我带着呱呱刚走进医务室，就听到几个小孩已经在大哭。因为我和呱呱在家里事先说好，今天打一小针防止生病难受，呱呱点点头表示他会接受这一小针的疼。

轮到呱呱打针时，护士看着呱呱一脸镇定的样子说："真是个男子汉。"

听了这句话，呱呱似乎更觉得自己应该勇敢地面对这一针。可打针毕竟是有疼痛感的，当针管刺进呱呱皮肤的一瞬间，呱呱"啊"地叫了一声，我说："呱呱感觉到疼了，是吧，和妈妈一起数数，妈妈保证，呱呱数到20的时候，就打完了。"我起了头，小声地数着数字，呱呱也开始数，不一会，针打完了。

呱呱看着我说："妈妈，还没数到20。"

我说："那我们接着数吧。"数到20，呱呱似乎也忘记了刚才的疼。

走出医务室时，还有好几个孩子还没有打针就在大喊大哭，呱呱看着同伴如此哭泣，问我："妈妈，他们是不是和我打的针不一样？"

我说："一样的，不过他们有些害怕打针吧。"

回家的路上，呱呱一直闷闷不乐。我想，大概他还在想医院里的同伴和打针的一幕吧。

晚上，我和先生商量一下，和呱呱一起做个游戏，让呱呱扮演医生，我和先生扮演要打针的小朋友。当我们告诉呱呱时，呱呱说他要穿上医生的衣服，说完就去找白色的衣服，还要找针管。我给呱呱解释，我们这是个游戏，道具和衣服都不会和医院的一模一样，只需要模仿医生就可以了。呱呱穿着自己的小衬衣，戴着一个小帽子，他找来爸爸的领带做听诊器，然后一板一眼地坐在桌子前。先生这时候假装哭泣着找医生看病，说自己肚子疼。

呱呱拉着先生的手，让先生躺在床上，然后拿着“听诊器”开始检查“病人”的肚子。呱呱去医院看病的次数并不多，但他模仿的医生惟妙惟肖，一会拍拍“病人”的肚子，一会要“病人”张开嘴。这时候，我发现呱呱完全投入在这个角色中，他比我和先生都要认真。

接着，呱呱对“病人”说要打针，“病人”一听打针就“大哭”（这节是我和先生设计的），呱呱劝道：“打针一点都不疼的，我上午才打过针，你看。我给你打一针，病就好了，以后肚子肯定不疼了。”

说完，呱呱拿起“针管”，学着医院里护士的样子，先用棉花球消毒，再扎针。先生一开始假装大哭，当呱呱打针的时候，先生不喊叫了，呱呱说打完了，先生说：“医生，你打针的时候有那么一点点疼，不过一会就不疼了。”呱呱开心地笑了。

当轮到给我“看病”时，呱呱问我哪里不舒服，我说头疼，他就用小手摸摸我的额头，然后用手电筒看我的嗓子，他还学着医生的样子说：“你发烧了，我给你开药，你不用打针了。”

过了一个小时，呱呱还沉浸在游戏中。等呱呱摘下口罩时，他说：“医院里的叔叔阿姨挺辛苦的。”

我说：“是啊，他们给病人治好病，让大家都健健康康的。现在不用怕他们了吧。”

呱呱说：“嗯。我以后也要给幼儿园里的小朋友看病，他们肯定也不用怕打针了。”

看来，这个小游戏还让呱呱懂得了为伙伴着想。

游戏在成人看来是不真实的，可是儿童则是全神贯注的投入游戏中，他们在游戏中认真地扮演着每个角色，他们遵循着游戏中的任何规则。在游戏中，他们是放松的，精神上获得了极大的快乐。这些有益的游戏，可以帮助儿童获得规则，也可以让他们从游戏中获得些许道理。

尊重孩子的游戏

一说起孩子们的游戏，一些爸爸妈妈总是不自由地想说，这些游戏是幼稚的，是逗孩子们开心的。事实上，儿童在幼儿时期，自发地参与到游戏中，游戏活动就是儿童生活的一部分。如果爸爸妈妈轻视或者阻止孩子的游戏活动，自然会引起孩子的不开心。

有一年夏天，一场雨过后，我带着两岁的呱呱到小区里散散步。呱呱不知道看到了什么，就跑到土堆上，开始玩起泥巴。原来是一堆沙土。呱呱美滋滋地玩起来，我说呱呱别坐在地上。呱呱全然不顾，小手不停地用力抓沙土，一边抓，一边自言自语地说要盖城堡。这时，我想起来，原来是呱呱这几天听了我和先生给他讲的童话故事，故事里的城堡有着极大的魔力，可以阻挡任何妖怪的入侵。我想呱呱要建造的城堡只在他心里。

过了一会，邻居的一个大妈看到呱呱在玩沙土，问我怎么让孩子这样玩，这太脏了。

我说："没关系的，沙土回去洗洗就没事了。呱呱玩得正高兴呢。"

呱呱一会的工夫，就垒起了两面墙，突然呱呱转身好像在找什么，跑到我跟前说："妈妈，我要回家拿我的铲车（儿童玩具）。"

我说："妈妈陪你回去拿吧。"

呱呱说："妈妈，我自己回去拿，你在这里帮我看着我的城堡，好吗？"看来，呱呱这个城堡主人给我下达了命令。我答应了呱呱的请求。

很快，呱呱就把他的"工具"搬来了，小铲子、小铲车，他用铲子使劲挖，然后挖出一个洞，在旁边又垒砌出一圈的墙。"城堡"竣工了，不成规则的沙土堆就是呱呱的杰作。我走到"城堡"前，耐心地听呱呱在给我讲："这是门，这是国王的房间，这是墙……"呱呱流露出的自豪，让我突然想起诗人泰戈尔的一首诗《玩具》：

孩子，你整天坐在尘土中玩着一根断掉的树枝。

我微笑地看你玩着那根折断的小树枝。

我忙着做账，一个钟头一个钟头地累积数字。

你看我一眼，也许想着：“多傻的游戏，把整个早晨都给浪费了！”
孩子，我已经忘了专心致力于树枝与泥饼的艺术了。
我追寻昂贵的玩具，收集大批的金银。
你用随手所得创造了你欢乐的游戏，而我却耗费我的时间和精力，
在我永远也得不到的东西上。
我在单薄脆弱的独木舟上挣扎着要渡过欲望之海，
而忘却了我也是在游戏。

是啊，在这一个小时里，呱呱是无比的快乐，而我的脑海中则不断地出现着工作中的事情，我浪费了这些时间，不仅没有给自己带来快乐，反而越想越复杂，而呱呱则不同。我拍了拍呱呱身上的沙土，称赞呱呱和他的“城堡”，呱呱说：“妈妈，这里是你和爸爸的屋子，这里是我的。”说着，呱呱指给我看，我想，这一刻，呱呱让我明白了，什么是快乐和幸福。

在生活中，很多爸爸妈妈不能理解为什么孩子会喜欢幼稚的游戏，喜欢没完没了地玩积木，喜欢玩泥巴。有的妈妈干脆指着孩子的鼻子说，这个不许玩，那个不许玩。我的一个同学告诉我，小时候他就喜欢用泥捏各种东西，结果一回到家，妈妈就把这些“泥巴玩意”扔了，说不许再玩这些脏兮兮的东西。他说，现在就是想玩泥巴，也还会记得妈妈的那句话。如今，我这个同学会开玩笑地说，小时候多玩些泥巴，说不定现在就是雕塑家了。其实，我想告诉他的是，他儿时的任何作品都是艺术品，因为孩子的想象最自然，最美，出自他们手里的任何作品都是这世界上最天然的作品。

爸爸妈妈们，请尊重孩子儿时的游戏吧，即使他们想多玩会泥巴，多玩会沙土，也都让孩子尽情玩，让孩子享受那份天然的自由和快乐。

6. 给孩子多一点信任

给孩子信任多一点，再多一点

呱呱刚学会走路时，我总是担心他会摔倒，总想时刻扶着他，而他则总是用手推开我的手。他一边走，我一边用手挡着，也许他永远都不知道，我的心都要提到嗓子眼了。而我先生则说，担心是多余的，他说孩子学走路哪有不摔跟头的，摔一次两次他自己就会记在心上的。要是大人一直扶着，孩子永远都离不开大人的，他告诉我，要相信孩子有这个能力，你相信他了，他也就相信自己了。我自认为自己一直做教育工作，读的教育书也很多，可是当孩子在前面慢慢地走时，我的心还是有些紧张。

在先生极力的规劝下，我开始改变我的做法，不再用手扶着孩子，自己摔倒自己爬起来，而每次，我都用信任的眼神告诉孩子："你能做到。"就这样，呱呱很快就能自己稳稳当当地走路了，而且当遇到台阶时，他不会要求我抱他，而是自己想办法爬过去。我终于明白，孩子用他办法解决他遇到的问题。

有一次，我们全家要参加一个亲戚的婚礼，我给呱呱找好衣服后放在床上，准备先给呱呱穿。呱呱拿着衣服就往头上套，而且信誓旦旦地说："我会穿。"我看时间还够用，那就让呱呱尝试自己穿吧。我抓紧时间做好早餐。等到我去找呱呱时，呱呱已经把每件衣服都套在身上了，只是把里面穿的小背心套在了外套上。我急忙上前告诉呱呱穿错了，呱呱则不高兴地说："我穿好了。"先生一听到动静过来一看，夸呱呱衣服穿得好，还说爸爸相信呱呱下次能穿得更好。我把呱呱的衣服强行一件件脱下来后，先生则告诉呱呱，哪件穿在里面，哪件穿在外面，而且鼓励呱呱再来一次。

我凑到先生耳朵旁说："时间快来不及了。"

先生说："不着急，相信呱呱吧，你看着吧，这小家伙一会肯定能穿好。"

我走到呱呱面前对呱呱说：“呱呱，刚才你穿得很好，可是衣服的顺序穿得不对，妈妈这次帮你把衣服穿上吧。”呱呱撅着小嘴，不太高兴地说：“我自己穿。”看来，呱呱在埋怨我刚才把他穿好的衣服不由分说地脱掉了。

看着呱呱倔强的样子，我不再劝他，而是和先生一样用一个信任的态度鼓励呱呱去做事情。

呱呱先把袜子穿上，然后穿上小裤衩、线裤、裤子，上身的衣服一件都还没穿就要找鞋，我刚要说他，现在拽住了。先生在旁边问呱呱：“胳膊冷吗？”说完，便摸了摸呱呱的胳膊。呱呱这才注意到好像忘了什么，脱掉鞋，上床穿上衣。呱呱拿起小背心，直接往头上套，两个胳膊开始一个个地往两边穿。等到穿毛衣的时候，呱呱说：“妈妈，这个口不好。”

我拿起毛衣才发现，这个口有些小，为了不让孩子脖子着凉，我故意把口弄了稍微小了些，可是穿的时候就有些麻烦。我说：“呱呱，要不要换一件？”呱呱点点头，然后说要自己找。就这样，我和先生任凭呱呱一个人穿衣服，找衣服，等到呱呱做好了，早饭也凉了。看着呱呱自己穿好的衣服，我也告诉自己，信任孩子再多一点。

美国著名心理学家威廉·詹姆士曾说：“人类本质中最殷切的需求是渴望被肯定。”我想，我们成人有这种深切的体会，希望自己所做的事情得到他人的认可，而这前提是他人能够相信你。我想孩子也是这样的，他们年龄虽小，但在他们的内心中，同样需要父母的信任与肯定。而如果连父母都对孩子失去了这种信任，他们在成长中，也不会信任父母，也难以相信其他人，甚至怀疑他自己。

有一天，有个学生的妈妈找到我说，她发现孩子最近有些不对劲。我问清原因，原来是她的孩子每天晚上回来都很晚，而且身上总是沾满了灰尘，她每天都问孩子到底怎么回事，可孩子就是不说。

她担心孩子和街上的小混混们打架闹事，也担心孩子没学好。想让我好好找孩子谈谈，免得孩子走弯了路。

我问这位妈妈：“孩子最近花钱多不多？”

这位妈妈说：“还和以前一样，没向我要过钱，前几天我还偷偷看到他抽屉里有攒的不少钱，大概有个百八十吧。”

“那你问他了吗？”

“我没好意思问，我偷偷看他抽屉的，万一问了，这孩子回头该不高兴了，又说我不尊重他的隐私。”

“孩子攒钱估计有什么用吧，也不好意思向你们大人伸手要钱，这孩子平时挺好的，应该不会做什么坏事的。”我说。

可这位妈妈有些着急地说：“万一他学坏了，到时候就完了。你赶紧帮我盯着点吧。”

她的孩子上初二，十四岁左右，用这位妈妈的话说，这个年龄的孩子最让人操心了，“稍不留神，就学坏了”。

为了能让这位妈妈放心，我有意识地注意这个男孩。男孩在和我聊天过程中，没有掩饰和逃离，也没有表现出不良好的言行。我没有表示出孩子的父母对他的怀疑，而是从其他方面和他谈心。男孩最后问了我一个问题，他说：“老师，你说如果你的亲人总是在怀疑你，你会怎么做？”

我想男孩肯定知道爸爸妈妈在怀疑自己。我诚恳地对男孩说：“亲人对我的关爱我能理解，只是方式方法我可能难以理解，但我相信，坦诚地和亲人说出事实，亲人的担忧才会消除，而我的怀疑才会停止。你觉得呢？”

男孩点点头，笑着和我说再见。

后来我见到男孩的妈妈，也就是找我的那位妈妈，她高兴地说，孩子终于和他们说话了，而且孩子做的事情让她很是感动。原来她的孩子每天放学后去一家装修公司帮忙卸材料，由于他年龄小，搬的东西都是较轻的，一个小时赚十元，他想给爸爸妈妈过生日时买个蛋糕。这位女士说，真没想到孩子这么有心，她觉得真不该把孩子想得那么坏。是啊，孩子本来就是好孩子，家长有时候担心就多想了很多不好的结果，这反倒成了两代人之间怀疑的基础。孩子认为爸爸妈妈看过来的眼神都那么怀疑，好像不是他们的孩子，而父母更是怀疑，这孩子变得越来越不可理解？

而信任有时候却消除了双方的猜测、质疑。因此，爸爸妈妈们，不要以为信任只针对朋友、合作伙伴，更针对家庭和孩子。

无端的反面预言

有一天，我到社区附近的小卖部买东西时，听到店主对一个小女孩说：“……不学好，让你帮着看店，你倒好，还偷偷拿钱，长大了还得了？长大了还想当小偷不成？”小女孩撅着嘴，气冲冲地说：“谁让你不给我钱，我们同学都有零花钱，你和爸爸都是小气鬼。”原来是母女俩发生了争执。

我买好东西要去结账时，那位妈妈生气地拽着女儿的胳膊，边拽边说：“快回家去吧，别在这给我丢人现眼。”

小女孩很委屈地离开了，而她要离开的时候，我看到女孩眼里的一种气愤的表情。母女二人就这样结下了疙瘩。我对这位妈妈说：“小孩心里挺委屈的。”

这位妈妈叹口气说：“哎，现在小孩真难伺候，一天要几回钱，你说家里什么零食都有，就是非要钱和同学去别的地方买。不给就偷，这不管，以后真成小偷了。”

我说：“小孩都有个攀比，说教说教就好了。”

这位妈妈勉强地笑了笑，说：“真是让你见笑话了。也不知道别人每天教育孩子的，我这孩子什么时候能让我省心啊。”

我说：“多用用心，孩子都是好孩子。”

我知道，这句话只是简单回答了一句，不知道以后她和女儿之间还会不会出现类似的对话。

有的爸爸妈妈总是喜欢给孩子一些预言，就像我上面提到的这个妈妈一样，女儿因为妈妈没有给她钱，就去拿家里的钱，妈妈认为这是偷，而女儿会认为这是家里的钱，她为什么不能花。妈妈由此而引发出预言，如果再“偷”家里的钱，长大后就是小偷。那孩子会不会认为，家里的钱自己花，为什么自己会成小偷？难道自己在家里就是一个爸爸妈妈防着的未来的“小偷”吗？

我想，爸爸妈妈应该站在孩子的立场上思考这些问题，而不是动不动就给孩子一个可怕的预言。有的爸爸妈妈会因为孩子之间的打架事情，而漫天想象成以后孩子成了“杀人犯”。也许有的爸爸妈妈会说，这些词只不过是用来吓唬孩子，可为什么不换个方式来说服孩子呢。

呱呱上小学后，我们和呱呱商量好，我们给的零花钱每个月有一定额度，而且告诉呱呱自己可以支配一个月的零花钱，如果有剩余的钱，自己可以攒起来，也可以买其他自己喜欢的东西；如果当月的零花钱超支了，还需要多少钱，需要向爸爸妈妈说明哪笔支出超过了预算。

有一次，呱呱为了买自己喜欢的玩具不舍得买一包零食，因为他已经知道，他的钱有限度，而爸爸妈妈也不会随意给他额外的钱。这样，当呱呱小学毕业时，他悄悄对我说："我的小金库有不少钞票了，爸爸妈妈如果有急需的话，可以向我申请一下。"说完，露出个鬼脸。我想，即使呱呱长大，自己可以挣钱花时，也会很合理地支配钱财。而这种观念和习惯的养成还需要父母培养。

也有的妈妈说，小事能见大，如果纵容孩子犯小错，就是谋害孩子一生，而事实上，这种无端的预言要么成为孩子们背负沉重的包袱，要么让孩子触发了去尝试作恶的念头。

一位记者曾经采访过一个十四岁的少年犯，他是因为参与盗窃银行而被判刑，这个男孩说，他小时候不知道偷窃是什么意思，家里丢了钱时，妈妈总是责问是不是他偷的，而且都会指着他的头说："有本事偷银行去，别偷自己家的。"从那以后，他才知道银行有很多的钱，只要不被警察抓到，就可以无穷尽地花。这种错误的想法让他不再喜欢上学，很快就加入县城的小混混团伙，一起谋划抢劫银行。这个男孩的妈妈也许根本不会想到，她当年对孩子的"预言"就这样实现了。

生活中，妈妈们总是无意地在说："要听话，做个好孩子，可千万别像某某学坏。"这种反面的榜样给孩子一种不信任的感觉，也在他心里播下了对某某人的言行的好奇。比如，到底某某人是什么样的？"我"如果做了某某人做的事情，那就成了坏人了吗？这些想法会在孩子的脑海中出现，而他们的价值观并不成熟，左右摇摆时，难免会去尝试。所以，我想劝爸爸妈妈们，在教育孩子时，不要给孩子随意下不良的定义，不要随意为他们做出反面的预言。

7. 和孩子一起长大

孩子教给我的更多

呱呱开始上小学二年级时，我有机会到外地进修学习，单位领导也很重视，而我听了后有些犹豫。一方面我觉得自己确实需要这个学习机会，而另一方面，我担忧的是家庭。我先生当时刚进入新单位不久，任务比较多，而呱呱才刚八岁，这次学习时间是一年，时间很长，学习地点又离家很远。我告诉先生这次学习机会时，先生当即表示支持我去学习，当我说出担忧时，先生说："孩子肯定也同意你去学习。"

我和呱呱说明去外地学习的事情后，呱呱有趣地问我："妈妈带上我一起学习吧，然后我就天天当妈妈的跟班。"

我说："这一年时间很长的，妈妈到时候想你们了，中间有机会请假的话就回家看你们。"

呱呱说："妈妈，我想你的时候我请假去看你。"

我生气地说："你上学呢，请什么假啊。"

呱呱说："那妈妈不也是去上学吗？上学的时候，总想回家那能学好吗？"

我听了呱呱的分析，觉得也对，呱呱认为我和他一样，去学习，只不过我学习的地方在外地，既然我每天都教导他认真学习，那么，我就没有理由对他说中间随意请假回家。

我说："那好，妈妈肯定好好学习，在家等着妈妈凯旋回来吧。不过，你和爸爸晚上不能睡得太晚，不能吃剩菜剩饭，不能……"

我还没说完，呱呱大喊："爸爸，妈妈大人要发话了，快拿个本和笔记录一下。"

看来，他们是想让我放心地去学习，而我却觉得这个时候再放心，也不能完全放心。当呱呱送我去车站时，一直没有我想象得那样舍不得我，而是像平常一样，也许他还没有体会我一年不在家的生活。

一开始，我在给呱呱打电话的时候，我们还是像平时在家里聊天一样，呱呱给我讲笑话，给我讲班里发生的事情，有时候还问我，学习成绩怎么样。听着呱呱说的一切都和以前差不多，我觉得可以踏踏实实学习了。很快，到元旦时，进修班休息三天，我立即买好票回家。我没有给先生和呱呱说我回家的事情，准备给他们一个惊喜。

当我打开家门时，发现家里的一切都和我在时一样。只是先生和呱呱惊奇地看着我，两人急忙问我，怎么不提前说一声呢。我顾不上休息，忙拽着呱呱看。

呱呱看着我说："妈妈，我是不是长高了？"

我看呱呱的头发有些长了，急忙说："怎么不理发啊，这么长了。"

呱呱得意地说："我要留长点，看着帅气些。"

我责备先生："孩子头发这么长了，你也不说一声。"

呱呱急忙替爸爸辩护："爸爸说了，可是我想留长点。妈妈，你突然回来，是不是有什么急事啊。"

先生在一旁笑了，说："你妈妈肯定是想家了，在学校待不住了。"

呱呱说："妈妈，你再坚持坚持，下个月我请假去看你。"

我说："看你们挺好的，我就放心了，我赶紧回去睡觉，明天还要回学校去呢。"

第二天我要返回学校时，呱呱说他不去送我了，让爸爸也不要送了，还坚定地说他以后出远门也不会让我们送。

我先生在路上告诉我说，呱呱其实在家里也挺想我的，可是在电话里怕说了影响我学习。我听了后心里感到很是温暖，我问呱呱的学习怎么样。

先生说："呱呱最近也很用功，不会太有影响的。只是以后别总请假回来，呱呱还以为你挨批评了呢。"

我没有想到，呱呱比我想象中更坚强，更懂事，更能为我着想，而从呱呱身上，我明白，我作为母亲更应该为他树立一个好的榜样。之后，我在学习时认真对待，即使很想回家看看，但也坚持着，我相信呱呱在课堂上也是如此坚定信念。

法国思想家罗曼·罗兰在作品《哥拉·布勒尼翁》中这样描述儿童：“儿童的魅力好像音乐；它比我们演奏的音乐更有把握能够进入人心。最高傲的人见了它也会变温存；人自己也成了孩子，暂时会忘了他的骄傲和他的地位。”

孩子在爸爸妈妈的眼里，虽然是孩子，但他们身上有着无比令人振奋的精神，他们的天真、他们的执著，让我们这些成人无法比拟。我相信，在生活中，会有很多爸爸妈妈从孩子的言行中，听到和看到了最真实的世界。这正是孩子们的魅力。

孩子也是个大人

有一年春节，我们全家在老家过节。在和亲戚的闲聊中，得知一个远房表妹正和老公闹离婚，两人都在争取孩子的抚养权。有一次，两人吵架，孩子在一旁直接说爸爸妈妈离婚吧，他哪也不去，就一个人住在家里。老人们说孩子又聪明又可爱，别看孩子小，可孩子也是个大人了，他能看懂这些。

是啊，正如这些老人们所说的，孩子虽然年龄小，可是他们有自己的思维，对周围发生的事情他们都默默地记在了心里。

有一天晚上，我的一个同学给我打电话，说她单位里选优秀代表，她不知道到底选谁。我对她说觉得哪个更优秀就选谁吧。同学在电话里叙述了半天，大概意思是，候选人中的两个人都曾经帮过她，如果选择其中一个就得罪了另一个。我最后安慰了一番，我没有给出更合理的意见。

这时，一旁的呱呱说：“大人真是复杂，这么小的事情都要费心。”呱呱这样一说，我才发现，呱呱不知道什么时候坐在我旁边了。

我说：“大人有大人的烦恼，这些你长大了就明白了。”

上三年级的呱呱说：“妈妈，其实你们的烦恼，我们小孩也都知道，刚才那位阿姨电话里说的事情，我也经历过。”

我说:"没听你说过这事啊。"

呱呱说:"小事一桩,不像这位阿姨这么犹豫。"

我说:"大人考虑的比较多些。你还小,理解不了阿姨的难处。"

呱呱立即着急了,说:"大人们就是以此为理由,总说小孩子小,不理解大人的处境。其实,我觉得我们更是旁观者清。"

听呱呱这样一说,我知道,呱呱肯定有自己处理问题的办法,而不像成人那样,前怕狼后怕虎。我说:"呱呱现在处理问题很不一般,我觉得你会思考问题了。"

呱呱平静地说:"我们没你们想得那么复杂,哪个优秀就选谁,这么简单的事情还绕一大圈子。"

呱呱说的有道理,成人在考虑问题时涉及太多人情世故,而孩子们想得很直接,说的也很坦率。在他们看来,成人往往做一些可笑的事情。这让我想起我国教育家陶行知先生的一首诗:

人人都说小孩小,
小孩人小心不小,
你若以为小孩小,
你比小孩还要小。

因此,爸爸妈妈们在与孩子的相处中,不能因为孩子年幼就轻视孩子,不能因为孩子年幼,就认为孩子无知,事实上,孩子也是大人,他们甚至比有的成人还要真诚,还要明白事理。他们用自己最真实的一面映射着成人的种种言行。

听懂孩子的心里话

我刚毕业时曾经在一所小学工作过一段时间,当时学校领导安排我代一、二年级班的语文课。学校不大,每个年级只有一个班。但由于语文课是基础课,所以我的教学任务也不轻松。我当时没有多少教学经验,有时候上课喜欢给学生们朗读一些文笔优美的文章或者童话。

上课的时候,看到孩子们坐得笔直笔直的样子,一双双充满对知识渴望的眼神，我就感觉到自己如同他们一样，用心读着每一个文字。我对学生的要求就是在听了故事后，写出自己想说的话。有时候课上的时间不多，就让学生第二天交来。

一年级的学生写的比较少，大多数是一两句话，而二年级的学生写的较多些。有一天，我给一年级的学生读了一篇《小红帽》的童话，读完后下课铃声也响了，我就要求学生明天写好后交上来。

第二天，我翻开学生交来的作业本。孩子的想象是丰富的，也是奇特的，而有的孩子的想法又让我百般猜测。

一个男孩简短地写道："（如果）我被大灰狼吃到肚子里，我 jiu（就）不出来了。"

我在猜想，是不是他的爸爸妈妈责备他了，或者觉得写作业很痛苦，而宁愿待在大灰狼的肚子里？

我想了想，在这个学生的作业本后面写上："为什么喜欢大灰狼的肚子呢？"

后来当我再要求交作业时，我看到男孩在后面写着："妈妈很烦。"是什么事情让孩子这样反感妈妈？我觉得想和学生聊聊，也想找机会和他的妈妈谈谈。

下课休息时间，我故意让那个男孩帮我拿本书，然后我对他说，这个童话书可以借给他看。男孩很高兴，接过书后，问我："老师，我可以随便看吗？"

我说："可以啊。"

男孩轻轻翻开书，在找什么。我问："你找什么呢？"

男孩不好意思说，其实我知道他在找书里的大灰狼。我说："在这。"

男孩看了看，对我说："老师，这个大灰狼太小了，肚子里放不下小红帽和外婆。"

我说："你觉得大灰狼应该多大呢？"

男孩说："这么大。"说着用手比划。

我说："大灰狼把小红帽和外婆吃到肚子里，你不害怕大灰狼吗？"

男孩说：“我不怕，我能打过大灰狼，到时候把她们救出来。”

我对男孩说：“那你要是跑到大灰狼肚子里，还想不想出来？不想爸爸妈妈，还有这么多小伙伴吗？”

男孩低着头说：“不想妈妈。”

我说：“其实妈妈很疼你的，是不是你做了什么事情，妈妈不同意呢？”

男孩说：“嗯。妈妈总说我惹她生气，可我没有惹妈妈生气。”说着，男孩很无辜地看着我。

我想孩子的妈妈可能误解了孩子，在孩子看来，他并没有故意让妈妈生气。我在家访的时候，发现这个男孩的妈妈总是说孩子总爱惹她生气。她给我举了一些例子，比如早上起来穿的衣服不是她挑选的，吃饭的时候故意和她做对，她说多吃这个菜，孩子就故意不吃，等等。

听完这个妈妈的陈述，我才知道，原来她说的那些孩子确实不喜欢，而不是孩子刻意和她做对。而她在看到孩子做的不符合她心意时，总是说：“妈妈，求你，能不能不这样。”天天这样说，孩子觉得有些烦了。

我拿出了孩子的作业本，我劝她，孩子宁愿待在大灰狼肚子里，也不想听到妈妈这些话。而孩子的喜好，这位妈妈却从来都不在乎。

听了我一番解释，这位妈妈沉默了片刻，很庆幸的是，这位妈妈能理解我这样说的意图。她表示她会注意自己的言行。

最后，我建议这个妈妈平时多听听孩子的心里话，有时候，孩子说出想说的话更有利于他的心理健康。

8. 独生子女一样棒

谁误解了独生子女?

有很多新闻和报纸上说，现在孩子之所以会出现各种各样的问题，归结原因是因为他们是独生子女。有一些学者称现在的孩子自私、任性骄横、性格孤僻、独来独往，缺乏团结合作精神，问题的源头——他们都是独生子女。这些资料让很多家长看到后表示认同，原来孩子出现各种问题是因为这个。也有的家长很担忧，自己的孩子以后会不会涉及这些问题?

我不知道其他家长怎么看待这个问题，但我表示不赞同。从犯罪少年以及遇到的不同性格的青少年来做统计，做出结论，这不足以代表全部的独生子女都有劣迹，都是大家所恐惧的“自私鬼”，也不足以证明所有的非独生子女就没有问题。至少不能代表我的孩子，以及我所认识的周围的很多孩子。

呱呱是家里唯一的孩子，是所谓的独生子女，但他身上丝毫没有任何的自私、骄横、孤僻等痕迹。我不是偏袒我的孩子，而是事实。

呱呱小时候和伙伴们玩耍中，渐渐知晓伙伴意义，也懂得保护比他弱小的伙伴。有一次，呱呱放学回来，就着急地在家里四处找东西。看呱呱满头大汗的样子，我问他到底找什么呢?呱呱着急地说:“毛毛的手被刺扎了，我要找纱布给他包好。”其实，毛毛早就回家了，而他还在担心伙伴。正因为他没有兄弟姐妹，在家里没有伙伴，他在幼儿园里更加珍惜和其他小朋友玩耍的时间。只要其中哪个生病或者其他原因没有来，他的心里都会担忧半天。

说到“自私”一词，我想这不是独生子女的专属，而是我们每个人的专属。每个人都有着私心，这是不需要论证的。而家里一个孩子，父母把全部的爱与精力都给了一个孩子，有着什么也都让着孩子，自然会让孩子觉得这世界上其他人都需要让着他，慢慢养成了一种“唯我”的思维。但这不是所有的孩子都这样。

我和先生是爱呱呱，但我们也关爱亲戚、朋友的孩子。让呱呱从小就明白，这个世界上还有很多和他一样的孩子，不仅需要成人的关心和爱护，也需要他的爱心。

有一年，电视上播放某地发生灾难，很多人遇难。看完后，我们心里都很沉重。呱呱一直在问我：“他们是不是和我一样大？妈妈，他们就这样死去了吗？”

我不得不真实地告诉呱呱，是的。呱呱听了后，迫切地问我们：“爸爸妈妈，我们能为他们做点什么吗？”

那一刻，我的心特别温暖。呱呱是个年仅十一岁的孩子，他的心是那样的纯洁与善良，他不仅爱我们，也在关爱陌生人。第二天，呱呱就到学校和同学们开始想办法怎样为灾区的伙伴做点事情。一番商量、几番争辩，呱呱决定给灾区的伙伴邮寄图书，他说他喜欢的书，伙伴们肯定也很喜欢。就这样，他把自己的书包好，把自己想说的话都写在一张纸上，邮寄了出去。他没有写自己的名字，也没有写自己的地址。我知道，呱呱这样做不是想着要老师夸奖他，而是以他自己的方式来做事情。

呱呱在班上是个阳光派，也是积极派，班里同学的各种活动似乎都有他的一份。全班去“春游”，他会很细心地提醒同学们不要忘记带必备品，还会热心地帮助班里同学拿行李。有一次，他回来手背上被树枝划了一道小口，我说怎么不贴创可贴。他说创可贴给班里一个同学用了，同学的手被划得更厉害。我虽然很心疼他，但我知道他做得对，他知道自己的手没事，而同学更需要帮助。

我一个同事对我说：“你家孩子一点也不像独生子女，更不像人们常说的 90 后孩子。”

我说：“独生子女也不都是那些书上写的那样自私、骄横，90 后里好孩子也很多。”

是的，我们不能因为看到一两个孩子就扩大化地认为未来孩子一个比一个“糟糕”，不能看到80后、90后的孩子就给他们定上标签，“这孩子肯定，因为他是80后，90后。”这样的逻辑不成立，这样的误解更是不应该。因为很多独生子女更活泼、更开朗、更乐于与人交往，因为他们更希望与人交往。

那为什么还有一些孩子出现了不同的问题呢？我想，这里就要说说家长了。

谁让独生子女有了问题

我相信，每个孩子刚出生时并不是另类的孩子，他们像刚开放的花朵一样美丽，让人喜爱。可是慢慢地，家长们发现孩子的言行越来越有问题了。

童童是我们邻居王女士的宝贝儿子，他一人集家里三代六个人宠爱。童童要喝水，爷爷和姥爷抢着倒，温度要刚刚适合，否则另外的一个人就会指责倒水的人。比如爷爷倒的水有些烫，姥爷就会在一旁指点：“看看，给你说过多少次，不能让孩子烫着。”童童也学会了，他从一开始的模仿到最后的呵斥：“怎么连水也不会倒？”当我听到这句话时，我却发现其他长辈没有人制止。

童童的爸爸妈妈工作忙，童童的一天大多时间是和爷爷奶奶、姥姥姥爷在一起。一大早，奶奶和姥姥起来给童童做好早餐。两人负责喂童童吃饭，童童要吃面包，两位老人绝对不能给吃馒头。而童童想要喝饮料，两位老人赶紧拿出他喜欢的口味。

有一次，我在小区门口碰到童童和他爷爷，我向老人打招呼问好，童童在一边嚷嚷着：“讨厌你，老头子。”我正要说话。童童爷爷笑着说：“这孩子……”童童生气地说：“都怪你，都怪你。”原来是两人没赶上校车。童童的爷爷追着童童，一直说好听的话。可童童却听不进去。这时，童童的妈妈急忙找来了，说童童的书忘拿了。童童一看到妈妈就开始告状：“妈妈，都怪爷爷，慢腾腾的，以后不理他了。”王女士既不说童童的不对，也不理爷爷，直接带着童童打了个车走了。童童爷爷却还站在那里看着他们的背影，老人看了我一下，说了声：“走了。”

短短的几分钟，童童的言行让我吃惊，可是爷爷、王女士的言行也让我明白了童童的问题所在。家长的呵护、宠爱反而让孩子觉得理所当然，即使他人的辛苦慢了点，做得不够，孩子也会觉得全是他人的错。妈妈不尊敬老人，子女又从哪里体会孝敬的深意呢？

也许有的人说，有的孩子生下来就遗传了父母的某些性格。国外有这样的研究，但我更相信父母的后来教育起着很大影响。

我一个朋友对我说，孩子都二十多岁了，平时话很少，孩子每天和她说话不超过五句，也没看到孩子有什么朋友，回到家就喜欢在自己房间里待着。她说真怕孩子出什么事情。我说孩子不愿意和家长说话，是因为家长总是把自己与孩子隔离起来，动不动就命令孩子，动不动就干涉孩子，动不动就约束孩子这个不行，那个不行。她说：“你还别说，我好像就是这样。”爸爸妈妈坐下来，静静想一想，是不是自己也如此？

我在报纸上看到这样一种“爱”，八岁的女儿在看电视时电视不播放她喜欢的动画片了，女儿在家大哭大闹，说一定要看，爸爸妈妈不忍心孩子哭，就亲自去电视台协商。似乎这世界都要为自己的孩子而服务。可是他的女儿在上大学后，没有办法适应大学的生活，也没有办法和其他同学们交往，因为这个女孩总是要让同学们干这干那，而同学们没有人去“服从”，她就闹情绪。为此，这个女孩休学了几次，最后不得不自动退学。我想说的是，爱孩子，但不要给孩子这样的“爱”，因为这样的“爱”只会让孩子的问题越来越多。

爸爸妈妈，甚至爷爷奶奶、姥姥姥爷、亲戚朋友都总是说“孩子小，让着点孩子”，创造一切条件让孩子处于自我的环境中。当孩子习惯了自己的中心位置，而当步入社会时，他才发现周围的人根本不让着自己。家长的这种爱让孩子孤立了起来，也间接地压抑了他们从事正常社会交往的能力。当他们走向社会时，就会出现不适应。

教育家苏霍姆林斯基曾说，家长爱抚孩子，而不是要迁就调皮的孩子，不是不加思考地满足闲得发慌的孩子的稀奇古怪的要求。纵容、姑息孩子的顽皮淘气和刁钻古怪的要求会把孩子引入歧途，使孩子的心变得粗鲁、冷酷无情；一个淘气又被溺爱的孩子只能看到自己而看不到别人；他是自私自利的人，而自私自利的人，他的个人小天地就是他快乐的中心。

也正因为如此，我要告诉更多的爸爸妈妈，不要因为爱而让孩子有了问题。

第三辑

学习本是一种乐趣

孩子生来对世界充满着好奇，内心渴望着了解世界，而学习是他们了解世界的途径。让孩子喜欢上学习并不是件难事，最简单的事情就是不要让孩子讨厌学习。让孩子从小在快乐中接触世界、在开心中了解世界，这就是学习。

1. 孩子的学习，爸妈的心

学习让谁头痛

我的一个老同学来北京出差特意看我，多年没见，我们聊了很多，聊着就聊到了孩子。老同学有些无奈地说："在我们家不能提学习俩字，一提，全家人都头痛。"

老同学不解地问我："咱们那会什么学习资源都没有，提起上学多么渴望的一件事情啊，可是现在的孩子，不愿意上学，功课不好好做，多问一句就反抗地说'还他自由'。只要一问学习怎么样了，他就抱着头说头痛。"

提起"学习"全家人都头痛，确实成了不少家庭的一种现象。孩子听到爸爸妈妈天天追问学习上的事儿头痛，而爸爸妈妈提起孩子的学习也是头痛。

在聊天中，我得知，老同学把自己当年没考上重点大学的期望全寄托在孩子身上。孩子从幼儿园到初中，她都要求孩子上重点学校。她说孩子在小学时期成绩很好，可是升入初中后，学习成绩一直下滑，她每次问孩子，孩子就说别问了，他头痛。一开始，她以为孩子生病了，结果到医院做全身检查，医生说孩子很健康。为了能让孩子学习有所进步，她发动全家托关系，让孩子转学，转到全市最好的初中；她把周末、节假日时间通通利用起来，给孩子请各门功课的家教。可半年下来，孩子的成绩更糟糕。

老同学说："你说现在不好好学习，以后上不了大学能干什么？上不了重点大学，毕业又能找到什么样的好工作？没有好工作，以后怎么养活他自己？"

我不客气地说了一句："瞎操心。"

老同学说我没有站在她的角度上思考问题。我反问她："你们站在孩子的角度思考问题了吗？"

老同学和我辩解起来："我这不是为了他的未来着想吗？"

"他连现在的生活都不想要了，未来能好过吗？"我说。

老同学一声叹息。这叹息有太多的滋味。是啊，辛辛苦苦把孩子养大，可是孩子越来越不按照自己计划发展。"孩子不好好学习，考不出好成绩，考不上重点大学，没有好的工作，没有好的未来"——这让爸爸妈妈们都头痛。

可是，孩子呢？

一个两三岁的小孩，自己还没有触摸到玩具，就一群大人逼迫着学这个学那个，连稍微呼吸的时间都要受到爸爸妈妈的约束。等到孩子上学了，爸爸妈妈们开始拿成绩说事，拿学习说事，学习好，一切都好，学习不好，一切都不好。因此，孩子提起学习就痛恨，这世界上是谁发明了学习？

有一次，我的侄子问我："姑妈，你是做教育工作的吧？"

我说："是啊。"

侄子说："那你们为什么只是让我们（孩子）接受教育，而不让爸爸妈妈们接受教育呢？"

我对这个十一岁孩子的问题愣住了。我问："你希望爸爸妈妈也去学校上课？”

侄子说：“爸爸妈妈总说我没别的同学学习好，我想让爸爸妈妈也去学习，这样，他们就不会总说我了。”

原来是这样。

学习原本只是让孩子得以认识世界，认识生活的手段，现在却成了孩子每天必须硬着头皮应付的事情；学习知识原本是孩子们最渴求的事情，现在却成了他们痛苦的源头。难道这是“学习”惹的祸吗？

事倍功半的学习法

孩子的学习可以说的上是现在爸爸妈妈们最关心的话题，只要大家在一起就会谈论孩子的学习，也会互相交流自己培养孩子学习的妙招。

呱呱上幼儿园时，幼儿园要求家长每个月参加学校组织的家长交流会。幼儿园的这个建议初衷是想和各位家长探讨孩子在园中遇到的一些问题，可是家长们到一起谈论的却并非孩子的问题。

我刚坐到椅子上，旁边的一个妈妈就说认识我，而且知道我是专门做教育工作的，肯定知道很多能让孩子提高智力的方法。

我急忙解释。一个妈妈说给孩子报了有名气的钢琴班，还有一个妈妈说她已经给孩子报了少儿英语。有人问我：“你给孩子报了很多班吧。”

我说：“我一个都没报。”大家很不理解地看着我。

一个妈妈说：“我报班的时候都咨询了，现在专家们都说要在幼儿期阶段提高孩子的智力。我们家宝宝在两岁的时候就报了四个班。”

“两岁？”我惊奇地问。

她自豪地说：“是啊，我家宝宝现在唐诗都会背几十首了呢，还会弹钢琴呢。现在上幼儿园了，我准备给宝宝报奥数班，从小喜欢数学，长大了智商肯定高。”

听她这么一说，很多妈妈开始动心了，都纷纷请教着给孩子报哪些班。孩子才三四岁，为了能让孩子有美好的未来，爸爸妈妈们不惜一切金钱为孩子打开学习的大门。为此，孩子们从很小的时候就知道“学习”二字的含义。

有个家长给我打电话说，她的孩子上小学后，她就给孩子请了各门功课的家教，孩子原本还上课听讲，现在倒好，上课睡觉，回家不会做的练习题全交给家教来做。我说这样的学习法只能让孩子离学习越来越远。

她不理解地问："为什么？"

我问她："为什么要给孩子请家教？"

她说："为了让孩子学习好些，提高快些。"

为了让孩子学习得更好些，提高再快些，这和成语"揠苗助长"有什么区别呢？

很多爸爸妈妈认为，孩子上了学，就应该把学习的事情放在第一位上，而孩子刚到一个新的环境，自己对周围的新环境还没熟悉过来时，爸爸妈妈们已经等不及了，忙着给孩子报各种学习班，以帮助孩子提高学习成绩。事实上，爸爸妈妈们不知道，任何组织和团体的辅导班都比不上学校系统的、有目的的教育。而他们更不知道的是，孩子的大脑在一天之内接触了太多的新知识没来得及消化，他们又开始给孩子充塞更多的"知识"。然而，这些所谓的能提高孩子学习的"知识"只会让孩子觉得学习是一件痛苦的事情，一件永远没完没了的事情，一件让他们喘息不过来的重山。

至此，学习的乐趣已经全无，任何的学习技巧、学习方法对孩子们而言，已经毫无兴致。爸爸妈妈付出再多的金钱和精力，孩子的学习也已经到此停步了。

分数不是孩子的全部

每次遇到有家长问我"你家孩子的学习成绩怎么样？语文、数学、物理、化学每次考试多少分？"时，我都会笑着说，孩子只要努力了就行，分数多少没关系。

但凡听到我这样回答的家长都说："你可真想得开，现在孩子们没有分数是不行的，到哪都是分数。"

分数成了爸爸妈妈们对孩子学习结果的判断标准，而也正如很多家长所说，分数高了才能进大学的门，分数低了根本没希望。可我还是要说分数不是孩子的全部，更不能因为分数的多少而给孩子定未来。

我认识不少朋友，他们所属行业不同，但事业都很成功，据他们回忆，他们上学期间各门功课分数并不高，有的功课还不及格。比如一位周经理，上学期间分数最高的课程是语文，但数学和化学的成绩很低，可这些并没有妨碍他今天成为一个出色的文化传媒人士。他经常开玩笑说，当年要是他理科成绩稍好些，家里人会让他直接考理工科学校，可他对理工科一点都不感兴趣。

有一次，一个高二年级的女孩问我："老师，给您说一件特别有意思的事情吧。在我们家里，我只要考试分数高了，我爸妈准高兴，我要什么都会给我买。可是只要我分数低那么一点，他们两人恨不得把我吃了。"

分数能代表什么呢？

我以前有一个同事张老师，是学校高中一年级和二年级的数学老师，他的教学成绩有目共睹，每年都被评为教学先进。每天他的教学任务很重，而这些他都不犯愁，让他发愁的是他自己孩子的数学成绩总是不高。张老师每天晚上都会对他孩子进行一到两个小时的数学辅导，晚上孩子必须做完十道题，他说他的目的就是孩子的数学考试能达到他期望的九十分（当时是一百分制）。

在张老师的辅导下，他孩子的数学分数还算理想，每次考试都不会少于八十分。初中三年，孩子各门功课成绩属于中等偏上，这离张老师的理想有些距离。张老师有时候看着自己孩子的数学分数生气地说："别的孩子数学能考那么高，你的分数就不能再提高些吗？"他经常给我们说，这么好的学习资源，孩子却不会好好利用。

可是他的孩子有一次对我说："这辈子最讨厌的就是数学。"因为在父亲的威逼下，他不得不逼着自己把分数再高一点，再高一点。可是每次考试下来，分数还是原地踏步。父亲的失望，孩子的无奈，分数让两个人如此纠结。

呱呱上学期间，考试分数并不是班里最高的学生，但他对学习的态度让我很放心，也让我相信他能努力去学习。

呱呱在高二时，有一段时间化学考试分数有些偏低，当他拿回测试的卷子让我签字时，声音低低地对我说："妈妈签字吧。"

我拿过来卷子看了一下，很平常地说："这些错误的地方说明你对这些知识点模糊不清，自己找出原因，然后请教老师。"

呱呱说："这分数实在有些低，都不好意思拿给你签字了。"

呱呱这样说，已经说明他认识到这段时间学习过程并不理想，也说明他知道问题出在哪里。我没有批评他，只是告诉他："这是你学习上的事情，爸爸妈妈相信你会努力的。妈妈不看分数，只看你能不能把这些书里的原理变成你自己的。分数不是给别人看的，你说呢。"

呱呱听了后，信心充足地说："这些红叉叉我会把它们一个个消灭掉的。"

我认为，现在太多的家长只关注孩子的学习分数，而对孩子学习的态度置之不理。家长只在乎分数,这直接告诉孩子只需要拿回来分数就可以了，那孩子对学习和知识的态度又是什么呢——爸妈说"只要考高分就可以。"这就是一个恶性循环链的源头。

2. 学习原本就是快乐的

妈妈，我想认识好多的字

呱呱上幼儿园期间，老师总夸奖呱呱认识的字比较多，而且知道的童话故事也多，呱呱经常很积极地上讲台给伙伴们讲故事。老师还问我是不是平时教呱呱认识了很多字。我说，没有刻意教，都是呱呱主动要求认识的。

呱呱会说话比较晚，一般小孩一岁时就能叫说些简单的词，可是呱呱一岁半时才会叫“妈妈”。当时我就担心呱呱会不会对语言不敏感，可是我的担心是多余的。因为呱呱很快就能说出很多很多的词组和句子。

每天我给呱呱讲童话故事的时候，都将呱呱的小手放在图书上，读到哪个字，呱呱的小手就会指到哪个字。这样几个月后，呱呱自己就记住了很多故事，有时候也会把故事的结尾混淆到一起，但我没有苛求他记住故事，而是凭着他的想象和记忆，让呱呱自己来讲。

记得呱呱有一次问我：“妈妈，这些字你都认识吗？”

我说：“是啊。”

呱呱说：“妈妈我也想认识（字），那样的话，我就能看好多的书了。”

我说：“好啊，你要是在看书的时候又不认识的字就问爸爸妈妈，以后呱呱比爸爸妈妈认识的字还要多呢。”

带着对童话故事的渴望，带着对字的好奇，呱呱开始了“学习”——识字。每次当我们买来新的童话书时，呱呱都爱不释手，抱着书高兴半天，一页一页地翻，然后指着书名一个字一个字地念，看到目录里和正文不一样时，呱呱都会问这个是什么，那个是什么，然后问这个怎么在这里，那个标题比里面的字大，等等。我们都会耐心地告诉呱呱。呱呱虽然不知道什么是目录，什么是内文，但听了后，他会从目录里找他认识的字，然后翻着找页码，这样一来，呱呱也对数字有了初步的认识。

而在这个过程中，我们没有因为呱呱认错了字批评他，也没有因为呱呱遇到不认识的字而笑话他，更没有强迫呱呱一天必须认识多少个字。就是在享受童话故事中，呱呱认识的汉字越来越多，而他并不知道自己一下子就认识了这么多字。

有的爸爸妈妈在孩子对书和汉字感兴趣的时候，却往往用另一种方式浇灭了孩子的兴趣。比如当孩子有不认识字要问爸爸妈妈时，爸爸说去问妈妈，妈妈说去问爸爸，要么就来一句："你这孩子怎么这么烦人，不认识的字以后上学就认识了，别总是问来问去的。"孩子听后，生气地把书扔在地上，撅着嘴走开了，而他对"学习"的热情也许就这样消失了。当孩子上学后，有不认识的字时也不再去问爸爸妈妈，而是选择了逃避，因为他觉得以后这个字他长大后会认识的。就这样，在他的学习过程中，他遇到的问题越来越多，也会越来越厌烦"学习"。

汉字是我们的母语，也是我们以后更好地阅读、学习的基础，为此有的爸爸妈妈急切地希望孩子越早识字越好，在孩子还睡在摇摇篮时便拿着拼音和汉字表念给孩子听。有的爸爸妈妈甚至在家里的每个角落都贴上汉字。更有趣的是有的爸爸妈妈在家里做双语学习，让孩子一边学汉语，一边学外语，家里到处贴着汉字和外语单词。我不知道孩子到底认识了多少汉字和外语单词，但我知道这种做法与揠苗助长是同一个道理。法国启蒙思想家卢梭说："人们在煞费苦心地寻找教读书写字的最好办法，有些人发明了单字拼读卡和字卡，有些人把一个孩子的房间变成了印刷厂。真是可怜！"

记得一个电视节目上播过一个小男孩十岁就能背诵《新华字典》，呱呱那时上四年级了，问我："妈妈，你能背下来吗？"

我说："不能。"

呱呱说："我要不要背？"

我说："这个男孩或许有超强记忆力，字典是工具书，我觉得不需要背字典，你要是感兴趣可以试试。"

呱呱拿起厚厚的字典翻了翻说："我觉得我没有这个天赋，不过我可以好好利用它认识更多的汉字。”

呱呱这样说的，也是这样做的。他幼小时，不认识的字会一个个问爸爸妈妈，而上学后，不认识的字会求助于字典。在这个过程中，我没有发现呱呱有痛苦的表情，反而越来越开心，因为他已经从看童话图书过渡到看更多文学作品了。

呱呱的小书架

我和先生都喜欢书，每到节假日时都会抽出时间去书店寻找好书。

呱呱会走路时，我和先生就带着他去书店，而他最喜欢的就是去少儿图书，看着五颜六色的童话书，似乎那一本本里就装着五彩斑斓的世界。他好奇地打开每一本，然后欣喜地看着周围的一切。呱呱指着一本又一本，高兴地说：“妈妈，这个，这个。”

等到呱呱再大些，上了学，慢慢地对书有了自己的选择，他每次都会精心挑选几本书。呱呱上小学二年级时，他的小柜子已经装满了书。我和先生决定给呱呱专门买一个小书架。

呱呱一听很高兴，说：“我有自己的书架喽。”

呱呱把自己的书全部拿出来，先摆在桌子上、地上，然后按照类别分开。我在旁边看到了，我问：“需要妈妈帮忙吗？”

呱呱很自信地说他自己可以摆好。

呱呱把幼儿园时期看的童话书放在最下面一层，我问：“这些童话书都不看了吗？”

呱呱说：“现在不看了。”然后把童话书也进行了分类，他一边摆着，一边说：“这几本是小班看的，这几本是带有拼音的，这几本是外国的。”

呱呱抬头看着我问：“妈妈，这些童话书我一定要保存好，以后还留着用呢。”

我说：“做什么用呢？”

呱呱说：“我以后也要写一本童话书，这些都是我的参考书。”看来，呱呱又有一个梦想了。

一个多小时后，呱呱把自己的书摆放好了，他拉着我和爸爸一起参观。呱呱把不同类的书放在一起，而且在每层写好字条，用胶条贴上。第一层是童话书，由于童话书的大小长宽都不一样，他把比较大的放在最右边，自左向右开始摆放。第二层是上小学后买的一些课外读物，有杂志，也有少儿图书，杂志横放在一起，书竖着放，第三层是上学用的书本和作业本。

虽然呱呱整理的书架并非完美，但这是他付出劳动的成果，也是他经过思考的收获。我和先生都说摆放的不错，但没有刻意或者夸大地表扬他。因为在我们看来，这是他生活的一部分。

自从呱呱拥有了自己的小书架后，他去书店的次数更多了，而且把省出的零花钱用来买书。我想一个喜欢阅读的人,他的精神世界是丰富的。当然，很多家长担心孩子买一些不适合他年龄阶段的书，但是我发现这个担心是多余的，因为在儿童成长中，他会选择他喜欢的书，而他喜欢的书大部分都是他能接受的书。比如呱呱二年级时喜欢漫画书，到三年级时他喜欢上了武侠小说，而且喜欢看《三国演义》，经常和爸爸讨论书中的人物。

有很多家长担心孩子总看一些对学习无用的书影响学习成绩，而在我们家里，我鼓励呱呱多看一些“闲书”，而这些所谓的闲书，并非无用之书。孩子在阅读中对书产生了浓厚的兴趣，也开阔了眼界。除此之外，我还发现，阅读书多的孩子对写作并不发愁，似乎有妙笔生花的效果。

呱呱上小学一年级的时候，老师让他们写练习写日记，呱呱除了写日记，还把看的童话故事中的也用上，遇到不会写的汉字，他都会写出拼音。渐渐地，我发现呱呱对写作很感兴趣，而且觉得这是很平常的事情，而没有像其他家长所说的“孩子提起写作文就发愁”。

有一次，呱呱看科幻小说看到晚上十二点，他担心第二天上学起不来，特意把闹铃上了两次响。第二天一起来，就飞快地穿衣、洗漱，为的是节约时间多看两页书。看着呱呱急匆匆的样子，我笑着对他说：“中国的哈利波特是不是这个样的呢？”

呱呱笑着说：“中国的哈利波特肯定不叫哈利波特，应该叫顶呱呱。”说完，往嘴里塞满吃的就拎着书包上学了。

也许有的家长看到这里会说，孩子吃饭要慢慢吃对身体好，吃饭不能看书等等，我说这些我都知道，呱呱也知道，但呱呱会管好自己的，这点我相信。我没有在呱呱深夜正看小说的时候把书撕掉，也没有在他急匆匆吃饭时大讲科幻小说的危害，也没有责骂他吃饭的时候不应该拿着书看。因为我知道，当一个人迫切想做什么事情的时候，不想让别人打扰，何况孩子在看一本想象力极为丰富的书呢？

正是这样的宽松、轻松阅读，让呱呱特别喜欢图书，而且当发现好的图书时，还会买回来和我们一起分享。孔子说："知之者不如好之者，好之者不如乐之者。"知道学习的人不如喜好学习的人，而喜好学习的人不如乐学的人。乐学可以说是学习的本质与境界，而孩子幼小时对周围的一切都是乐于认识的，因此，我认为，对孩子的学习最为关键的是让他从小产生对学习的乐趣，即使父母不是老师，不是高级知识分子，但只要在孩子的成长中，注意培养这种乐趣，我想这比让孩子上各种学习班要强百倍。

与外国朋友的双语互助

呱呱的朋友很多，用呱呱的话来说就是"天涯海角皆为友"，有的朋友住在老家的乡村里，有的朋友远在海南，有的朋友甚至远在加拿大，等等。呱呱说他的这些异地朋友为他提供了很多学习的机会。比如在加拿大的朋友 Joy。

Joy 是中国男孩，他的父母和我是老乡。有一年春节回家，我听说在加拿大的 Joy 一家也回家过节，我对呱呱说，Joy 可能和呱呱年纪差不多，可以交个朋友。

呱呱听了后，也很高兴。我和 Joy 的父母聊天，而呱呱和 Joy 一边用汉语，一边用英语在沟通。Joy 的汉语都是父母教给他的，所以 Joy 的汉语还很不错，只不过在加拿大的时候很少和同龄人用汉语交流。呱呱和 Joy 那天聊了很多，两人从喜欢的明显聊到以后上大学喜欢的专业。看到两个孩子交流时流露的表情，我觉得他们的友谊会持续下去。

那天分别时，呱呱和 Joy 留下了电子邮箱，说以后可以在网上继续联系。回到家里，呱呱为他们的聊天特意写了很长的日记。呱呱对我说他发现不同国家对中学生的培养很不一样，Joy 对社会实践很熟悉，而且每个学期学校都会让学生参与公益活动中，而自己这方面很缺乏。呱呱觉得他和同学们每天呆的最多的地方就是学校和家里，对社区、城市知道的太少太少了。

Joy 在回信中介绍了很多加拿大学校的活动，我给呱呱提了建议，可以试着用英文给 Joy 写信。呱呱说他也有这个打算。呱呱和 Joy 商量好，呱呱用英语写信，Joy 用汉语写，这样一来，两个人的语言运用水平都得到了提高。

由于呱呱和 Joy 所住的地域不同，所以两个人看到信件的时间也就不同。通常是呱呱这边还在写信，Joy 那边刚看到上一封信。呱呱说他们无所不谈，遇到青春的烦恼也会在邮件里互相倾诉；Joy 参加了社会实践或者调查活动，都会将自己的体会讲给呱呱，而呱呱也会将自己对一些问题的看法说给 Joy。

呱呱还把 Joy 介绍给他的其他朋友，尤其是把在老家乡村的小牛介绍给 Joy。小牛在县城高中上学，平时很喜欢摄像，他利用暑假打工自己买了一个照相机，拍了很多家乡的照片发给 Joy，他告诉呱呱和 Joy 以后他想做一个摄影师。呱呱和 Joy 都很支持小牛，并且 Joy 为小牛提高了外国摄影师的作品，呱呱搜集了一些摄影书籍。当一个人遇到问题时，他们都会在不同时间思考朋友的问题。他们之间没有歧视、没有附加的条件，有的只是纯真友谊。

在 Joy 的帮助下，呱呱的英语提高很快，为此，呱呱主动承担班里英语简报的小主编，自称为呱呱小编。呱呱告诉同学们学英语一点也不难，因为他一直在“享受语言的乐趣”。

当孩子觉得这是一种乐趣时，又有什么是难事呢？我想呱呱以后对学习并不畏惧因为他知道为自己找寻学习的能力。

3. 开心玩，快乐学

植物园的花花草草

有一天周末，我带呱呱去公园玩，旁边坐着一个妈妈带着女儿。我看两个孩子年龄差不多，就问："带孩子去哪里玩呢？"

那位女士没有直接回答我，对女儿说："毛毛，给阿姨说咱们去哪里呢？"

名叫毛毛的女孩说："我去学舞蹈。"

我问："几岁了呢？"

毛毛说："四岁了。"

那位妈妈问我："你带孩子学什么呢？"

呱呱抢着说："去植物园看大树。"

这时，毛毛问她妈妈："妈妈，植物园是什么？"

呱呱说："植物园有好多的树，还有漂亮的花呢，还有蝴蝶和鸟呢。"

毛毛听了后，小声地说："妈妈，我也想去。"

那位妈妈摸了摸女儿的头："毛毛你忘了，咱们说好了，今天要去学跳舞，老师还说今天要教很多动作呢。"说完后，那位妈妈抱着女儿转过身，再也不问我任何问题。两个孩子也不再说一句话。

也许这位妈妈觉得不愿意和陌生人多说话，也许有些介意我和呱呱的插话吧。但我明白这位妈妈的意思，她想让孩子去上舞蹈课，担心我和呱呱把玩的信息传递给她的女儿，从而影响女儿的情绪。而我一直在想刚才女孩的话，她妈妈没有带她去植物园不是因为他们不知道或者没有条件去，而是她妈妈更希望她把时间用在学跳舞这件事情上。也许这位妈妈会认为，去植物园这样的事情只是在玩，只是在浪费孩子宝贵的时间吧。

事实上，每次我们带呱呱出去玩，呱呱都会"学"到很多。在植物园里，呱呱要捕捉蝴蝶，说要数数蝴蝶的翅膀上的花纹，即使摔倒了呱呱也没觉得疼。

在植物园里，呱呱仰望着高大的树木问：“妈妈，这个（棵）树几岁了呀？”“妈妈，我也能长这么高吗？”“妈妈，这个（棵）树为什么是梧桐树，这个（棵）为什么是柏树呢？”

看着形状不同的叶子，呱呱就会好奇地问：“妈妈，这些叶子为什么不一样呢？这个是长的吗？”“妈妈，这个花纹比这个粗一些。”

呱呱看着五颜六色的花朵，问：“妈妈，这些花从哪里长的呢？为什么颜色会不一样呢？”呱呱各种各样的问题连我也回答不上来，我只好说：“这个妈妈也不知道呢，等我们回去问问爸爸或者查查书吧。”有时候呱呱等不到我的回答，会自言自语地说：“这个从哪里长的呢？”说着就要用手去碰。

我告诉他，这个不能摘，摘了花儿就会死了。呱呱看着各种各样的花，小声地说：“妈妈，我摸摸它吧，因为我刚才碰了它一下，它会疼的。”呱呱然后恋恋不舍地离开，一直在问我：“为什么花儿摘掉了就死了呢？它会不会疼呢？会哭吗？它的爸爸妈妈呢？”

呱呱慢慢长大，每次来植物园时所关注的事情也在改变。从一开始扑捉蝴蝶与好奇到开始仔细观察植物的形状与类别。曾经一度，呱呱认真地说：“要把天下的花花草草木木认识个遍。”为了能识别好植物的叶子，他特意让爸爸给他买了一个放大镜。这时候，我们就说做一个植物家需要认真和细心的精神，呱呱点点头，表示他会考虑做个优秀的植物家。

由此，呱呱一直喜欢在家里养植物，也喜欢上植物课，在上高中时，生物课成绩遥遥领先，一直被同学们选为生物科代表。呱呱说他喜欢这些植物就是小时候去植物园去的次数多，虽然呱呱最后并没有报考植物学，但他从内心里对植物、对大自然的热爱，让他的精神世界更丰富。

我想告诉家长们的是，希望孩子学得更多，就不要把孩子的大脑束缚在一个框架里，让孩子多接触自然、多接触社会，孩子自然学得更多。南京师范大学儿童教育研究学者刘晓东在其多部著作中提到“儿童是自然之子”的观点，并主张让儿童多接触大自然，因为大自然能让孩子更好地成长。

英国诗人华兹华斯曾在《局面的转折》中这样写道：

春天树林的律动，
胜过一切圣贤的教导，
他能指引你识别善恶，
点拨你做人之道。
自然挥洒出绝妙篇章，
理智却横加干扰，
它毁损万物的完美形象，
剖析无异于屠刀。

刘晓东教授认为，华兹华斯的这首诗是在倡导让孩子应当首先接触自然，而非书本和记忆知识。

苏联教育家苏霍姆林斯基说："人的内心里有一种根深蒂固的需要——总想感到自己是发现者、研究者、探寻者。在儿童的精神世界中，这种需求特别强烈。但如果不向这种需求提供养料，即不积极接触事实和现象，缺乏认识的乐趣，这种需求就会逐渐消失，求知兴趣也与之一道熄灭。"让孩子喜欢学习最简单的事情就是不要让孩子厌倦学习。这就是家长所应该做的事情。

童话书上的数字

呱呱三岁时，很喜欢拿着笔在小本上随意地画。有时候我们大人都不知道他在画什么，你问他画的是什么，他会告诉你这个是太阳，这个是苹果，可是怎么看也都不像太阳和苹果。但我想这些也许正是孩子的想象吧。我在这个时候开始让呱呱接触一些数字，但不是单纯地教他加减乘除。因为呱呱才两岁，对数字只能是从有兴趣地认识开始。

有一天，我听到有一首数字儿歌很好听，就默默记下来，一回到家里开始和呱呱说："1 像铅笔细又长，2 像小鸭水中游，3 像耳朵听声音，4 像小旗空中飘，5 像渔钩把鱼钓，6 像口哨嘟嘟叫，7 像拐杖扶爷跑，8 像发卡头上翘，9 像饭勺搁锅灶，10 像油条加面包。”

呱呱觉得很新奇，就拉着我问：“妈妈，你在说什么呢？”

我说：“妈妈刚学到了一首好听的儿歌。”

呱呱急切地问：“妈妈你再说一遍。”

我看着呱呱很想听，就认真地说了一遍，然后拿出呱呱平时用的画笔和本，边说边写，呱呱也要写。

三四遍下来，呱呱就记住了前五个，而且画出了鸭子、小红旗、小鱼。呱呱画完后，接着说：“妈妈后面的是什么？”

我把儿歌再重复了一遍，呱呱指着数字问我：“妈妈，这是什么？”

对呱呱的好奇，我从来不拒绝。我说：“这是数字，你看，你的童话书都有。”说着，我拿起呱呱的童话书，让呱呱看书的定价，“这是 12.8 元，你看这里有个 1，还有个 2，还有个 8，对不对。”

呱呱点点头，然后自己拿起其他书看后面的价格。“妈妈，这里有两个 1。”呱呱指给我看。我没有要求呱呱必须记住数字，而是让他多看，多从这些数字中找儿歌里的数字。

“这是 11。”我说。

呱呱重复说了一遍，然后又开始问我这是几，那是几。我对呱呱说：“拿画笔画出来吧。”

呱呱高兴地拿起笔对着数字一个一个地画，他看着我写的有些小，就说：“妈妈，你画的和我的不一样。”看着呱呱很用心“写”的歪歪扭扭的数字，我心里充满了欢喜，因为呱呱已经开始与数字交朋友了。

“呱呱画得不错，不过这个 8，不是两个圆圈拼凑的，需要这样来写。”我试图修正呱呱写的不完美的数字。

可是呱呱却执拗地坚持着：“就是两个圆圈吗？”

在呱呱看来，“8”就是两个圆圈缠绕着，这是呱呱观察得来的结果，他为了证明自己的发现，给我再画了一遍。我没有命令呱呱改正，而是让他多画几个。

我问："这是几呢？"

"8。"呱呱脱口而出，看来他已经在心里记住了这个数字。

就这样，呱呱接触了数字，而且越来越觉得数字很奇特。呱呱会问："1+1为什么是2？""这个数字为什么这样写？""这个点为什么在这里？"怀着好奇的心，呱呱把他的童话书的价格挨个看了一遍，似乎要把书上的数字全部找出来。看着他乐于寻找数字的执著，让我觉得这种内在精神是每个人都存在的。而我们经常在做事情时，却常常丢掉了这种执著。

在幼儿时期，儿童对数字的感觉如同对汉字，他充满着好奇，这时候，我不建议给孩子更复杂的计算训练，因为太繁琐的数字运算会让孩子失去兴趣。

呱呱上学后，学校进行了系统的数学学习，他更是觉得数字很神奇。比如他会问："妈妈，为什么1能代表那么多东西，一支铅笔，一棵树，一匹马？这些'一'和数字里的'1'一样吗？"当我告诉呱呱数字发明在很早很早的时期时，呱呱怀着很敬重的神情问我："他们在哪里呢？我想见见。"这些文明至今我们仍在广泛使用，可又有多少人会对发明者怀有感恩呢。

我告诉呱呱："这些人很伟大，可他们已经不在人世了。不过我们在使用这些数字时，他们肯定很高兴的，因为这对我们现在的生活很有帮助。对不对？"似懂非懂的呱呱点点头，我想他对数字的感情不仅仅是好奇，也存在着对发明者的崇拜与敬仰吧。

我希望呱呱在使用汉字与数字时能带有一种虔诚，这种情感能让他在学习中不是对着单调的汉字与数字，而是与人、世界在沟通、交流。而这点在呱呱身上得到了证实。

记得呱呱上二年级时，数学书上开始多了"小数点"，这个小数点可让呱呱忙碌一些日子。呱呱在计算数字时，一不小心就会把小数点丢掉。呱呱总说："妈妈，我把小数点又丢到脑后了。"然后又对着数字说："小数点，真对不起，呱呱又把你弄丢了。"我给呱呱提出个建议，何不利用书架上的图书定价来计算一番。

呱呱很高兴地采纳了我的意见。

为了练习自己对小数点数字的计算，呱呱周末在家里，把书架上的书拿下来，然后对着书价，把数字相加在一起，然后再用总数减去个别价格。呱呱担心自己算错，在每次计算的时候就把书的价格说一遍，然后再去计算。等呱呱计算完后，我给呱呱提了个建议：心里默记数字。

呱呱说他怕自己写错。我对呱呱说，担心自己写错，但也有可能会读错，所以在看到数字的时候，心里默记一下，这样头脑里有了记忆，就不容易出错，而且养成不大声念数字的习惯，是防止呱呱以后在考试或者计算数字时，养成读出数字的依赖习惯。

在这里，我想提醒爸爸妈妈们不注意的一个细节。

走亲访友时，我发现有的家长喜欢让孩子在众人面前计算数学，比如1~100以内的加减乘除，有的让孩子背诵乘法口诀，等等，孩子计算准确时，大人们夸奖孩子真聪明；而当孩子计算错误时，爸爸妈妈们就免不了会说“怎么这么笨呢？学费白交了。”“真笨，这都不会，以后长大了就去搬砖头吧。”类似这样的话，每天在我们周围都存在，可是没有家长们认为这样的话是不对的。

这种自以为的观点恰恰误导了家长，也伤害了孩子。也许有的家长说孩子哪有这么脆弱，但事实上，孩子就是这么脆弱。也许有的孩子能克服这样的刺激，可以以此激励自己好好用功学习争取做个爸爸妈妈眼中“聪明”的孩子，但这都是在孩子心里划了一道“笨”的痕迹。

该玩就玩，不学就是学

我有一个同学却说自己对童年没兴趣，玩具没有现在丰富，游戏也没有现在的电子化，每天玩的就是泥巴，除此之外就是去农田里割草，偷懒了就是一顿打。我记得这个同学当年说，等他有了孩子，就让孩子天天玩，可当他做了爸爸后，完全变样了，他让孩子不停止地学习。

我这个同学没能如愿上大学，他觉得是父母没有好好管教他，由此，他要好好培养自己的孩子，让孩子来圆他的梦。孩子上幼儿园时学英语，从小学一年级开始就上奥数班，每天晚上必须做完他布置的作业，否则孩子不能睡觉，即使到晚上十二点。他的孩子也算争气，从小学升初中时，考上了市重点初中，这下他觉得孩子圆梦的时期就要快了，很高兴地给我打电话，说他的梦就要实现了，还说他要破例带着孩子出去玩玩。我听了后还说多让孩子玩几天吧。可没过多久，他又打来电话说，孩子哪也不去，说要把去旅游景区的车票转给我们家。我一问才知道，他孩子对他说，他对玩没兴趣，只想一个人睡会儿觉。

听了这话，我对老同学说，孩子对玩都没兴趣了。

孩子在玩的时候，家长不让玩，逼着孩子必须学习，而当家长想让孩子玩的时候，孩子连玩的兴致和能力都消失了。这难道不可怕吗？当孩子对每天变幻的世界没有了乐趣，那么，他的世界是苍白的，是灰暗的，家长们所期盼的未来之星又从哪里实现？因此，我想告诉爸爸妈妈们，不要总是把孩子关在屋里不停止地学习，而应该让孩子多走出来，多和伙伴们玩，这样，孩子的心里才会对周围的一切有热情。否则，孩子恐怕连生存在这个世界上都觉得是种痛苦。

在和呱呱相处的日子里，我一向主张呱呱该玩就玩，不要死盯着书本，因为玩的过程中也有学习。正因为如此，呱呱玩时玩得尽兴，学时学得很用心，因为玩让他的大脑得到了放松与休息，从而促进了他更好地学习。这也正所谓“学玩结合”吧。

4. 换个说法让孩子喜欢上学习

用心学，而不是刻苦学

记得我小时候上学时，老师和家长经常说：“要刻苦学习”，而“刻苦”一词慢慢就成为学习提高的必要途径。有的家长直接认为“刻苦”就是挑灯夜读、做大量的题，甚至有的家长在批评孩子学习成绩不高时，直接对孩子说：“能考上重点大学的孩子都是晚上十二点以后睡觉，你要是有这种刻苦精神，学习成绩也不这么低了。”

那么，学习水平的提高是不是真的与熬夜有着必然联系呢？

我接触过一个女孩，她说刚开始学英语时，为了能多背英语单词，晚上经常抱着书背到十一二点，有时候困了，就掐一下自己的胳膊或者用笔尖扎一下手背，但是效率不高，前一天背的第二天就忘得差不多了。可是如果前一天晚上十点就睡觉，第二天一早起来一口气能三十个单词，而且不容易忘记。从那以后，她晚上不再熬夜，不再死撑到十二点。

我很赞同这个女孩的做法，因为她在学习中揣摩出了适合自己的方法，那就是不做无用功的“刻苦”。

呱呱在上学期间，我没有要求过他刻苦或者熬夜学习，而是对他说“用心学”，就是说在学习的时候要集中精神，进入到学习中，而不想学的时候不要浪费时间盯着课本上。与其晚上硬撑到十二点多，不如白天打起精神用心学半个小时。这点呱呱也很有体会。

呱呱上初三时有一段时间，老师布置的课外作业较多，而他白天参加的学校活动也多了些，就这样，很多作业只能晚上加班加点来做。有一天，晚上十一点了，我看他的灯还亮着，我推开门一看，他困得都趴在桌子上睡着了。我叫醒他，一问才知道，他的作业还有一半没做完。我劝他睡觉，他说明天要交作业呢，说洗个脸再坚持一会。

第二天回来，呱呱看上去很累。我问他："今天是不是上课也没精神了？"

呱呱无奈地说："只想念我的床。妈妈我先躺会儿吧，一会吃饭。"

呱呱这种状态我能料得到，因为一直以来他的作息时间很有规律，偶尔的熬夜打乱了他的生物钟，他自热会觉得没有精神。呱呱说硬撑着把作业做完，凑了数目，但是错误很多。只晚睡了一个多小时，第二天，整个人什么事情都没做好。

我对呱呱说："如果确实因为时间紧，作业没有做完，第二天给老师说明情况，补上来就可以。熬夜硬撑着做作业不仅没有质量，而且还浪费了后面的事情。"

呱呱说，他决定重新考虑一下时间安排，把做作业的时间也合理分配好，不再做事倍功半的事情。

有一次，在小区遇见呱呱同学小利的妈妈，这位妈妈看上去没休息好。我就问："是不是单位工作很忙？"

"工作不忙。"这位妈妈看着我惊奇地问："为什么说我工作忙呢？"

"我看你好像没休息好。"我说。

这位妈妈紧张地问我："是不是黑眼圈出来了？"

我笑着说："别太累了，晚上不要熬夜过了十一点啊。"

这位妈妈苦笑着说："这不是陪着孩子做作业吗？孩子做不完，我也没心情睡觉。你家孩子做作业，你不盯着点啊。"

我摇摇头。

"我们家孩子做作业一直就我陪着，一稍微不看着点，就不做了，就想着睡觉了。"

我问："这样陪着，能有效果吗？"

她打着哈欠说："那能怎么办呢，为了孩子好呗。你不陪，他不做作业，到时候学习成绩上不去，不还是我们的麻烦吗？"

"你孩子一般晚上做作业做到几点？"我问。

"没在十一点前睡过觉，每天看他做作业我都发愁，一道题能做半个小时。这孩子也不好好做，就在那磨蹭时间。”这位妈妈也很心疼孩子。

“这么晚睡觉，第二天上课能学好吗？”

“那有什么办法啊，作业拖着不做，到时候开家长会，我这脸也挂不住啊。”看来，作业成了大家都发愁的事情了。

我提了自己的建议：“我看老师布置的作业有时候也不是很多，让孩子白天在学校做完，晚上早点休息。”

“老师布置的作业只能让他考试及格，他晚上做的都是我们请重点学校老师推荐的题。”原来孩子晚上熬夜做的是额外的作业。

“这能提高多少呢？”我问。

“这孩子成绩不稳定，有时候分数高点，有时候也刚及格。我自己也纳闷呢。”这位妈妈一会工夫已经哈欠连连了。连成人都如此困倦，那孩子连续上几个小时的课又会怎样呢。

晚上我问起呱呱小利在学校的学习情况，呱呱说，小利每天都无精打采的，每节课都打盹被老师点名了。我说，小利每天都熬夜做作业，他白天怎么能有精神学习啊。

呱呱说：“老师作业也没那么多，下午自由时间多，大部分作业都能做完。”我说明了情况后，呱呱说：“怪不得小利说晚上巴不得在马路上睡觉。”

像小利妈妈这样做，出发的动机很好，可是让孩子“刻苦熬夜”却偏离了主题。爸爸妈妈都希望孩子能在学习上有所提高，可是任凭自己的理由为孩子安排多余的功课，有时候起到的效果并不见得就好。所以，我还是主张，让孩子自己来处理自己学习的事情，因为他们对自己的学习更了解。

家里的火箭手

在我的眼里，呱呱是个很平常的孩子，他和别的孩子一样，喜欢玩游戏，喜欢看科幻小说，有明显的优点，也有明显的缺点。对于呱呱的优点，我们不刻意称赞或者夸大，对于呱呱的缺点，我们则是用另外的方式让他慢慢转变。

呱呱做事比较着急，也就是我们口头上常说的性子急，有时候做事可以着急些，这样可以在很短的时间把事情做完，但呱呱的性子急又让他浪费了很多时间和精力。

呱呱刚上学时，我就让他自己来整理书包，可呱呱有个习惯，每天做完作业后，把铅笔、橡皮等文具和作业本直接放在桌子上，而不是整理好放在书包里。等到第二天早上起床后，呱呱又开始到处找这个找那个。担心迟到，匆匆忙忙把书包背好，站在门口一直催促我快点。当我送他到学校门口时，呱呱找不到学生卡，只好让他班主任来接他。有时候，我刚到办公室，呱呱班主任就给我打来电话说呱呱又拿语文课本了。呱呱班主任友好地告诉我以后要每天检查一下孩子的书包。

晚上回来，呱呱就撅着嘴说，他今天又被老师点名了，更让他恼火的是，数学的小测试他由于着急交卷而没有写名字。

看到呱呱这样的表情，我知道他已经知道错了，而我当然也有责任。可是我更想让呱呱改掉这个缺点，而不是依赖爸爸妈妈每天的提醒。

我说："呱呱你还记得前几天看得火箭模型吗？火箭升空速度很快，可是如果在制造火箭时如果谁着急，匆匆忙忙而少了一个小小的零件，火箭都不可能升空。对不对？"

呱呱问："火箭会不会直接从天上掉下来呢？"

我说："这个要看哪个零件了。火箭的速度很快，你的行动每天也很快，妈妈叫你火箭手吧。"

呱呱笑了，问："妈妈，你说我以后能不能去造火箭呢？"

我摸着呱呱的头说："谁都有可能啊，不过最要紧的是现在不能急急忙忙，丢三落四。"

呱呱点点头。

我说："那今天睡觉前把第二天上学用的都整理好吧。你自己来整理，妈妈等着看你的成果，好不好？"

呱呱说："嗯，今天肯定能记住。"

晚上，呱呱把书包里的东西全部摊在桌子上，然后一个个往里装，一边整理一边自言自语："橡皮、铅笔、语文书、写字本……"我看着呱呱在整理，不去打扰他也不发表看法。不一会，呱呱问：“妈妈，我的学生卡呢？”

我说：“你自己找找。”

只听到呱呱“哎哟”一声，我忙走过去一看，呱呱为了钻到桌子下拿掉在地上的学生卡而碰到了头。

呱呱一边揉着头，一边无辜地说：“妈妈……”

我给呱呱揉了揉头，说：“火箭手是不是又着急了呢。”

呱呱笑了笑说：“妈妈，火箭手保证以后不再碰到头。”

我说：“火箭手不能碰到头，也不能碰到其他地方，要不然你会疼的。”

人的性格与做事风格有时候很难改变，但是在犯错后，总会有所经验，有所收获。呱呱在一次次的犯错之后，他开始慢慢改变。

有的爸爸妈妈在看到孩子因为一件小事没做好后，就大声斥责。比如，有的孩子考试没考好，妈妈就开始没完没了地说：“这道题这么简单都做错了，你一天怎么学的？”有的孩子因为匆忙没有穿好衣服，有的妈妈生气地说：“看看你这德行，衣服穿成这样，我说了你几百遍了，怎么就是记不住？你这脑子怎么长的？”

人是人，不是神，所以，人总会有记不住的事情，也总会有缺点，爸爸妈妈在要求孩子做到完美的时候本身就是个误导。当孩子犯小错可以改变时，不要将小错无限扩大，更不要时时都用一个错误教训孩子。

做事像个探索家

有一次，我在超市里看到一个三四岁的男孩在玩一个坦克模型，男孩好像很想知道这个玩具里面装的是什么，就拿起模型敲打地板。超市的售货员看到了，就大喊一声：“这是谁家的孩子？”男孩的妈妈急忙赶过来，拽着孩子就说：“你又在做什么？就知道破坏东西，赶紧给我放下。”说着，那个妈妈拽走了孩子。孩子也许永远都不知道，他只是想知道那个到底是什么而已，为什么这些大人都这么凶？

我在想，这个男孩以后还会不会对新鲜的事物产生好奇感呢？好奇是人的本性，也是我们人类探索世界的内在动因。居里夫人曾说：“好奇心是学者的第一美德。”孩子从小失去了好奇心，没有了内在动力，以后的学习哪有积极性与主动性？创造与探索又从何而来呢？

呱呱小时候，看到新奇的东西就想去触摸，一岁多时总喜欢用牙咬一咬，到两三岁时拿着玩具会一个人琢磨半天。

记得那回家里刚装上电话，呱呱也就两岁吧，他一听到电话铃响就赶紧跑到电话机前，学着大人的样子，拿起话筒说话，有时候拿反了，一个劲地“喂，喂”。听不到声音时，呱呱就着急地跑过来告诉我：“妈妈，电话坏了。我去修。”说着就去找工具。我赶紧去看怎么回事，结果发现电话机并没有坏。

我说：“电话机没有坏。”

呱呱拿着钳子，说：“刚才没声音。”

我说：“咱们再试试吧。你找找王阿姨家的电话，自己来拨一下。”

呱呱放下钳子，按照号码拨过去：“妈妈，嘟嘟在响。”

“喂。”王阿姨在说话。

“妈妈，阿姨在说喂。”

“你也说话，告诉阿姨你是谁。”我对呱呱说。

呱呱也说：“喂。我是呱呱。”

呱呱听到阿姨在说话，问我：“妈妈，阿姨在电话里做什么呢？”

我给呱呱说，稍等会，然后我和王阿姨说了会话，刚放下电话。呱呱就问：“妈妈，电话里能装下我吗？”

我笑着对呱呱说：“王阿姨家也有一个电话，我和阿姨用电话来说话的时候，声音顺着电话线就传过来了。”我想如果把电话原理现在讲给呱呱，有些复杂。

呱呱似乎还有不明白的地方，不过也没有说什么。我回厨房继续做饭，等到饭好后，我叫呱呱来吃饭时，发现呱呱正坐在地上摆弄电话和电话线。

我走到呱呱面前，大吃一惊：电话线被呱呱用剪刀剪成了好几段，电话机的接头被呱呱拔下来仍在地上。我刚要说话，呱呱拿起电话线高兴地说：“妈妈，把这个电话线给爷爷奶奶，爷爷奶奶的声音就能顺着电话线传过来了。”

听了呱呱的话，我没有斥责呱呱的行为，而是拿起呱呱剪断的电话线和呱呱对话，之后我说：“你看，这样只有电话线是不是不够呢？电话线能把声音转化成一种电流，电流到另一头又转成声音了。这中间有个过程呢。”

呱呱若有所思地点点头，拿起电话线在看。

等到先生回来后，看到呱呱的杰作哈哈大笑，不但没有批评呱呱，反而说我的解释成就了一个探索家。先生给呱呱又讲了一遍电话机的工作过程，之后我们只好再请人修好电话机。

正是我们的“纵容”，呱呱越来越喜欢拆拆看，只要不伤及他的安全，我们都不会干涉他。有一次，呱呱把姑妈给他买的新玩具拆卸了，姑妈看到了零七八碎的玩具，觉得很可惜。我说：“呱呱做事很像探索家嘛。”

后来我给呱呱姑妈解释了一番，姑妈说：“我终于明白为什么亲戚们都说你宠着孩子了。不过你这种教育还真特别。”

孩子是需要爱的，但是我们没有宠坏他。呱呱对玩具等物体的好奇引起了他的“探索”，我觉得这是件好的事情。如果能让他的这种“探索”发挥在学习上，岂不是件很好的事情吗？所以，每次看到呱呱在拆卸玩具时，我都会说：“呱呱探索家，发现什么了吗？”呱呱都会沉思般严肃地说：“马上。”

意大利教育家马拉古奇在《其实有一百种》诗中这样写道：

孩子，是由一百组成的，
孩子有
　　一百种语言，
　　一百只手，
　　一百个念头，
　　一百种思考方式
　　游戏方式及说话方式；

还有一百种聆听的方式，
　　惊讶和爱慕的方式，

一百种欢乐，
去歌唱去理解.
一百个世界，
去探索和发现.
一百个世界，
去发明.
一百个世界，
去梦想.

孩子有
一百种语言
（一百一百再一百）
但被偷去九十九种.
学校与文明，
使他的身心分离.
他们告诉孩子：
不需用手思考，
不需用头脑行事，
只需听不许说，
不必带着快乐来理解.
爱和惊喜，
只属于复活节和圣诞节.

他们催促孩子
去发现已存在的世界，
在孩子一百个世界中，
他们偷去了九十九个，
他们告诉孩子：

游戏与工作
现实与幻想
科学与想象
天空与大地
理智与梦想
这些事
都是水火不容的.
总之，他们告诉孩子；
没有一百存在，
然而，孩子则说：
不，其实真的有一百！

正是如此，孩子的拆拆看也有一百种甚至更多的探索，而我能做的是不去教训他，不去打扰他，让他继续探索，继续发现更多新奇的世界。

当然，孩子在家里拆卸的玩具之类物体时，家长应该给予合理的引导，当触及到电等危险时，应该告诉孩子哪些是危险的，以及可能的后果。让孩子在生活中学会探索，也要懂得珍惜自己，保护自己。

5.“专家”的良策与培训“天才”

“专家”的良策

一听到“专家”，我们很多人都会肃然起敬，因为专家是杰出的人才，他们对某一事情的发言最令人信服。可是往往就是这样，在育儿过程中，我们很多家长太过相信“各路专家”的话，反而迷失了自己，耽误了孩子。

我这样说，并不是否认专家，我只是否认那些打着“专家”旗号的人。我的一位同事告诉我，在电视上看到一位专家说婴儿应该吃含有多种维生素的食品，她立即买来给孩子吃专家所说的食品。等到第二天，一看报纸，另一位专家却说婴儿刚出生不久不能吃维生素食品，应该多喝含有维生素的奶粉，同事赶紧给孩子买来含有多种维生素的奶粉。等到第三天一看，还有一位专家建议让婴儿多喝含有矿物质的奶粉。同事又去买含有矿物质的奶粉。

等到买来含有不同物质的奶粉回来后，同事才发现，不知道如何分配这些奶粉。最后，一家人决定，将不同种类的奶粉分类，早上喝一种，中午喝一种，晚上再喝一种。这样一来，就把“专家”所说的各种营养都给孩子补上了。

我听了后不禁愕然，不知道该说什么好，幸亏，她只听到三个“专家”这样建议，如果听到十个、二十个这样“专家”的建议，岂不是孩子要分十分钟一个种类的来喝？

如果说这个时代不缺什么，我想不缺这样的“专家”。

一位老同学嘱咐我暑假时期给他孩子报个学习班，并且千叮咛万嘱咐，多听听那里“专家”的意见。当我按照地址到达后，我才发现满屋子的家长带着孩子都在等待“专家”。一个小时过去了，我才隐约听明白了，这里“专家”的建议很简单——扬长避短、多面撒网。

当说到自己孩子有弱项时，“专家”便会侃侃而谈：“让孩子发挥强项，避免弱势。物理比较高分，就让孩子选择物理强化班。下一个！”

“我孩子什么都不太强。怎么办？”

“多面撒网，总能捞到鱼。这里很多课程，让孩子多听听。”

就这样，“专家”的话总是很简单，在家长听来，也总有道理。一个个家长带着孩子满意而归，因为大家在“专家”指导下，找到了要学习的班。

我问旁边一位妈妈，“这么多课，孩子学得过来吗？”

这位妈妈说：“这都是专家根据孩子的特点建议的，总能有收获的。专家怎么说，咱们就怎么做呗。”

是“专家”提出的建议更独特，还是这些“专家”真的能通过这样的方式为家长们培养出期望中的“龙”和“凤”？我想这样的“专家”不是太高明，而是他们紧紧抓住了家长的心。正因为如此，家长也更加迷信“专家”的话——“既然是专家说的，那就照办”。

可是谁为这样的话而买单？

只有满怀期望的家长和无辜的孩子。

我想说的是，真正的专家肯定会告诉家长们，让孩子暑假好好玩，让孩子慢慢长大。因为真正的专家明白，孩子的成长不是各种“专家”催生出来的。

我们的社会需要专家，需要为人类带来福祉的专家，而不是那些只知道看着家长腰包的“专家”。我想家长朋友都是爱孩子的，都是希望孩子更出众的，那么就不要盲目地听从号称自己是专家的人的话，更不要逼着孩子也去服从。

偶像的意义

呱呱四五岁时，我买来一本有关科学家故事的书，每天给呱呱讲。有一天，我讲到爱迪生的故事时，呱呱说：“为什么爱迪生小时候很笨，长大了就发明很多很多东西呢？”

我说："爱迪生并不笨，只是他的老师觉得爱迪生做的小板凳不好看，就认为爱迪生笨手笨脚的。"

呱呱说："妈妈，我想和爱迪生一样，发明好多东西。"

我高兴地说："好啊。"

为了让呱呱有心记住这些科学家，我从书店买来几张科学家的画像。周末，我和呱呱一起将画像贴好。我建议呱呱把每个科学家的名字写在下面。呱呱很高兴，拿起铅笔认真地写好每个科学家的名字。呱呱写好后，拉着爸爸挨个看，让爸爸看的时候，还不忘记给爸爸讲科学家的小故事。看着呱呱有模有样的姿态，仿佛他自己也是个科学家。

这些画像一直伴随着呱呱成长。

呱呱上小学三年级时，特别崇拜科学家爱因斯坦，并把爱因斯坦说过的话全部摘抄下来贴在爱因斯坦画像下面。他说，每天在看书的时候，就觉得精神百倍。

其实，呱呱和其他同龄孩子一样，喜欢听流行歌曲，也喜欢明星，但呱呱没有把这些明星的画像挂在屋里。有一次，一个朋友带着他家孩子到我家做客，他的孩子上初一，呱呱上初二，朋友的孩子看到呱呱墙上贴那么多科学家画像就很奇怪，问呱呱为什么不贴一些歌星的画像，那样才跟得上时代。

呱呱说歌星都是暂时的流行，这些科学家更有意义。

正如呱呱所说的，这些科学家虽然不在人世，但他们能让后人永远缅怀。

一次物理小测试后，呱呱回家后觉得自己做得不理想。我问："这个问题为什么在做题时没想到，而考试结束后发现了呢？"

呱呱说："当时考试时间紧，就剩下十五分钟了，读了一遍题目，就开始做题。等交完卷子才发现有漏洞。"他说他做题经常为了抢时间，导致思考的不够周全。说完，呱呱有些后悔，也有些沮丧。

我看到呱呱对自己要求严格，很是高兴，但不能让呱呱失去前进的信心。

我说："呱呱你看这墙上的科学家画像，还记得你小时候写他们的名字吗？那时候，你写得很认真，一笔一画。妈妈知道你在学习方面，一直以这种认真态度来对待。除此之外，你还能从科学家的画像里看到什么呢？”

呱呱说：“我觉得他们很伟大。”

我说：“是的，他们确实很伟大，我们只看到他们伟大成功的结果，可是你要知道，他们的成果不是一瞬间或者每个发明都那么顺利的。一个实验有可能做一千遍，而且有的可能并未成功。但是他们没有停下来，失败一次总结一次，然后满怀热情，再继续实验。我觉得这样的胸怀和态度更让人佩服。”

呱呱沉默了几秒钟，然后笑着说：“妈妈，我懂了。”

看到呱呱露出平日的灿烂笑容，我也笑了。在学习与生活中，任何的挫折与失败都可能发生，而接受现实的态度与继续前进的热情不能丢失。我要让呱呱知道，在学习中，不仅要知道自主学习，而且要知道遇到困惑时怎样面对。

平常心看待“天才”

看到这里，有的家长可能认为我在孩子幼小的时候就把孩子当做“天才”、“未来的科学家”培养。事实上，并非如此。我让呱呱从小接触科学家的故事，是希望他能对生活产生广泛的兴趣。

有一次，我参加学校的家长会，听到两三个家长在讨论天才教育。

一位家长说，最近他带着孩子去参加某辅导班，培训老师说每个孩子的智商都很高，为什么有的孩子能考上重点大学，能出国留学，而有的孩子连普通大学都考不上呢？原因在于家长没有帮助孩子们将“天才的潜能”挖掘出来。

接着，也有一个家长说，现在抓孩子学习已经有些晚了，看了某电视节目，人家从孩子生下来就进行双语教育。

大家讨论来讨论去得出的结论是：一个个“天才”都毁在了自己手里，为了能挽回损失，那就从现在开始对孩子进行“天才训练”。

几位家长表示赞同，也都表示要好好培养孩子，他们的眼里流露着希望与激动，接着开始讨论上哪些“天才课程”有助于挖掘孩子的天才潜能。

听到这里，我想告诉家长们，所谓的辅导班宣传的“挖掘天才的潜能”只不过是为了吸引家长们而已，如果真的如此，他们各个也早就是天才了。

有的超前学习班更是打着培养“神童”的旗帜招生，有的学习班对家长承诺，让孩子在两岁认识几千字，三岁背几千首诗，六岁能全部学完小学阶段的课程，等等。家长们面对这样的宣传动心了，他们坚信自己的孩子就是那个天才，也期待天才的光芒能照耀在自己的家里。家长的这种盲目崇拜更是令“天才培训班”如雨后春笋般地涌现。

然而，事实证明，单调的培训不仅让孩子们反感学习，而且局限了他们的各种潜能。比如，十天之内快速识字的结果是孩子连童话书都不愿意碰，孩子的想象空间和好奇心都被周围的培训所限制。苏联教育家苏霍姆林斯基说：“不能把小孩子的精神世界变成单纯学习知识。如果我们力求使儿童的全部精神力量都专注到功课上去，他的生活就会变得不堪忍受。他不仅应该是一个学生，而且首先应该是一个有多方面兴趣、要求和愿望的人。”而所谓的“天才培训班”，只是负责把幼小的孩童培养成只会识字、背诵诗经的麻木的“天才”，孩子们何来的兴趣，哪敢有什么要求和愿望？

著名科学家爱因斯坦在孩童时期并没有接受天才的培训，也没有被认为是未来的天才，据统计，在诺贝尔获得者中，大部分的获奖者在幼儿期并没有接受所谓的“培训”，反而是无忧无虑地玩耍。当然，在今天儿童教育发展研究中，很多学者都赞同在儿童适当的时期给予适当的教育是必要的，但过早地、过多地塞给孩子“天才”的知识，只会把孩子们潜在的“天才”能力活活灌死。

“天才”一词的定义是，拥有一定的天赋，包括卓绝的创造力、想象力，天生有资质的人（如体质、嗓音等）。天赋是遗传性的，不可能依靠后天培养而获得，良好的后天教育可以让天赋得以发挥；经过后天教育而成才的人并不能称为“天才”。但是很多家长却认为，只要精心培养，孩子就会成为天才。

有一次，呱呱和我通电话时，几个年轻的同事夸赞呱呱是个优秀的孩子，还懂得经常和父母交流，接着就向我请教：“大姐，你家孩子是个天才吧，你给我们说说孩子从几岁开始实施天才教育更能起作用？”

我说呱呱很普通，我也从来没有实施过特别教育，连辅导班都没有报过。年轻的同事都反问：“没有实施天才教育？怎么可能呢？专家说了，从怀孩子开始，就应该天天给孩子说‘宝宝是个天才，是爸爸妈妈永远的天才’，这样就能让孩子生下来就确信自己是天才。”

一位 80 后同事说：“‘要敢想，才能培养出天才来’，这句话现在很流行。我已经决定了，我虽然不是天才，但我一定要培养一个天才来。”

正是怀揣着这样的梦想，这样的信仰，家长们为之付出。可有多少孩子正是在这样的梦中被压垮，又有多少个孩子选择逃离这样的梦境。

因此，我要告诉家长们，要相信每个孩子身上都有闪光点，但不要盲目崇拜“天才”，更不要把孩子强硬地培养成“天才”。

6. 会考试也是一种能力

考试需要特殊的呵护吗

有一天，一位同事对我说，他建议国家应该在孩子高考的期间批假。

我有点吃惊地说："不用吧。"

同事说："孩子高考多大的事情，万一孩子出个事情，家长不在身边，孩子怎么办？"

同事解释的理由也许有可能，但是孩子这一生难道就一次高考吗？上大学会有考试，大学期间也有考试，大学毕业后找工作会有入职考试、面试，等等，难道都有"万一"吗？难道国家都应该给父母批准这些考试的假吗？我想这样的假期如果真正批准了，那么我们的孩子何时才能自己去面对未来一次次的竞争？未来与世界的竞争，我们的孩子可以吗？

这让我想起每年高考时，家家户户对孩子的呵护。父母们请假专门为孩子护航，孩子进去考场，家长们在考场外翘首等待。有的家长为了能让孩子休息好、吃好，特意为孩子到星级酒店包房。这也导致高考期间，各个宾馆酒店提供高考套餐经营模式。而各个城市也直接参与对高考的特殊照顾，高考期间不得施工、鸣笛。孩子们在一片呵护的寂静中参加考试。

全家都在为高考准备，整个城市在为高考做特殊照顾，整个国家都在为高考提供规章制度。很多家长认为这样做还不够，不能仅仅对高考的孩子照顾，也需要对中考、小学考试、幼儿园考试的孩子照顾到。理由很简单，幼儿园考不好就不能进好的小学学校，小学考不好不能进好的初中学校，初中考不好不能进好的高中学校，等等。如此而来，人这一辈子参加的考试很多，每个考试都需要特殊照顾。当孩子适应了这种特殊呵护，走出国门的时候，全世界都应该照顾中国的孩子们？外国考试很重视一个人的能力，如果一个人连参加考试的能力都缺乏，那么他还能胜任什么呢？

我想这些特殊的呵护背后远不止这些。有的爸爸妈妈在孩子幼小的时候就对孩子说："儿子，妈妈就在考场外面等你。肚子疼什么的，就跑出来告诉妈妈。"孩子记住了，只要一不舒服，就打电话给爸爸妈妈。有一次在公交车上，一位五十多岁的妈妈拿着手机，着急地说："儿子，你就在考场门口等着妈妈，妈妈给你拿了家里的水。别和陌生人说话啊。"打完电话，这位妈妈自言自语地说："这考场连个空调都没有，天气这么热，哎……"这位妈妈看到我后，说："看你像个老师，你们也提个建议，孩子们考试多难啊，应该多照顾照顾孩子。"

我笑着说："孩子们都这么大了，知道怎么考试。"

这位妈妈说："哎哟，我们家孩子考试，我从来都不缺席，他在里面考，我在外面晒着，只要孩子能考好，晒着也值。"

可怜天下父母心。可是孩子们需要父母这样吗？

呱呱参加高考时，我和先生都没有提出要陪他去考场。考试前一天，呱呱和几个同学看了考场，然后回家对我们说看到很多叔叔阿姨去看考场，他还以为这个考点是成人考试呢。

我说："估计是考生家长吧。"

呱呱说："你和我爸可千万不要去啊，我自己的考试我自己可以处理好。"

我说："我和你爸爸也没说要去，只是想着明天估计家长去的多，那么多家长去了，无形中给你们压力。"

呱呱说："我们考试，家长们都跑到那里凑热闹，真不能理解。"

我说："家长们也是好心。"

呱呱不解地说："好心办了坏事，考场门口乱哄哄的，保安不让家长们进去，家长们一个个气愤地要吵架。不知道的还以为出什么事情了呢。"

孩子们的考试已经变了味道，可家长们并不知道自己也在努力营造着这味道。

有一天周末的晚上，我看到一个少儿选秀的电视节目，参赛的孩子年龄大概是4~10岁左右。我一般不喜欢这些选秀节目，我认为成人参与者有伪装的成分，而且这些选秀可谓是变相的考试，打出分数、评出等级。而少儿的选秀节目我还是第一次看到。看着看着，我心里就很不是滋味。

每个孩子上台表演一个节目，有的孩子是唱歌，有的是跳舞，有的是说快板。可以说，每个孩子的表演都很出色。而到最后节目主持人说只给前三名的孩子颁发奖杯，听到这时，十个孩子站在舞台上有些不安了，都朝主持人看去。主持人刚念完获奖者名字，落榜的七个孩子都哭了。尽管主持人一再安慰，但几个孩子的哭声越来越大，无不让人难受。

当主持人问一个男孩："咱们是男子汉不哭啊，来，咱们下次拿个大奖，好不好？"

小男孩哭着说："嗯，我下次一定给爸爸妈妈拿个大奖杯。"说到这里，镜头给了孩子妈妈，这位妈妈很是感动，满脸是泪水。

比赛是个游戏，我想孩子们玩游戏知道游戏规则，也都希望拿到奖杯，因为能拿到奖杯是种自豪。可是如果没拿到奖杯并不说明是坏事。更让人不解的是，孩子们在舞台上表演或者参与比赛应该是快乐和开心的，反倒最后却是悲伤的。而恰恰是这样的选秀，不知道又有多少爸爸妈妈们趋之若鹜，希望能让孩子一夜成名，希望孩子成为小童星。可是如此幼小的孩童，面对失败时，面对落榜时，恐怕擦拭的不仅仅是泪水。

我在想有的孩子可能会记住这些不愉快的经历，以后害怕考试或者比赛，也有的孩子在成长中会度过这个坎。而我更希望当爸爸妈妈带着孩子参与这些选秀节目时，能让孩子开心地参与，高兴地离开，而不是流着泪水，满心的悲伤。

考试是个平台

我一个女同学对我说，她每次考试前都必须上好几次厕所，否则在考场上总觉得想上厕所。她的这种考试心理直接导致她神经紧张。她说她参加高考的数学考试时，考前一直拉肚子，跑了几次厕所，最后喝了一片药才好。考试一结束，她就往厕所跑。类似这样的现象也有很多，现在医学上称之为"考试综合征"。也许有很多原因导致这种病症的发生，但我想主要原因是将考试恶魔化了。

呱呱从幼儿园升小学时要参加考试，考试成绩合格的学生才能升入小学。呱呱在回家的路上对我说："妈妈，考试是什么？"

我说："考试就是把自己知道的说出来或者写出来。"

呱呱低着头说："可老师说考得不好的小朋友不能去上一年级。"

我摸了一下呱呱的头，开心地说："我们呱呱很想去一年级，是不是？"

呱呱说："嗯。"

我说："考试和平时在幼儿园玩的时候一样的，比如老师让每个小朋友表演个节目，或者让你画一幅画。"

呱呱听了后，高兴地说："妈妈，这些我都会。"

我说："妈妈也知道呱呱都会。我们抓紧回家吧，爸爸在家里等着急了。"

第二天，呱呱还是和往常一样高高兴兴地去幼儿园，因为他知道他要参加的考试和平常在幼儿园一样。

我把呱呱送到幼儿园门口，和平常一样告诉呱呱："妈妈一会来接你。"

呱呱摆摆手，对我说："妈妈再见。"

看着呱呱高兴地进去幼儿园后，我准备转身离开。旁边的一位妈妈不经意地说："孩子今天考试呢，你不知道吗？"

我说："知道，昨天老师说了，孩子在里面考试，我正好还有事情要办呢。"

那位妈妈说："等等再办吧，孩子这么重要的考试，万一孩子有什么事找不到你不就麻烦了吗？"

我笑着说："我已经给孩子说过了，有什么事情问老师就可以了。"

这位妈妈说："你真行。你看我们家孩子，刚才还哭着说不考呢。你说现在孩子，干什么都考试，一提起考试就吓人。哎……"

是啊，就连这位妈妈自己都把考试说成吓人的事情，孩子能不哭吗？看着这位妈妈紧张和焦虑的神情，我想我不能在这里等待。

我办完事情后，幼儿园的考试也快结束了。呱呱见到我，高兴地说："妈妈，我可以上一年级了。"

我知道考试结果不会这么快出来的，但我还是对呱呱说："呱呱真棒。是不是妈妈说的没错，考试和平时一样吧。"

呱呱说：“也不一样。有好几个阿姨我都没见过，坐在一起看我们表演节目呢。我们班的宁宁在表演时尿裤子了。”

我问呱呱：“为什么呀？”

呱呱说：“他站在教室里没有动，最后老师说让他一会再表演，然后他就尿裤子了。”

我说：“宁宁最后考试了吗？”

呱呱说：“我没见到。”

呱呱的班主任看到我说，呱呱考试时表现很好，一点也不紧张，也没有闹着要爸爸妈妈。呱呱这样的表现才让我放心。我知道这是我让呱呱适应考试的开始。

呱呱上小学后，考试也随着多起来，而且这个时候的考试和幼儿园的又不一样。可是呱呱在考试前并没有不一样的意识。

记得呱呱拿回一年级初次考试的卷子回来让我签字时，呱呱只是说：“妈妈签字吧。”

我听呱呱口气不太对，我说：“呱呱，哪不舒服吗？”

呱呱摇摇头。我拿起呱呱的卷子一看，呱呱的数学和语文的分数都刚刚及格。我并没有责怪呱呱，因为这是升入小学的第一次考试，这之间有个过渡，可呱呱很明显很在乎，我猜测是不是有人批评他了。

我问：“呱呱，怎么了呢？和妈妈说说，好吗？是老师批评你了吗？”

呱呱用脚摩擦着地板，慢慢地说：“妈妈，我不喜欢一年级。”

我拉着呱呱的手，让他坐下。我说：“是因为考试吗？”

呱呱点点头，然后说：“我的分数一点也不好，班里好多同学都比我答得好。”

我说：“呱呱，这两份卷子你认真看了吗？”

呱呱说：“没有，老师说把错误的地方都改掉，然后重新再写一遍。”

我说：“呱呱还记得幼儿园的考试吗？当时呱呱考得是最好的，连幼儿园的园长都夸你呢。你现在上了一年级了，老师想知道这段时间每个同学学得怎么样，所以就想考考大家。考完后，老师一看大家答的题，就知道哪些同学还没有学会这个，哪些同学已经学会了。这样，老师就清楚这个学期下来，大家都学到了什么，对不对呢？”

呱呱似乎明白了大道理，说：“哦，妈妈，那我这些错误的地方老师也看到了，是吗？”

我说：“是啊，可是老师打红叉的时候，想让你明白，你这个题目还没有理解彻底，是不是呢？”我把错误的地方指给呱呱看，呱呱脸红了，然后说：“可这些上课的时候我都记住了。”

我说：“你看这个字，你这里多了一撇，是不是？”

呱呱看了看，说：“老师上课时就那样写的啊。”

我说：“咱们查字典吧。”呱呱拿来字典，我和呱呱一起找，呱呱在作业本上写了一遍，再对照着卷子一看，确实自己写错了。

我说：“妈妈今天和你一起对着卷子找出错误，以后的卷子都要你自己来看，不懂的地方就问老师、爸爸妈妈。”

呱呱点点头，几分钟后，呱呱似乎发现了什么，高兴地说：“妈妈，你看这几个都错了，是我写错了。”

我笑着对呱呱说：“对啊，你看，如果不考试，就不知道这些字你还不会写，对不对？”

呱呱说：“嗯。”

我问呱呱：“是不是考试也挺好的呢？”

呱呱说：“这样我就知道我哪些没学会了。”

这件事情后，呱呱没有为分数低而厌烦考试，也没有因为害怕考试结果而恐惧考试，因为他明白考试只是一个测试自己所学、展示自己能力的平台。

考试平常化

有的家长总说：“孩子平时成绩很好，怎么一到考试就不行了？”有的家长则希望孩子能在考试时超常发挥。

各个国家在人才选拔上，我想都离不开考试。因为考试虽然形式不同，但性质一样，希望挑选出需要的人才。而各种各样的考试，参与者除了具备专业能力之外，还要具备会考试的能力。而会考试的能力，源自平常的生活中。

呱呱平时的学习中，除了明白学习是自己需要处理的事情外，也养成了良好的学习习惯。如此而来，考试只是平时学习的一部分，只要以平常的学习态度对待就可以。即使考试结果出了差错，呱呱也会将其看做平常学习的差错，认真改错题，再返回去找到问题所在就可以。

呱呱在高二时，自己报名参加了市里的高中化学竞赛，直到考试结束，呱呱班主任告诉我呱呱得了高分，为学校争得了荣誉。我说我不知道呱呱参加竞赛。

呱呱班主任说：“你们家长怎么连这么大的竞赛都不关心？其他学生都是家长给报的名。”

我说：“呱呱都高二了，自己该给自己做决定了。”

晚上我回去问起呱呱时，呱呱才说他就想测试一下自己化学的水平。

我说：“你们各种考试和竞赛应该还有，你们关注的比较多些，我和爸爸有自己的事情处理，没有时间来帮你选择，你选择自己喜欢的就可以。像平常学习考试一样就行，别给自己太多压力。”

呱呱笑着说：“我没想过要拿名次，就想着测测化学学得怎么样。老师这么一说，反倒觉得以后要是考不好就给学校丢人了。”

我和先生都说：“考试是自己的事情，不要把考试和学校、父母联系起来。”

呱呱说：“好像长这么大，真没把考试想太多。”正因为这样，呱呱会考试，我也相信他有着不一般的考试能力。基于这样的经验，我想告诉更多家长们，与其让孩子考出好分数，不如让孩子拥有会考试的能力。

7. 家庭教育不等于在家逼孩子学习课本

家是第二个教室

说起家庭教育我们都不陌生，可是很多家长们给出的答案却让我觉得家庭教育变了味道。在我的家长朋友圈子里，当我问起对家庭教育的理解时，大多的回答是这样的：

“提倡家庭教育，不就是让家长少忙些工作，多陪陪孩子吗？”一位爸爸这样说。

“我觉得家庭教育就是让家长多配合老师，让孩子利用在家里的时间多看看书，多学习。”一位妈妈这样说。

这两位家长的答案可以说是大部分家长对家庭教育的理解。而事实上，家庭教育的涵义要宽泛的多，家长在家庭中对孩子进行有意或无意的教育都称得上是家庭教育，甚至家庭其他成员比如爷爷奶奶、兄弟姐妹等相处中的影响属于家庭教育。越来越多的人开始重视家庭教育，然而，很多家长却把家庭教育的范围缩小在“学习”方面，甚至从孩子刚生下来就开始在家里进行超前学习。

有一次，我去市里一位学者的家里做客。这位学者是某学科领域的高级知识分子，工作上也是一把手，经常得到单位的褒奖。学者招待很热情地招待了我，并和我就一些教育孩子的问题聊了聊。她在言谈中提到，建议我多在以后的文章中提醒家长在家里对孩子多进行学习教育。

这位学者讲出她的经验之道，在孩子幼儿时期，她每天用两种语言对孩子进行交流。比如，吃饭时，她要用中英文给孩子讲一遍饭桌上的菜，然后她让孩子说，如果哪道菜，孩子没说上来。她会告诉孩子没有资格吃那道菜，直到孩子会说为止。为了强化孩子的记忆，她会在孩子的房间播放两种语言的儿歌。

我问："孩子几岁时，你开始做这些专门的教育？"

她说："我记得孩子刚会说话那会。事实上，他早在我肚子里时，我每天都用两种语言给他讲童话呢。"

我想这也是她的英语比较好，要是英语不好，岂不是要请专门的双语胎教专家来做这个工作？

正当我在想这个问题时，她说："现在大家条件都很好，市场上也有很多光盘在卖。我觉得对孩子的学习教育越早越好，这样孩子一生下来就能熟悉这样的环境。"

我问："现在孩子几岁了？"这位学者说她结婚生子较晚，孩子现在7岁，不过现在拥有的知识超过了11岁的孩子。

我说："全是在家里学的吗？"

她说："是的，我们在家里给孩子辅导，学校教育太慢，也太浪费时间。我计划在孩子20岁时就让他上硕士、博士研究生。"

我说："孩子会不会太吃力？"

学者平静地说："现在吃力以后就不吃力了。在学校里学得都一样，唯有在家里不断学习，他才能不一样。我要让他明白，只有不断学习的人，才能有所收获。"

这位学者的话里我只赞同一部分，而不同意她让孩子把家也当做学习的阵地，而且是学习书本的阵地。在学校，孩子需要认真听讲，到家里，孩子除了吃饭睡觉还要接着"学习"，注意我这里的学习不同于我之前提到的在社会上的学习，这里的学习是学习课本，大量的提高智商的课本。

这位学者说，她给孩子买来的书有很多种，更多的是海外和港澳的书，可是在这里的书本我找不到一本来自海外的经典文学著作，也找不到一本有趣的童话书，都是国外各个年级的教材。

没多久，这位学者说她没有时间再和我聊天了，她要为孩子讲一节英语课了。我说我能否听一听。她说孩子不习惯有陌生人在场。我也就告辞了。当我出门时，我看到学者的孩子从房间里走出来，七岁的孩子看上去满身的“迂腐”，孩子似乎对周围的一切都没有兴趣，径直走到他妈妈面前说要吃饭，而且说完后用英语再说一遍。当我说要告辞时，女学者只是朝我摆摆手，她的孩子似乎没有觉察到周围有人，只是低着头跟着妈妈在走。

我默默看着孩子和他的妈妈，离开了这个以“学习”为重的家庭。一路上，我在想，如果这位学者能把所拥有的智慧之道轻松、快乐地带给孩子，孩子也能感受到快乐，我肯定大力支持，而且立即告诉我周围的朋友。可是，我在她孩子的身上没有发现这样的快乐，也没有发现因为学习知识而给孩子带来的聪慧。我不知道这样的家庭学习能给孩子带来什么？

如今，很多家长为了能让孩子在学习上更突出，不断地为孩子提供条件、创造条件，比如买各式各样的电子辞典、请各门学科的辅导老师，把一切可能有助于孩子提高分数的方法、工具、人力都搬到家里。如此，家对孩子来说无非是另一个学习的场所。在这个场所，孩子面对的是“学习，再学习”。这样的家庭学习，又能给孩子带来什么？

我承认，有不少孩子在家里接受了与众不同的教育，被国际知名大学录取，但关键是要先让孩子在精神上热爱生活与学习。很多学者一直在呼吁家庭教育，我想更多的是是希望家长能让孩子在家里感受到家长的身教，也让家长关注除了学生分数之外的教育，比如与孩子一起做一次有意义的游戏、一次全家劳动，一次社区公益活动，等等。而这些，我们很缺乏，家庭教育似乎只剩下“学习课本”这一项，也正因为如此，很多孩子不愿意回家。

家，对孩子来说是什么

家，不仅是为我们住宿休息的场所，更是我们精神和心灵得以慰藉的归宿。我们成人都渴望在家里能感受到温暖、快乐、幸福，而孩子也是如此，他们希望回到家，看到爸爸妈妈的微笑，能感受到爸爸妈妈的温暖和爱。可是，我们有很多孩子却感觉不到这种温暖，他们只感觉在家里不舒服、不自在。

经常听到很多妈妈问：“孩子回到家怎么总是不爱说话？总是不想回家？家里不好吗？”在家长眼里，家里为孩子提供了各种更舒适的环境，孩子没有理由不喜欢家。

可孩子偏偏不喜欢爸爸妈妈给他们营造的那个家，房间里摆满了课本，刚踏进家门，爸爸妈妈会问："考试得了多少分？"刚要玩会，爸爸妈妈会问："作业写完了没？"就要睡觉，爸爸妈妈会问："给你买的辅导书看了没有"

这就是在家里，到处看到和听到的。爸爸妈妈在家里，除了问学习，不过问孩子的身心健康，不关心孩子的精神世界。孩子在家里的活动也只是与学习有关。在这样的家里，孩子感觉不到温暖，只是冷冷的"学习"。

我的一个老乡汪先生说他现在就是砸锅卖铁也要把孩子的学习提高上去，为此辛辛苦苦工作，为孩子请来各门功课的辅导老师。他的要求只有一个，让孩子在家里能安心学习。可他不知道孩子的心根本不在家里的课本上。我见过老乡的孩子，孩子很机灵，言谈中对计算机、电子科技很感兴趣，期望以后能进入IT行业。当我问起汪先生是否知道孩子的一些想法时，他说他不关心那些，只关心分数。

在汪先生看来，他会孩子提供足够的物质条件，让孩子全身心地投入到学习中。似乎很简单的事情，可孩子却给他办不到。因为孩子在家里已经学课本学厌烦了，只不过不想让家长伤心而已。孩子在家里硬着头皮学习是为家长着想，可家长却一无所知。孩子想为爸爸妈妈做点什么，可是爸爸妈妈却一手推开，"把学习的事情做好比什么都强"，家长推开的不是孩子，而是孩子的心和为家要付出的爱。慢慢地，家的事情和孩子没什么关系，而家长又用什么来期待孩子的心归来呢？

我们成人需要精神家园，孩子也需要，因为孩子也是一个活生生的人，他们也希望在家里能有温暖，有爱与欢笑，而不只是被逼地"学习课本"。

第四辑

为孩子储存另一种财富

我们都爱着孩子，但不可能跟随孩子的一生。要想让孩子拥有与众不同的人生，就需要家长在孩子生活中为他们储存另一种财富：一个好的生活习惯、一句“谢谢”、一次果断的选择以及热爱生活的态度。

1. 让好习惯伴孩子左右

活动一下筋骨

俗话说：“习惯成自然”，如果把好的习惯用到孩子的生活中，这是种无形的财富。著名教育家叶圣陶曾说过：“什么是教育？简单一句话，就是养成良好的习惯。”好的习惯能让孩子拥有健康的身体、舒畅的心情、丰富的精神。

妈妈们在怀有孩子的时候都会这样期待：“只要孩子健健康康就好。”可当孩子慢慢在长大时，妈妈们就不断地为孩子身上“加压”：“孩子你要刻苦学习,考上好大学,要为妈妈争气。”“爸爸妈妈的后半辈子全在你身上了。”这些筹码让孩子感到呼吸困难,让孩子连吃饭和睡觉都不能安心。如此而已，孩子的健康又在哪里？

我和其他妈妈们一样，在怀有孩子的时候，每天都在祈祷：“宝宝一定会健健康康的。”等到呱呱出生后，我看到健康的孩子，我无比喜悦。我告诉自己，要让呱呱健康、茁壮成长。呱呱还在襁褓中时，有时候睡醒睁着眼，就会挥动小手，还要用脚蹬。这个时候，我就握着呱呱的小手，一边轻轻动他的手和脚，一边开心地说：“我们呱呱要活动一下了。”每当这个时候，呱呱都很高兴，手和脚会动得更欢。这样做，是希望呱呱能在动的过程中感受到四肢的活动，也让他四肢多动动，有利于四肢的成长。当然，幼儿的身体很柔弱，妈妈们在让孩子活动时，一定要量力而行。我想这样的活动，总胜过一味地抱着孩子。

呱呱会走路后，我就有意地对呱呱说：“我们出去活动活动筋骨吧。”听到这里，呱呱就很高兴，总是想第一个走出去。慢慢地，呱呱形成了想要多出去“活动”的观念。一到晚上吃完饭，呱呱就拉着我要出去活动一番。

在这个“活动”中，呱呱所做的无非是爬楼梯，在小区里自由自在地走着，甩甩胳膊，踢踢腿。就是这样的“活动”，我称之为一种运动习惯。这种活动可以是散步，也可以是饭后出来闲转转，也可以是周末某个时间的一种体育运动，只要呱呱喜欢这些活动，我就认为我的小目的达到了。我要让呱呱在这些小活动中，慢慢形成一种运动的习惯，让他从小渐渐喜欢“动”，这样，筋骨才能强健。

呱呱上小学后，我和先生在周末都会抽出时间带呱呱到附近学校的操场里“活动一下筋骨”。一开始，呱呱在前跑，我在后面跟着；呱呱渐渐长大，我们分开跑步。就这样，每个人尽自己的力，跑几圈。呱呱喜欢上跑步，他十二岁时在日记中说：“跑步时，能听到风在耳边细语，能感受到心的声音；我喜爱跑步，因为它能让我感受自己，也能感受自然。”

对运动的喜欢，让呱呱主动学习各种体育运动。呱呱五六岁时，我买来乒乓球和球拍，一到家，我就自己用球拍拍球，呱呱很是喜欢，自己也玩起来。趁着呱呱很有热情，我和先生就给呱呱讲乒乓球的基本打法。呱呱很认真地听着，还不停地把球拍握在手里摆弄着。小区有老年人活动室，呱呱一放学就跑到那里和爷爷们打起乒乓球来。一个月后，呱呱的球技长进了不少呢。

呱呱喜欢乒乓球后，也喜欢上和爸爸一起看体育节目，这下了解到了更多的运动项目，也激发了呱呱的运动愿望。羽毛球、篮球、足球、游泳，呱呱各个都参与，而且每次班里有这样的比赛，呱呱都踊跃报名，为的不是名次，而是“活动筋骨”。

有的妈妈可能开始担心了，这么多运动项目，孩子会不会耽误学习时间？孩子会不会伤到哪？

我要肯定地告诉妈妈们：请相信孩子的能力。孩子在这些活动中，不仅不会伤到自己，还学会了保护自己。

我们经常听到这样的对话。

对话一：

孩子和伙伴们玩了会，出了一身汗。回到家里，妈妈经常生气地说：“怎么又去玩了？作业做完了没有？”

孩子不说话。妈妈接着批评：“哎呀，一身臭汗，难闻死了。你看看这双鞋，我刚话了伍百元买的，你就这样玩？”

之后，孩子不穿妈妈新买的鞋出去玩，也很少和伙伴们玩，因为伙伴们觉得和在一起玩的不尽兴。孩子没有了伙伴，每天一个人玩电脑游戏。

对话二：

妈妈看着整天玩电脑的孩子，生气地走到孩子面前说：“你怎么每天就知道玩电脑？出去玩一会也比这强吧。”

15 岁的孩子顾不得转头，生气地说：“你懂什么呀？”

这位妈妈见到我就向我诉苦，“怎么生了一个这样的孩子？天天就知道玩电脑，连坐起来吃个饭都懒得动。”她说，孩子出门走两步就喊累，走十步就说走不动了。每天都不知道怎么办才好。

是啊，孩子从小养成了不想动的习惯，可这种习惯，爸爸妈妈是不是应该在孩子幼儿时期就应该注意些呢？有的妈妈看到孩子运动回来弄脏了衣服就破口大骂，甚至动手打孩子，嫌弃孩子顽皮弄脏了衣服。呱呱小时候，我也和其他妈妈一样，要给他洗很多衣服，可我没有因为呱呱因为这件事情而责怪他。我在洗衣服的时候，让呱呱也过来看，让他看到衣服脏了怎样洗，等到他可以洗得动的时候，就让孩子自己来。如此而来，一举两得。

呱呱即使在考试前，也会坚持“活动一下”，而且每天下午到操场跑步。记得，他参加高考前一天，呱呱要和爸爸打会乒乓球，我提出我也参与。我们三个人还是和平常一样，打球、讨论失误的球。呱呱说他在和爸爸打球中学到了很多，爸爸打球比较稳，而他自己打球喜欢拉球，喜欢冒险，这点让他最后输了一局。我鼓励他发挥打拉球的特点控制局势。这样，呱呱把比分追上，和爸爸打了平手。一下午，我们没有提到高考的事情，而呱呱更是和平常运动一样，完全得以放松。

英国哲学家洛克说：“儿童不是用规则可以教得好的，规则总是会被他们忘掉的。……习惯一旦培养成功之后，便用不着借助记忆，很容易地自然地就能发生作用了。”我想在孩子的生活中，很多习惯都是如此。

“活动一下筋骨”，这句话现在成了呱呱经常给我和先生说的话，他建议我和先生多活动活动，不能久坐，还专门找来按摩颈椎的光盘，说学好后给我和爸爸按摩。没想到，我对孩子小习惯的培养，孩子也会用同样的爱来告诉爸爸妈妈。我想，孩子长大了，他在用各种言行表达着他对父母的爱。

书中自有力量在

前几年，网络上有一则新闻，大意是说西方很多国家每人每年读50~100本书，而我们国家人均读书仅是5~10本，而且大部分是教科书。这个数字引发了我们很多人的讨论和思考。

呱呱说：“应该来调查一下我嘛，我每年读的书超过10本了呢。”我说：“读书不是为了调查，也不是为了向谁显示，这是给自己积攒财富呢。”

呱呱笑着说：“我争取做一个品书亿万富翁。”呱呱这样开玩笑说的，但在读书时却从不开玩笑。

有的家长问我：“你家孩子参加各种比赛都能获奖，肯定智商很高。”有的家长说：“你家孩子爱看书是遗传你们的基因了。”

对于这些说法，我都否定了。因为呱呱的智商和大家一样，他是个平常的孩子，只不过他比同龄的孩子爱读书而已。在前面，我也提到过呱呱小时候从识字喜欢上书，但还有一点，那就是读书习惯的养成。

为了让呱呱从小对书有感觉，我每隔一段时间会带他去书店，隔两周会带他去图书馆。即使呱呱只有四五岁，我说我去图书馆看书，呱呱就会嚷着要去。如果说呱呱一开始是好奇的话，那么，渐渐习惯去图书馆，就是内在的一种需求。

呱呱上小学三年级时，自己带着学生卡到市图书馆办了一张借阅卡。一到家里，就高兴告诉我，以后他每周末都去图书馆。呱呱如此喜欢读书，超出了我的想象，在这期间，我没有要求呱呱每天要读多少页，每月要读多少本，读什么、读多少都是由呱呱自己量力而行。

有的家长会问："你就不担心孩子读一些不好的书吗？"

我可以肯定地说，我不担心。

一是，我和先生在家里读的书，无形影响了呱呱，他有判断能力。二是，孩子在成长过程中，他会选择适合自己的书。记得教育家苏霍姆林斯基在《把整个心灵献给孩子》书中这样说道："人的思维成就是无止境的。例如，人所创作的书籍是数不胜数的。您只需给孩子展示一本书的内容所包含的美和智慧以及它的思想深度，但定要展示得让每个孩子能永远爱好读书，并为在书海中独立畅游做好准备。"在呱呱童年时，我和先生会为他挑选好的图书，等到他慢慢有了自己的选择，由他来选。

呱呱在读书的时候，习惯在自己的小本快速记下感兴趣的句子或者不知道的概念，习惯在书里夹上一张纸条，习惯自己制作漂亮的书签，等等。这些习惯在我看来，都无形影响了呱呱。我为他能喜欢读书而欣慰，因为书在改变他，他不会因为孤单而寂寞，不会因为处于困境而自怨自艾，也不会因为一时的成功而沾沾自喜。每次外出坐火车时，呱呱的背包里都会带上一本书，即使是读过的书，他也会再去读，他说在火车上，书能让他享受乘车的过程。

有一次在坐火车时，一位妈妈看见座位上不是很干净，就从孩子的书包里拿出一本童话书撕了几页，垫在座位上。一旁的孩子说："妈，你干吗撕我的书？”这位妈妈淡淡地说：“都是些小孩书，撕几页没关系。”孩子有些生气，把书扔在了地上。妈妈气愤地说：“你这孩子怎么这样？回去再给你买，先坐下。”

这位妈妈的言行让我不舒服，她不在乎孩子喜欢的书，孩子的书也随时可以撕掉，我判断出这位妈妈对书的态度，这样的态度让孩子如何喜欢书？好的习惯不需要爸爸妈妈一点一点地教，而是在生活中潜移默化地感染给孩子。

加拿大医学教育家奥斯勒对人类最大的贡献，他成功地研究了第三种血细胞，而他的这个成就源自他的一个习惯，那就是每天读书。奥斯勒为了从繁忙的工作中挤出时间读书，他规定自己在睡觉之前必须读15分钟的书。就这样，他不管忙碌到多晚，都坚持这一习惯不改变。这个习惯陪伴他整整半个世纪，这期间他共阅读了1000多本书，取得了令人瞩目的成绩。

面对这样的成就，我们不得不钦佩奥斯勒的伟大，而面对他的习惯，我们又该是怎样的敬佩？

有人会说，这些人能买得起书，普通老百姓谁能看得起书啊。可事实上并非如此。阅读并非自己要去买书，图书馆也有的是书。

美国最高法院的法官休格·布莱克在进入美国议会前，并未受过高等教育。但他有一个习惯，每天挤出一小时到国会图书馆去博览群书，涉及政治、历史、哲学、诗歌等方面的书，数年如一日，即使在议会工作最忙的日子里也从未间断过。而这个习惯也让他成为美国家喻户晓的法官。

有人这时会说，这些都是科学家，大人物，普通人做不到。而我要说，普通人一样可以做得到。

一位希腊籍电梯维修工尼古拉对现代科学很感兴趣，他每天下班后到晚饭前，都养成一个习惯——用一小时的时间阅读核物理学方面的书籍。知识改变认识，而认识能让人产生创造。1948年，尼古拉提出建立一种新型粒子加速器的计划，因为这种加速器比当时其他类型的加速器成本便宜而且更强有力。他把计划递交给美国原子能委员会做试验，又再经改进，这台加速器为美国节省了 7000 万美元。尼古拉得到了 1 万美元的奖励，并被聘请到加州大学放射实验室工作。

书的力量就是如此。

这两年，我国的很多城市打出建设文化城的口号，我想这种出发点是不错，但具体做法上，我个人认为不能仅仅限于建设几栋摆满艺术作品的大厦。呱呱看到这个消息后问我：“为什么没有图书大厦？”

是啊，书中蕴藏着多少文化，又传达着多少文化，而我们又有多少人静下来读书、品书呢？又有多少家长鼓励孩子多去图书馆，多去书店看书呢？我想，如果有一天，我们的孩子都爱上书，习惯读书，文化城才有真正的涵义。

2. 礼貌非小事

从“谢谢”开始

生活中，很多朝气蓬勃的少年、如花似玉的女孩，却满口脏话，目中无人。人们哀叹现在孩子越来越没礼貌了，究其原因在哪里？有的家长说学校教得不好，有的老师说，家长溺爱的结果。事实上，礼貌问题完全可以在家庭中解决。因为，父母是孩子认识礼貌的第一个人。

有一次我带呱呱参加一个聚会，这个聚会各界的朋友都有，有的人我认识，有的人我并不认识。呱呱随着我进入会场后，看到每个人都微笑待之，等到用餐的时候，呱呱高兴地说他结识了很多大朋友。有几个我认识的朋友见到我连连称赞呱呱，说呱呱懂礼貌，还问我怎么教的，接着给我讲了很多他们见到的很多孩子怎么怎么没礼貌的故事。

礼貌是个很基本的生活方式，人与人来往中，总会遇到这个问题，可礼貌的事情，我也并没有刻意教呱呱。如果一定要说我教了什么的话，那就是我告诉呱呱要多说：“谢谢。”

呱呱会说话时起，每次出门遇到别人帮助时，我会感激地说：“谢谢。”呱呱看到时也会跟着说：“谢谢。”当呱呱上幼儿园时，我每次送他到幼儿园把他交给老师时，我会对老师说声：“谢谢。”呱呱也会微笑着对老师说：“谢谢。”

有一次，我和呱呱去超市买东西，呱呱自己转弯到玩具那里玩，由于想要看最上层架子上的玩具，他让旁边的售货员帮他拿，售货员把玩具给他后，他开心地说：“谢谢阿姨。”等我找到他时，看到他手里的玩具，我问他怎么拿到的。呱呱开心地说阿姨拿的，我转过去对那位售货员说谢谢时，售货员说：“宝宝真有礼貌。”

呱呱并不能理解“礼貌”一词的意义，但他能从阿姨的表情中看出这是在夸他，于是，呱呱很开心，又说：“谢谢。”慢慢地，我发现呱呱越来越能在各种场合运用“谢谢。”在家里，我给正在看书的呱呱倒杯水，呱呱也会说：“谢谢妈妈。”可能有的妈妈说，家里人用不着那么客气。我说这不是客气的事情，这让孩子明白，多说一个“谢谢”，能让他明白感恩的道理。

有一次，呱呱上初二时，学校很盛行过外国的节日，每次到圣诞节、万圣节，他说班里的同学都要说节日快乐。我说：“还有个感恩节呢。”

呱呱说没听过，我说明感恩节的大概由来，然后对他说虽然感恩节是其他国家的节日，但是我们可以把这个节日用在自己的生活中。我说：“小时候有爸爸妈妈照顾我们，等上了学，有老师在传授很多知识，同学也在帮助我们，有很多很多人在无形中影响我们，所以，我们都要对他们说声‘谢谢’。”

呱呱听后说：“这个节日确实挺不错的，我可以组织同学们在那天给我们老师说谢谢。”

我说：“我们不一定在那一天说谢谢，平时也可以。只要有一颗这样的心每一天都是感恩节。”

呱呱从“谢谢”一词中，不仅理解了父母对他的爱，也懂得了这其中的仁孝，更能在实际生活中践行自己对父母的爱。呱呱不仅对我和先生很关心，对爷爷奶奶、外公外婆也格外关心。

有一次，呱呱回来对我说，在路上他看到了一位年老的清洁工，他觉得和爷爷年龄差不多，站在原地看了很久。他有些伤感地问我：“为什么这些爷爷不能安享晚年？”呱呱把对老人的关心扩展到和他毫无关系的人身上。我为呱呱这点感到自豪，因为他有一种社会人的意识。

可是仔细观察一下周围，你会发现越来越多的爸爸妈妈对孩子说这样的话：“别理那些人，和你有什么关系？”“跟这些人客气什么呀，他们就应该为你服务。”是的，我们的孩子在接受着越来越多的“应该”，爸爸妈妈应该为“我”提供物质，爷爷奶奶应该哄“我”，同学们应该让着“我”，服务员应该为“我”服务。而等孩子长大后，很多家长埋怨道：“辛辛苦苦把孩子养大，可孩子一点良心都没有，每天就知道要这个要那个，哪问过爸妈的死活。”有的妈妈甚至气愤地说：“早知道孩子这样不孝，生下他时就把他扔掉。”

是孩子没有良心吗？是孩子没有人情吗？我想，这不单是孩子的错，父母有着不可推卸的责任。父母为什么在孩子幼小的时候不让他感受亲情、友情呢？为什么让孩子蔑视周围的一切呢？如果孩子自幼就是一个对周围事物毫无情感的人，长大后又怎么会热爱周围的人和物呢？孩子连父母都不爱，怎么会对其他人有情感呢？

因此，我想说，爸爸妈妈们，为孩子存储深深的情感财富吧，那么就从现在开始，从那一声“谢谢”开始。

懂得尊敬的意义

孩子在幼儿时期喜欢模仿，由于不能分辨好与不好，这个时候，家长应该给予合理的指导，而非袖手旁观。

呱呱四岁的时候，我们带他回老家过春节。一大早我带着呱呱给长辈们拜年，我母亲站在门口看我们，正好邻居的大妈看到了，就用方言说：“老婆子，丫头长大了，孩子都这么大了，好啊。”（注：“老婆子”在地方方言中并无贬义，是老年人之间的一种称呼。）呱呱听着好奇，脱口说：“老婆子。”我立即制止呱呱。

我说：“你要叫姥姥，老婆子是姥姥们之间的称呼。”我立即向大妈道歉，呱呱也跟着道歉。大妈说：“小孩子嘛，没事的。”

是的，遇到这些事情，很多家长都说“小孩子，没事。”但往往是这样的小事会助长孩子心中的任意性。有的孩子到二十岁了在家里让爷爷奶奶做事情，直呼：“嗨，给我拿一个苹果”、“诶，给我把衣服洗了。”这种不尊重的言行习惯后，慢慢在班级里，在社会上也是如此。我在公交车上讲过很多年轻人，麻烦别人让开的时候直接说：“让一下。”而且语气很是强硬，似乎这些都是他自己的。

有句古语说：“不以善小而不为，不以恶小而为之”，即使再小的恶事，孩子错了，尤其是不尊重长辈的表现，我都会告诉呱呱。我不想让呱呱从小就积累这些不好的小事。

在生活的点点滴滴中，让呱呱渐渐懂得只有尊敬他人，你才能得到别人的尊敬。

那天给长辈们拜完年后，我对呱呱说："长辈们都称赞呱呱呢，不仅长得很帅，而且很有礼貌。"呱呱美滋滋地笑着。我说："这么帅的孩子，以后说话也一定要想着尊敬长辈，尊敬别人，对不对呢？"

呱呱很爽快地答应了。从对长辈的尊敬到对其他人的尊敬，呱呱慢慢地在心中形成了这个良好的概念。

有一次，我和呱呱在逛超市时，我们准备结账，收银员正好说有点急事先暂停一下，让我和后面的顾客到别的队列排队。我和呱呱听了解释后就拎着东西去别的柜台结账，这时，我后面的一位男同志大声地说："怎么回事？排到这里了不结了？你这什么服务啊，把你们经理找来，我要投诉你。"

收银员的小姑娘解释了一句，那位男同志就更扯着嗓子说："懂不懂怎么做生意啊？好不容易排到这了，懂不懂尊敬一下顾客？"

收银员听了这话有些生气了，说："怎么不尊敬你了？"说着，生气地走了。

其实，可以理解收银员的辛苦，可能她真的有事情需要办，我们互相尊重、谅解一下，也就没有这些争执了。而那位男同志扔在没完没了地骂着。周围的顾客都摇摇头，呱呱说："叔叔，别骂了，那个阿姨去卫生间了。"这一句话让那位男同志脸红了，随口说："小屁孩懂什么？"

我对那位男同志说："请尊敬一下你自己吧。"说完，我和呱呱对那位男同志的任何说话都不再回答。回来的路上，我告诉呱呱，每个人都有遇到的问题，我们要懂得尊敬他人，理解他人。呱呱点点头。

生活中有很多类似的事情发生，有的时候家长的一句话、一个动作也都在影响孩子，即使我们改变不了他人的言行，但首先从自己做起。因为只有这样，我们的孩子才能尊敬我们自己，孩子长大后才能得到的更多。

每年春节回老家，呱呱都要先问候长辈，然后再与兄弟姐妹们玩耍，他是长辈们眼中的好孩子，是哥哥眼里的好弟弟，也是弟弟眼里的好哥哥；在学校，呱呱尊敬每一位老师，即使不为他上课的老师，他看到了也会问声“老师好！”与同学相处，呱呱永远是大家的中心人物，因为他与每个同学都能和睦相处。在高中毕业时，呱呱同学送给呱呱最多的话就是：“呱呱是个大磁场。”我问：“为什么叫大磁场？”呱呱笑着说：“好像说我和谁都能处得来吧。”

我说：“呱呱的人缘不错。”呱呱笑着说：“我持有人缘好的一大秘诀。”原来，呱呱人缘好的秘诀就是我当年说的：“敬人一尺，别人敬你一丈。”正是因为懂得了尊敬的意义，呱呱在与人来往中，把焦点放在对方的优点上，处理问题时，站在对方的角度思考问题。如此而来，他的朋友也越来越多，想和他成为朋友的人也越来越多。

3. 选择中的思考与成长

孩子，你来选

在生活中，我们经常会遇到各种各样的选择，比如同一天的比赛，同一个时间的约会，毕业后不同的工作，等等。面对不同的选择，我们经常不知道该怎么办，那孩子们呢。

和我同年大学毕业的一个同学和我在聊天时，言辞中流露出对当初选择的后悔之意。当年大学毕业她完全可以留在省城工作，而她父母也为她提供了一个不错的选择，原来她父母帮她在当地县城政府部门谋了一个职位。她父母所提供的选择很有吸引力，不需要在省城辛苦地打拼就能活得悠然自在。面对选择，我同学不知道怎么办，每天问班里的同学，大家的意见也不统一。临近毕业之时，她接受了父母提供的选择。十几年过去了，她后悔了，她后悔当初听父母的话，现在每天只能打打麻将过日子，了无生活意义。

记得有一句话这样说："当面前只有一条路的时候，人们别无选择，可是当面前有好几条路的时候，人们不知道该走哪一条。"选择越多，人们的迷茫也越多。呱呱看到这句话时，他说："选择多了，未必是坏事，关键是自己要有主见，该选什么，自己要清楚。"说完，很认真地填完高考志愿表。这正是我所期望看到的——呱呱完全具备选择前的思考能力。

呱呱三岁上幼儿园时，我带他来到商店为他买一个书包。各种各样的书包摆在眼前，呱呱看花了眼，一会想背这个，一会想背那个，试了几个后，呱呱说："妈妈，这些都是我的吗？"

我笑着说："这是叔叔的，我们只能买一个，你自己选一个吧。"

呱呱拿起一个，放下一个，看着呱呱左右为难的样子，我很想给呱呱买两个，可口袋的钱有限，而且我不能让呱呱有这样的习惯。

呱呱拿起挑好的一个书包对我说：“妈妈，我选这个。”

我说：“选好了，我给叔叔付钱了，付完钱，这个就是呱呱的了。”

即使书包里没有装东西，呱呱也美滋滋地背了一路。可是一到家，呱呱说：“妈妈，我想要那个后面有机器人（图案）的书包。”

我听了后，对呱呱说：“呱呱，当时挑选的时候，是自己选的，对不对？我们现在只能要一个书包，选了这个，我们就不能再反悔了。”

呱呱似懂非懂地点点头，算是默认。为了不让呱呱有所遗憾，我说：“等到呱呱上一年级的时候，妈妈再带你去买书包，好不好？”

这样一说，呱呱开心了许多，不再纠缠书包的事情，我对呱呱说：“这下可以把铅笔、童话书都放在书包里了，你自己放吧。”

从挑选书包开始，呱呱发现太多的选择在等着他，五颜六色的衣服、不同图案的童话书，但是每次购买，呱呱都对我说：“妈妈，我来选。”接着他就像个大人一样，一个个地看，然后从中挑选自己喜欢的一两个。有了选择的概念，呱呱渐渐学会在购买图书时做比较，在参加学校活动时会根据自己的喜好来选择，即使遇到疑问，他在听取了我和先生的建议后，也是自己做决定。

在选择中成长

我国文学家林语堂先生有这样一句话：“明智的选择胜于盲目的执著。”这句话我一直谨记。因为在人生的道路中，一两个选择足以改变人生。而选择选择后的行动及最后的结果，这都需要一个人承担。

呱呱从自己挑选生活用品开始，慢慢将选择扩展到人生规划中，而我所能做的在一旁默默地指引他能端正选择的态度、敢于承担选择后的任何结果。

呱呱在初二时参加了市级的两个比赛，一个是学校组织优秀学生参加的少年物理比赛，一个是他自己按照兴趣报名的自行车环城比赛。事情偏不凑巧，两个比赛时间紧挨着，只能参加一个。呱呱班主任得知他报名自行车比赛后，给他做了很多思想工作，让他务必参加物理比赛，因为这个比赛关系到班级荣誉。而呱呱认为，自行车环城比赛很少在本市举行，而且他更乐于参与此比赛。

呱呱一边不想辜负老师的教导，一边也不想错过自己的机会。一天晚上吃饭，呱呱没有直接问我，而是绕了个弯问：“妈妈，你说有两条路在你面前，一条是有助于自己学业的路，一条是自己非常想走的路，你选哪一条？”

我说：“如果是我的话，我会试试非常想走的路。”

呱呱说：“可是在另一条路上有很多人的期望，如果你不选择，辜负了很多人。”

我听了呱呱的话后，感觉呱呱长大了，思考的也多了，可是顾虑多了，让他对自己想去做的事情有了停止的想法。

我说：“呱呱，妈妈觉得你长大了，在选择时能为很多人着想。可是，任何选择都首先要忠于自己，因为你选择的路要靠你自己走，任何人都帮不了你，即使没有期望的结果也要自己去接受。”

呱呱听了后，笑着说：“妈妈，你有没有选过错路？”

我说：“摆在面前的路没有对和错，对和错的判断都是选择了一条路后想着另一条路比较而言的。自己尝试了，选择了，就会知道哪条路自己更喜欢。这是我自己的选择，如果是你的话，你要根据你自己的情况来选择。”

呱呱说：“妈妈，我知道我该怎么做了。”

呱呱最后向老师提出了退出物理比赛的名额，而去参加自行车环城比赛。我得知后对呱呱说比赛当天：“我去为你加油！”

呱呱没有参加物理比赛，班里有一个同学获得三等奖，并因此为上高中赢得了一份重量级砝码。呱呱参加自行车比赛没有获得任何奖项，但我依然对呱呱说：“爸爸妈妈支持你。”

之后，有的同学说如果呱呱参加物理比赛肯定能得一等奖，到时候上重点高中肯定没问题。呱呱都一笑而了之，因为呱呱不想解释太多，他已经明白既然选择了，就要承担任何结果。

这就是生活，生活中的点点滴滴让呱呱学会了如何选择，而选择又让呱呱体味选择后的结果，在选择中体验成长的滋味。

高考填报自愿表时，呱呱很想报两个物理和生物两个专业，我对呱呱说："到大学里，如果有时间，可以去听另一个专业的课嘛。"

呱呱说这样也挺好，两个兴趣都不会失去，不过要以某一专业为主。我和先生都告诉呱呱：要以自己的喜好来选择，任何人都不能替你选择，也不能替你把选择的路走下去。

看着呱呱最后以坚定的信念填好表格，我和先生相视而笑。因为呱呱从选择开始，懂得了为自己的选择而付诸行动、承担责任。

在孩子报考高考志愿时，你会发现，家长们忙着四处打听，甚至让某些领域专家预测孩子所报考专业五年、十年后的发展趋势。而一旁的孩子则无忧无虑地玩着手中的游戏机。因为孩子们已经习惯了父母为他们选择，习惯了父母为他们做决定。

我的一位同事有一天碰到我，冷不丁地说："你说说现在的孩子，当初为他选了那么好的专业，现在毕了业了，找不到工作，天天埋怨我们，嫌我们给他选错了。"是啊，孩子认为自己浪费了四年的时间读了父母喜欢的专业，而毕业后，找不到工作，也把怨气洒到父母身上。这到底是谁的错？

父母爱子女没有错，他们为了子女心甘情愿把生活中的任何磨难与困境都承担了，精心为孩子打造一个不冷不热的温室。可是，孩子终究有一天要从温室走出社会，离开父母的温室，孩子都不知道选择哪一只脚走路时，父母该怎么办？

因此，我想建议家长们，让孩子自己去选择吧，让他来体验生活，体味成长中的不同滋味。

4. 阳光下也会有阴影

游戏世界的真真假假

在孩子童年时代，我一直主张让孩子多玩游戏，让孩子在游戏中享受童年的快乐，可是有时候也会遇到一些问题。

呱呱五岁时，我带他到农村过暑假。呱呱在和亲戚家的孩子玩耍时认识了比他们年长三岁的小熊。小熊个子长得高，所以和他玩的几个孩子都有些惧怕他。小熊让几个小伙伴都称他为“大王”，而且让小伙伴们装扮成《西游记》里的角色。他让呱呱扮演唐僧，让其他伙伴扮成要吃掉唐僧的小妖怪。呱呱每次玩回来就说自己被“大王和妖怪吃掉了”。

我说：“能不能下次你扮演‘大王’呢？”

呱呱说他也想扮演“大王”，可是小熊不让别人成为“大王”，要不然，小熊就会把大家都“吃掉”。

一开始，呱呱可能觉得这个游戏很有意思，大家就是《西游记》里的每个角色，可没几天后，我发现呱呱有时拿着小木棍看到小孩就开始命令：“把你的钱都交给大王。”

我问呱呱：“为什么要交给大王呢？”

呱呱说：“大王能杀掉天下的妖怪。”

我问呱呱：“那谁是妖怪呢？”

呱呱说：“他们都是。”

儿童在游戏中很投入，而且他们将潜在的一种欲望发泄出来，我没有责怪呱呱。可是当孩子不在游戏中时却还对其他孩子实施威胁，尤其是在现实中模仿一些不好的行为。有一天，我看到小熊手里拿着一根木棍在勒令两个小孩。小熊看到有大人走来，立即就跑了。可是两个小孩已经被吓得在哭泣。

回到家，我问呱呱："小熊平时手里拿着木棍打人吗？"

呱呱说："那是小熊的魔杖，能打死妖怪。"

我说："可是刚才妈妈看到他拿着木棍在向两个小朋友要钱呢，而且样子很凶，两个小朋友都被吓哭了。"

呱呱立即说："小熊是大王，是打妖怪的。"

我说："那小熊会不会和小朋友在玩打妖怪的游戏呢，可是为什么两个小朋友会哭呢。"

呱呱也有些疑惑，然后说："我一会见到大王再问。"

下午呱呱拿着自己的木棍回来了，脸上有些沮丧。我问："呱呱今天玩得不高兴啊？"

呱呱说："妈妈，你说大王就要打妖怪吗？"

我想可能呱呱看到小熊打其他小朋友的事实了，我问："你是大王的话，你会打吗？"

呱呱说："我不想打。"

我拉着呱呱的手说："呱呱和小熊在玩游戏的时候，小朋友们有的扮演的妖怪，有的扮演的是唐僧，也有人扮演猪八戒，对不对？大家在玩的时候，可以你催我一下，我轻轻打你一下。可是当大家不玩游戏的时候，大家都是好朋友，不能拿着木棍打其他小弟弟，小妹妹，是不是？"

呱呱说："小熊让我给他钱，我没有钱，他拿木棍就打我的头，说我是妖怪，以后不和我玩了。"

我看着呱呱委屈的样子，我心里也有些难受。小熊只是个孩子，可是他经常欺负年龄小的孩子，让小孩子们给他钱，然后他拿着钱再去买零食。呱呱一时认为小熊个子高，能打架是心目中的"小英雄"，可是没有想到这个"小英雄"却把矛头对向了他。

我问呱呱："小熊打你的时候，你也很难受，对不对？"呱呱眼里含着泪。"那要是我们去欺负比你小的孩子，是不是小朋友也很难受呢？"呱呱点点头。

我说“小熊带你们玩游戏，这个很好，可是他不能向小朋友要钱，更不能打小朋友，对不对？”

呱呱说：“以后再也不和小熊玩了。”说完，就把木棍扔在地上。

我说：“小熊带你们玩游戏很好，游戏结束了，大家还是好朋友，就不能打别人，对不对？”

我把呱呱的小木棍交给呱呱，可是呱呱说他不玩了，说要找堂哥堂弟玩玻璃球。

游戏是孩子们所热衷的，他们能在游戏中找到快乐，也能感受到悲伤，可以说孩子一边玩耍，一边在懵懵懂懂中认识周围的世界。而有的游戏让孩子感受到了伤痛，有的游戏让孩子不小心会染上不好的行为。当家长发现时，应该温和地告诉孩子，指正孩子。

我反对当家长发现孩子有不良言行时却还站在一旁鼓励，就像小熊的父母。当他们得知小熊欺负别的孩子时，反而觉得这样的孩子长大后不受别人欺负。事实上，这种观点一是纵容了小熊欺负比他小的孩子的行为，二是小熊的父母并不真正了解小熊为何只欺负比他小的孩子，因为他害怕比他更强壮的孩子。因此，我想告诉家长们，当孩子在游戏中时不要参与到孩子们的游戏中，而当游戏结束后，要告诉孩子哪些是应该做的，哪些是不应该做的。这样做，才能了解孩子言行背后的真实想法，才能更好地关注孩子的发展。

五颜六色的世界

我们知道世上有五颜六色的花朵，有红色、也有黑色，有绿色，也有粉色，有时候看似很美丽的花朵却对人有害。而我们生活的这个世界里，人们用自己的聪明才智创造了精彩的世界，正如五颜六色的花朵一样，精彩的世界也有五颜六色。

呱呱从挑选书包开始就在问：“妈妈，这两个颜色怎么不一样？”

我说：“你喜欢蓝色，有的小朋友喜欢绿色，也有的会喜欢粉色呢。颜色多了，大家各自挑选自己喜欢的颜色。”

呱呱渐渐长大，看到小区周围有很多商店，就问：“妈妈，这个是什么？那个是什么？”有一次，小区附近开了一家足疗店，呱呱路过时问我：“妈妈，足疗是什么？”我说：“足就是脚，脚上有很多穴位，按摩这些穴位能让身体里的血液流通得舒畅些。”呱呱回到家就把鞋子和袜子都脱掉，坐在凳子上按脚。看到呱呱这样，我说：“等周末带你去足疗。”

周末，我带着六岁的呱呱去足疗店，足疗店的服务生看到呱呱问：“小朋友，你也足疗吗？”

呱呱开心地说：“我也要足疗。”说完，就边走边看墙上挂着的足底穴位图，呱呱问：“妈妈，这些（穴位）我脚上也有吗？”

我说：“有啊。”

呱呱说：“那我怎么看不见啊？”

我笑着对呱呱说：“这些穴位不在表面上，而在脚里面。”

我带着呱呱领到牌号，洗脚、泡脚，呱呱都觉得特别好玩，我特意嘱咐服务生给呱呱轻轻按。等从足疗店出来后，呱呱说：“叔叔按得太疼了，我还是长大了再来吧。”

从那之后，呱呱去的地方更多了。每次我和先生被邀请参加的聚会，我们都带着呱呱，目的不是想去玩或者吃什么，而是让呱呱见识生活的世界。

有一次，我们两个同学从外地过来，吃完晚饭，大家提了建议找个KTV唱歌。我说没问题，同学们建议我先把孩子送回家，再和老公一起。我说没关系，明天是周末，孩子可以去。同学们都说不要让小孩去KTV。我说我孩子早就去过，他操作机器比我好得多。同学们都大吃一惊，其中一个悄悄地问我：“孩子经常去KTV，小心点啊。”

我明白同学的提醒，但我不想把呱呱关锁起来，讲大道理已达到教育目的。我认为在各种场合中的见识与随机教导更能让呱呱具备一个社会人的能力。

呱呱从咿呀学语开始，到现在上大学，我们一家在路边吃过大排档，吃过烤串；也一起去咖啡厅喝过咖啡，一起去过茶楼喝茶；我带呱呱去逛超市，购买家庭生活中需要的物品，带呱呱去商场为家人挑选衣服，等等。

我和先生这样做，为的是让呱呱亲身经历这个世界，体验不同的生活状态，让他能感受到自己也是生活中的一分子。在这个过程中，直接明了地表达我们的欣赏观点及审美观点。呱呱在乡村的麦田里奔跑过，在城市的大街上闲逛过，而这并不影响他成为一个健康的少年。

很多家长经常对孩子说："都是大人才去的地方，小孩不能去。""小孩去了就变坏了。"这些阻止的语言往往让孩子更加好奇五颜六色的花朵，即使父母再阻止，孩子也想触摸带刺的花。

而呱呱见得多了，在我和先生的耳濡目染中，有了自己的价值观，什么该碰，什么不该碰，呱呱心里比谁都清楚，根本不需要我在他的耳边天天提醒。

我很喜欢台湾作家刘墉先生的一句话："当有一天，她长大了，要离开我，我会心疼，但不会不安，因为我已经早早地把外面世界的门打开，让她看见好的，也见到坏的。"是的，五颜六色的世界，应该让孩子看到，更应该让孩子亲身感受周围的世界，而不是由于害怕周围的"坏人"，把孩子藏着、掖着，让他越来越脱离世界。我们应该让孩子知道世界是五颜六色的，有坏人，更有好人，有美，也会有丑，有恶，但更有善。

5. 让孩子也学会克制

做完手上的事情

有一次，我的一位同事来家里做客，我们在客厅聊天，呱呱则在自己房间里做作业。同事很奇怪地问我："你们家孩子做作业都一个小时了吧，这中间也不说玩会？"

我说："可能是遇到难题了。"

同事说："那遇到难题了，怎么也不出来问问你？"

我说："现在孩子学得课程难度加大了，有时候他的作业咱们还做不来呢。"

同事说："你家孩子真行。我见过好几个孩子，在家里做作业时根本坐不住，两道题坚持不下来就想动动这个，动动那个，一会喝口水，一会吃口水果，一点自我克制能力都没有。"

呱呱并不是他生来就具备这种能力，我想这主要是源自他在生活和学习中慢慢培养起来的。

呱呱小时候对某一件玩具着迷时能一个人玩一两个小时，而这一两个小时内，我没有打扰他，而是安静地在旁边等待，默默地等待他完成一次又一次的"大行动"。当呱呱举起手里的玩具高兴地跑过来时，不停地说："妈妈，看我弄好了。"看着呱呱很有成就感的样子，我就称赞他："呱呱真厉害，做事真有耐性。"

呱呱上小学后，为了能让他在学习中也有坚持和自我克制的能力，我会在和呱呱交流时给出鼓励。有一次，呱呱在做数学作业，做了十几分钟还没有半点眉目，而我的饭菜也做好了，等着呱呱和先生过来吃饭。

呱呱却说他不是很饿，想把那道题做完再吃。我先生说先吃饭，一会再做。

我说：“坚持做完手上的事情很好，不过不能饿了胃啊。去吧，做完再吃，饭菜凉了，一会我帮你热一下。”

我和先生吃完饭了，呱呱才高兴地走出房间。看着呱呱脸上喜悦之情，先生说：“呱呱做事情有股劲，能克制自己坚持下来，不错，这叫不达目的不罢休。”

呱呱开心地说：“妈妈，我要多吃一碗，犒劳一下我的胃，陪我坚持了三十分钟。”我说：“下不为例啊，不能饿了胃。”呱呱自信地说：“没问题，我能控制好它，要是能达到废寝忘食的境界就不知道饿了。我做题的时候就告诉自己，坚持一下，再坚持一下就会成功的，果然就能成功。”呱呱很兴奋地讲着自己成功的秘密。

看着呱呱因为做出题而颇有成就感的样子，我心里不再为他刚才挨饿而担忧，因为他知道自己在做什么。就是这样的坚持、自我克制让他在学习时更能坐得住，在看书时更能投入。

在生活中，很多家长担心孩子在学习时饿了，就不断地去给孩子给予关心。但这些关心有时候没有必要。

有一次周末，呱呱带他同学天天来家里一起做作业。天天说他爷爷生病了，奶奶和爸爸陪爷爷看病，妈妈还要加班，他一个人在家没意思就找呱呱了。我对呱呱说：“你们想玩了就玩会，不过今天必须先把作业做完。”

呱呱说：“我们先做作业，做完再玩。”

没一会，呱呱走出来说天天想喝水，倒杯水。又过了一会，天天说想吃零食，被呱呱否定了。呱呱告诉天天一定要做完才能吃。等到两人作业做完后，天天问呱呱：“你做作业，你妈妈怎么不给你送点吃的啊，饿死我了。”

呱呱说：“做作业还吃零食啊，那能精力集中吗？”

天天说：“看来我比你幸福多了，我做一道题，奶奶给我削个苹果，再做一道题，妈妈就会给我端杯水。再做一道题，就该吃中午的大餐了。”

呱呱说：“时间不都浪费在吃上了吗？我爸妈可从来不在我做作业时过来安慰我。”

等到两人出来玩的时候，天天对我说：“阿姨，呱呱做作业很辛苦的，你给他多做点好吃的吧。”呱呱笑着说天天每做一道题，就会有奖励。

后来呱呱对我讲述了天天在家做作业的情况，我说做作业是学习时的一种训练，我不会在他做作业时用好吃的来奖励。呱呱当时上小学四年级，他说：“那样的话，我一道题都做不出来就想着吃好吃的了。”

家长对孩子的关心是很有必要，但在孩子学习或者看书时，就不要去打扰他，让他专心去做事情，同时也培养孩子一种自我克制能力。

社会生活中，有太多的外界因素干扰着我们的专注。当你正在思考某道数学题时，同学找你玩耍；当你在专心工作时，有朋友打来电话约你去美餐一顿；当你钻研的课题剩下最后一步完成时，有人告诉你可以拿此课题换来某一职位。事情就是这样，专心做事情难免会遇到不同的干扰，如果没有很好地坚持信念和自我控制能力，原本即将完成的事情就会被搁置，原本设计的蓝图也会瞬间消失。

6. 小节俭里的大财富

攀比的代价

在呱呱上初二时，我们搬了一次家。刚搬来，楼上的邻居来我家里道喜。在聊天中，她问起我们装修的费用。我刚要开口，女邻居说："省什么都不能省装房子的钱，我们家装潢的材料全是进口的，国产的台布上档次。"邻居这样一说，我和先生都不说话了，因为我们的装修材料全部采用国产的材料。

女邻居接着说："地板也要买国外的，咱们现在不缺钱。我们同事家都用的是欧洲进口的木料……还有家电，我们家买的是美国名牌的。你们还别不相信，价钱高的就是好用。"这下，女邻居的话停不下来了，接着说他们家人穿的都是名牌衣服，孩子的一双袜子都是多少钱。几个邻居听了下来，没有人接话了。从房子的装修费用到一双袜子的费用，女邻居都离不开别人用的是多少钱的，别人穿的是什么牌子的。

听了邻居的话，我没有发表任何观点。但我知道，这样的攀比只会让自己越来越累。到中午时，女邻居的孩子给她打电话，说让她到某饭店结账。女邻居一听拿着电话开始训斥："你才多大就去四星级酒店吃饭？我没钱，向你爸要去，看你爸不剥掉你的皮。"挂了电话，她生气地说："你说说现在的孩子，怎么这样花钱？一点都不知道钱来得不容易，就知道享受。和同学吃个饭都吃到高级酒店去了。"

女邻居走后，我先生说："大人花得多，孩子自然也就花得多了。"

呱呱从自己房间里走出来，说："爸妈，你们讨论什么呢？"

我说："你们同学之间会有没有人攀比谁的衣服更贵？哪个品牌的？"

呱呱说："从来不参与。怎么突然问这个啊，你们要做研究吗？"

我笑着说："看来呱呱没有攀比的概念。"呱呱说："为什么要攀比那个啊？衣服穿上舒服就行，不过我要中国造的。”

如今，我们的物质生活非常丰富，生活所需的各种商品可谓应有尽有，而在享有物质的时候，攀比的心里也开始慢慢发生作用。看着别人用的新奇的东西就想买，其实自己根本不需要，看着别人买的国外的商品，自己也要买，弄得最后负债累累。我想，攀比金钱的代价很大，而且不是让自己心累，关键是给孩子留下了这种观念。当自己有这种攀比金钱心理时，就莫怪孩子不心疼钱了。

节俭是很好的品质

在孩子花钱的问题上，有的家长持这样的观点：现在生活富裕了，家里条件好了，没必要让孩子节俭，想买什么就买，钱花光了可以再赚。

这样的观点肯定有不少家长表示赞同，因为家长都不想让孩子在物质方面受委屈，尤其是钱方面。但问题的关键是，有的孩子对花钱没有节制，让钱左右了自己的生活。

三四年前，我们单位新招来几个大学生，其中有个女孩后来离职了，但大家都还记得她。记忆里有她不是因为她美貌，也不是因为她工作能力强，而是因为她花钱很超出了每个人的想象。这个女孩一个月的工资刚发下来，只要去趟商场，肯定所剩无几，然后第二天会在办公室里不停地念叨：“什么时候发工资啊？”而每次她到商场买的东西都有一多半成为处理品。

在几次聊天中，女孩对我所持有的节俭观点大为惊叹，她不理解为什么现在社会还需要节俭，而且认为节俭是对自己的惩罚。

我想这个女孩对节俭有所误解。节俭并不是对自己的惩罚，而是一种对物质、对金钱的一种态度。

呱呱上小学时，他就知道经济富裕的同学所使用的东西都比他的东西花钱多，有时候也会提起这个问题。刚上一年级时，呱呱对我：“妈妈，班里张林的文具盒是 100 元买的，他说他的文具盒比我的好。”

我说：“你的文具盒能把你的铅笔、小刀、橡皮都装下了，这不是很好吗？

文具盒只要能装得下你的文具，而且很结实就是好文具盒。”

呱呱若有所思，他接着说：“可是张林的文具盒也很好看。我也想要一个。”

看来，呱呱是被同学的东西所吸引了，而他并不知道商品是需要用钱购买的，但是我更在意的是不能让孩子从小就没有节俭的品质。我说：“张林的文具盒好看，可妈妈觉得你的文具盒也很好看啊。你看，妈妈的钢笔用了好几年，可还能用，而且用着很舒服，妈妈就很喜欢。”

呱呱拿着我的钢笔看了又看，说：“妈妈，这里有条缝。”我说：“是啊，这个钢笔妈妈都用了四年了，但是还能用，妈妈不舍得扔掉。你看，你的文具盒也是，能装下东西，而且图案很好看，我们就没有必要换新的。对不对？”

呱呱说：“妈妈，我的文具盒也能用四年。”我笑着对呱呱说：“当然了，我们好好珍惜它。”

之后，我会带着呱呱去菜市场买菜，给他讲述菜农的辛苦，带着呱呱去超市买家里用是商品。我经常对比价钱，让呱呱也参与。这样一来，呱呱买东西也会比较价格，买物美价廉的商品，家里用的东西，包括呱呱的衣服，他从来不都要求什么名牌，多少钱。节俭的作风在我们家已经扎根，但节俭并不等于吝啬。呱呱已经长大，他也和同龄人一样，喜欢电子产品，也喜欢看电影，但他会把钱用在该用的地方，他肯花二十元买一本书，也不会花一元买多余的无用商品。

呱呱喜欢集邮，我在他过十五岁生意时，用500元买了一套邮票，当我送给呱呱时，呱呱说收到礼物很高兴，问我是不是很贵。我说这套邮票是生日礼物，不在乎钱多钱少。呱呱明白我的心意，花钱不是花多花少，而是会用钱，不让自己跟着钱转，也不让自己成为金钱的仆人。

让孩子拥有节俭的品质也是让孩子以后在生活中能认识到，金钱只是交换商品的工具，而不是生活的全部，因为高品质的生活不是拥有多少金钱，而是拥有多少智慧。我想呱呱长大后会以这种品质来面对自己的生活，去追求更有品质的生活。

第五辑

管有度也是爱

家长管束孩子有个前提是为孩子好，而当孩子感觉这种“好”不自在，不快乐时，家长应适当松松手。因为管孩子也需要把握一个度，只有掌握好度，与孩子的交流才不会有隔阂，孩子的心才会与你更近。

1. 严管与不管，何去何从

一种声音：严管才能管出好孩子

有一次，我在呱呱班级开的家长会上提到我对呱呱管得少的观点，会后，有一个妈妈对我说：“你这个观点明显不对，孩子这么小，不懂事，做家长的，不管行吗？”

旁边一位男同志说：“我觉得不仅要管，而且要严管，严管才能管出好孩子。现在社会到处都是诱惑，孩子一不小心踏入了，家长要是不管，那才是罪上加罪。”

这两位家长振振有词的声音让我觉得无论我再说多少，他们可能难以改变。但我还是想在这里说出我的观点——对孩子管得越少越好。

在家长的眼里，孩子不管有多大也都是爸妈的孩子，也永远比爸妈年龄小，可是要注意，孩子在成长中，并不需要爸爸妈妈时时看管着。大家会发现这样的现象，家长还在叮咛孩子多穿点衣服，多吃点，多注意点路上的车，孩子早就出门了。而孩子这一边，挂在嘴上的话总是："管这么多，烦不烦啊？"一边是家长的掏心窝子的关爱，可另一边是直摇头的无奈。

很多父母担心社会上诱惑太多，怕孩子误入歧途，因此，时刻围着孩子周围，告诉孩子"这个不能看""那个有害"，管来管去，当孩子长大了，不知道该怎么面对这个世界时，家长又该怎么管呢？

很多家长说要严管孩子，可以理解他们的心情。可是为了担忧孩子遇到坏人，沾染不良行为，而管着孩子，让孩子不得见世界，这样的严管未必能管出好孩子。这就等于怕孩子噎着而不让孩子吃饭的道理一样。

教育家苏霍姆林斯基说："教育工作最基本、最主要的不是保护少年不受坏的影响，而是让他们对任何坏的、不道德的事物都具有抵抗力。"我想这个观点不仅仅说给学校的老师听，我们家长们更应该谨记在心。对孩子严管不如引导他有能力面对社会的一切。当孩子有能力抵抗不道德事物时，家长们还需要担心什么呢？

呱呱自幼，我们带他出入各种场合，在这个过程中，他慢慢感受着我们的观点，也慢慢思考着一切，什么能碰，什么不能碰，他自己完全能判断。

呱呱上大学时，等他收拾好行李后，我也想对他说一些忠告，可是我止住了。因为看着这样一个大小伙子，我想他已经长大了。呱呱转身对我说："妈妈，我去外地上学，你和爸爸互相照顾啊。至于我呢，你们放心，我会照顾好我自己的，外面的世界什么能碰，什么不能碰，我心里有数。"

听到这些，我想多余的话不需要再说。呱呱或许在很早就已经认识周围的一切，或许在更早就能管好自己，照顾好自己。而我只需要在这里，默默地祝福他。

一种反抗：不做傀儡小皇帝

记得呱呱小时候，我们一起看了《末代皇帝》的电影，呱呱很不喜欢电影中的慈禧，说这个老妈妈什么都管。我说小皇帝是个傀儡皇帝，什么都要听别人的。呱呱举起胳膊说："不做傀儡小皇帝！"虽然呱呱是针对电影中主人公的感慨，而这句话我也深深埋在我心里。

我的一个同事叫小璐，大学毕业后，在单位附近租了间单身公寓，她不愿意和爸爸妈妈一起住，她说她躲得就是爸爸妈妈。她说从小到大，无论做什么事情，她妈妈都要管，甚至哪天来她例假，她妈妈也要管，动不动就带她去医院做各种检查。爸爸更是管得多，已经把她未来男朋友的肖像和性格刻画好，让小璐照着爸爸的方案来实施。就这样，小璐讨厌周围的男孩，更不愿意和男性说话。小璐说她每次回去就害怕，因为爸爸妈妈会指着她的衣服从头说到脚。她觉得她不是回家，而是回去受审。她说她不想任人摆布，不想当爸爸妈妈监视的玩具。

孩子一生下来对周围充满着好奇，他们的言行总是不能令家长满意，爸爸妈妈们开始行动起来。有的孩子吃完饭，几颗米粒还粘在嘴边，爱干净的妈妈就厉声地说："哎呀，脏死了，怎么一点也不像妈妈啊，以后怎么办啊……"孩子尿急把尿洒在地板上，妈妈大呼小叫地说："怎么这么不懂规矩啊，告诉你多少遍了，怎么这么笨，就是记不住……"孩子拿着精心画好的全家福给爸爸看，爸爸拿起画："画得一点也不像，把笔来，爸爸给你画。"孩子看妈妈在看电视，也要看，妈妈说："快写作业去，看什么看。"孩子看爸爸在抽烟，也要尝尝，爸爸上来一个耳光："小屁孩，还敢抽烟？"孩子永远也不明白，自己也是人，为什么大人能做的事情，他不能做？为什么爸爸妈妈处处管着自己？

爸爸的回答是："因为我是你爸爸。"

妈妈的回答是："因为我是你妈妈。"

孩子在心里说："我不想要你们当爸爸妈妈。"

这样的对话很让人尴尬，孩子的出生没有选择，也没有能力选择谁来做爸爸妈妈，可是当他来到这个世界，爸爸妈妈就应该让他们慢慢长大，把孩子当做一个人来看待，当做有思想的人来教育，更不是可以操纵的"傀儡"。

瑞典儿童文学作家阿斯特丽德·林格伦说："儿童需要管教和指导，这是真的，但是如果他们无时无刻和处处事事都在管教和指导之下，是不大可能学会自制和自我指导的。"

快过春节时，我和呱呱一起去商场购物。旁边正好有个妈妈带着孩子在挑选衣服。那位妈妈手里拿三四件衣服让孩子试，孩子刚说了不喜欢，妈妈就立即说："这个颜色多好看啊，款式也好看，我看着挺好的。"孩子不吱声，妈妈把扣子都扣好，让售货员也看看。孩子低着头，不耐烦地说："好了没有啊？"妈妈高兴地说："这孩子，你看多好看啊，让这个同学也看看。"说着，那位女士就拽着呱呱的袖子，让呱呱也看看。

呱呱看了一下，直接说："阿姨，你还是让他选自己喜欢的吧。"我看了一下那个孩子穿的衣服，款式和颜色也都是那位女士喜欢的，看那个孩子皱着眉头，我和呱呱离开了那间商店。

这位妈妈是好心帮孩子在挑选，为的是能让孩子穿着更好看，可是这些在孩子看来又是什么？妈妈管得太多了。

我和呱呱买衣服，一般都是呱呱挑选自己喜欢的衣服，我不发表意见。我这样做一是不让呱呱依赖我的选择，二是不去干涉呱呱的喜好。不仅如此，在呱呱其他事情上，我更是不去干涉，因为这样做，才能让呱呱有主见，独立起来。

2. 孩子，做你自己

喜欢玩“捉迷藏”的孩子

我们小时候可能都玩过“捉迷藏”的游戏，而且很乐于玩这个游戏。隐藏者总是找最不容易被发现的地方躲起来，等到寻找的人实在找不到了，就学着小猫小狗叫两声。而这个游戏中，寻找者总是难以成功，因为隐藏者藏得巧，也藏得妙。等到隐藏的伙伴突然从后面蹦出来的时候，寻找者才恍然大悟，原来在这里。

而今天，这个游戏经常发生在许多家长和孩子的身上。

呱呱上初中时，有一天放学回来手里拿着一副拳击手套。我看到后很好奇：“新买的手套吗？”

呱呱说：“我一个同学的，他妈妈不让他玩，让我先带回咱家。”

我说：“他怎么不直接给他妈妈说每天只玩一会啊，每天让你藏到咱们家也不是办法。”

呱呱说：“他妈妈管他管得很严，他说要是被他妈妈发现了，他就没有好果子吃。他偷偷买了好多东西，都藏在我们同学家里。想玩的时候，就找我们几个要。反正放在咱家里，我也可以练练。”

我对呱呱说：“什么玩具都藏在别人家，那他在家里什么都不玩？”

呱呱说：“我同学有次在厕所玩游戏机，被他妈妈发现，他妈妈拿起游戏机就扔到厕所里了。他一气之下，把所有的玩具都藏起来。”

我听了后摇摇头。

呱呱说：“你不相信？我同学说他发现他们家顶楼有个隔间，每次他回家应付一下他妈妈，就藏到那里玩会，哪怕自己待会，也不愿意在家听他妈妈唠叨。我同学现在回到家就是一个良好青年，不玩不闹不顶嘴。他妈妈说什么，他就应付着。他妈妈看他表现好就给他发了好几百元人民币。”

我说：“你帮你同学一起藏着掖着，会让他和妈妈关系越来越远的。明天还是主动给他，让他和他妈妈好好说说。”

呱呱自言自语了几句，戴着拳击手套回自己房间了。

为什么孩子要藏着玩，躲着家长玩？这个问题家长们想过吗？因为孩子们知道家长发现后会指着他们的头一个劲地说：“就知道玩，以后能干什么？”家长也会直接摔坏他们心爱的玩具。

就这样，家长管得越多，孩子藏得也越多，躲得也越多。孩子渐渐学会与家长玩“捉迷藏”。“不让我玩，那我就不在家里玩，我在学校玩，我在路上玩”；“回来就翻我的书包，我在进家门前已经把书包收拾很好，永远也别想知道我的秘密”；“偷看我的聊天记录，那我每分钟都在清理”，家长的追赶、寻觅，孩子会在心里说：永远都别想管到我。

一个藏，一个找，最后家长发现无论自己怎么管，怎么努力，也触摸不到孩子的心。事实上，家长管得越多，孩子“捉迷藏”的技术也越来越高。我这里所说的孩子与家长玩“捉迷藏”的含义更宽泛些，孩子不单单是行动上会躲着家长，即使语言上也会如此。比如家长问孩子为什么晚回来，孩子即使是和同学在一起做作业，但就是躲着家长，不愿意让家长知道，早就准备好一些话来应付家长。这个时候，家长要小心了，因为孩子已经在心里建立起了一堵墙，家长可能永远也找不到孩子躲在墙那一边的哪个地方。

不让孩子管自己，孩子能管好自己吗

我曾经给一位妈妈提出建议，让孩子自己管自己。这位妈妈直摇头，她说：“我们家孩子可不像你家孩子学习好，能管好自己，他哪有那本事啊，你看，这天气变冷了，我还要给他送几件衣服呢。”

看着这位妈妈手里拿着的衣服，我才想起来呱呱长这么大，我没有给他送过衣服，也没有提醒过不同的季节要换不同的衣服。

事实上，很多家长也会这样想：只要孩子学习成绩好，其他方面自然也都好。而我认为，学习成绩好不一定具备管理自己的能力，而能管理自己的孩子，无论学习成绩还是其他方面，都会与众不同。

我以前有个邻居，她的女儿比呱呱大三岁，女孩长得很漂亮，我们很少见到这个女孩，每次见时都是女孩的爸爸去送她上学，我们才打个招呼。打招呼时，女孩总是低着头，不看任何人，她爸爸让她叫什么，她才轻轻叫一句，而很多时候，我们根本听不到她的声音。有一次，邻居两口子到我家做客，说女儿要做一套考试模拟题，他们为了让女儿安心做题就出来了。两口子和我聊天中，我才知道这个女孩叫婷婷，学习成绩很高，每次考试都排在全校前三名中。说起女儿的学习成绩，两口子是那么的有激情，他们说女儿将来是中国的居里夫人。

这时，我说："不经常见到你女儿，一会她做完模拟题，让她和呱呱玩会，两个孩子都是同龄人，肯定有不少话题呢。"

两人立即说："我们一会要带婷婷去英语培训班了，她半步都没有离开过我们。"婷婷的妈妈说："婷婷从生下来，我们就没让她多走一步路。上小学，都是老公骑着自行车去送到学校门口，等到上初中，老公每次把她送到公交站牌那，每次接送，老公都算准时间，从来没让婷婷等过半分钟。"

我听了后不知道该说什么好。婷婷妈妈接着说："婷婷从小到大，她洗澡都是我帮她洗，她连自己的头发都没有洗过呢。"

看着婷婷爸爸妈妈激动而又充满希望的眼神，我真不知道说什么好。婷婷总是低着头，从来都不看任何人，也许在她的眼里只有爸爸妈妈和学习。

我说："婷婷也不小了，你们还这样管着她，她以后怎么自立，怎么生活啊？"

婷婷的妈妈说："我们婷婷很听话，也很懂事，我们说什么，婷婷就是什么，从来都顶嘴，这不，刚才说肚子疼不想做模拟题了。我和老公告诉婷婷，做完模拟题，今天任务就完成了，婷婷答应了。孩子嘛，还是离不开家长的，还是管着点好。"

这时，呱呱抱着一本武侠小说笑嘻嘻地走出来从房间里走出来，呱呱看到有客人，急忙问好，然后倒杯水自己再回屋看去了。

婷婷爸爸立即说：“你们怎么不管管孩子？”

我说：“他自己能管好自己，看两个小时小说，一会做作业。”

婷婷爸爸反驳道：“怎么可以先看小说再做作业？我们家婷婷从来都不这样的，而且从来也不看什么乌七八糟的武侠小说。”

这时，婷婷妈妈看了一下时间，说：“时间到了，婷婷模拟题做完了，我们回家。”

没过十分钟，就听到婷婷妈妈跑来说：“快，婷婷晕倒了，我腿发软，你帮忙打个电话吧……”

我急忙叫来呱呱，我们几个人帮忙把婷婷送到医院。医生说婷婷得了急性阑尾炎，需要手术。一听这话，婷婷爸爸妈妈和医生讨价还价：“我们女儿从来都没有做过手术，我们女儿很怕疼的。”我急忙说：“听医生的话，救孩子要紧。”

婷婷虽然脱离了危险，可是我为婷婷感到很难过。一个好好的孩子，在父母的管教下，连肚子疼都不知道喊救命。成绩再好，排名再好，生命不再，一切还有何意义？婷婷的爸爸妈妈能否知道这些？为什么不让婷婷学会自己多走路？为什么不让婷婷多接触周围的同龄人？为什么让婷婷连自己的肚子疼都不知道？婷婷连自己身体的疼痛都不知道怎么做中国的居里夫人？父母不让孩子管自己，孩子怎么管好自己？当孩子连管理自己的能力都没有时，未来怎么照顾父母？怎么管理更多的事情？

呱呱从上小学开始，自己就知道社区附近的门诊部在哪里，如果身体不舒服，他不会拉着我去找医生，而是自己去。有一次，呱呱自己去门诊部看医生。一个医生问他父母怎么来，呱呱说：“是我生病了，爸爸妈妈不用来。”医生夸他勇敢，呱呱回到家才对我说他去看医生了。我说：“自己生病了是该看医生，不过，妈妈陪着你，妈妈也放心。”呱呱说：“妈妈生病了不也是自己去医院吗？我都这么大了，不用你陪我去。”

是啊，孩子已经长大了，已经能够做好自己的事情了，家长又何必在一旁指手画脚呢？

呱呱上大二时，有一天突然给我打电话说：“妈妈，我会珍惜自己的。”

我说："妈妈也会的。"事后，呱呱对我说，他班里有个男孩跳楼自杀了，只给爸爸妈妈留下一句话："爸爸妈妈，从小到大，我没有按照自己的想法做事情，现在我只想做主做这一件事情。"呱呱说，这个同学每天不与其他人说话，没有朋友，很孤独，他不知道进入大学后，如何与人沟通，不知道如何生活，而自己的爸爸妈妈只告诉他好好学习，考第一名，这样，毕业才能找到好工作，才能有好的未来。而孩子只能以死亡来慰藉他自己。

一次在学生家长会后，一个妈妈和我聊天，而我更关注她身后的孩子，她的孩子看上去和呱呱差不多，大概上初二了。这位妈妈还是把孩子的书包拎着。孩子可能看到两个妈妈谈话正要转身走。这位妈妈立即拽着孩子的胳膊，说："要去卫生间吗？等一会妈妈带你去。"

我说："孩子的书包，你就让他来背吧。"

这位妈妈直摇头："孩子书包多沉啊，压坏了怎么办？"说完，然后不解地问我："你是不是没有带过孩子？"

我说我的孩子是我带大的。她说："你把孩子管教出息了，为什么总是不让其他家长把孩子管好呢？"

我理解这位妈妈的良苦用心，可是她的多余的"管"，只会让孩子对自己的事情一无所知。我敢肯定，她的孩子肯定不知道自己的书包前面的口袋里装的是什么，因为这些肯定也有妈妈来整理，妈妈来管理。我刚要解释，这位妈妈已经转身带着孩子去找洗手间了。

看着这位妈妈一手拎着孩子的书包，一边四处寻找洗手间，我在想，这位妈妈何时能把书包还给孩子？何时放开自己的手，让孩子自己走？爱孩子就让孩子自己来拎书包，自己去找卫生间。不要等到孩子步入社会时，满眼的茫然与无知。

3. 做好孩子的引路人

闹钟一事

时间对每个人而言，是公平的，也是宝贵的。很多家长为了能让孩子上学不迟到，每天坚持比孩子早起，每天一遍又一遍地叫孩子。很多妈妈说每天早上叫孩子起床成了一大头疼的事情。我说："别管了，让他自己起来。"

凡是听了这句话的妈妈都说："那孩子还不翻了天了，不管就更完了，上学迟到了，老师还要叫家长去。我宁愿早起点，也不想让老师批我，多没面子。"

我想让孩子自己起床，并不是坏事，因为在起床的事情上，他应该管好自己。

呱呱上一年级时，我带着呱呱到商店买了一个闹钟。呱呱问我："妈妈，买闹钟做什么用啊？"

我说："闹钟可以提醒你起床啊。"

呱呱说："那妈妈就不用再叫醒我了，让闹钟来叫醒我。"

我笑着说："来，试试你的闹铃吧。看，把起床时间设在这里，闹铃就会响。"呱呱好奇地一直在拧闹钟。

等到晚上，我去呱呱的房间看了好几次闹钟，心里在想："万一闹钟没有响，呱呱就起不来了，他就会迟到。"

这时，先生问我："你给呱呱买闹钟目的是什么？"

"叫醒呱呱啊，让他自己管自己。"说完，我就明白了先生的意思。我为了能让呱呱自己学会起床买了闹钟，可是我却一晚上都在和闹钟较劲，一会看看设置的时间是否对，一会看看闹钟是哪里产的，一会又在想自己是不是拧发条了。就这样，呱呱看累了，对闹钟的好奇也消失了，已经酣然入梦。而我才明白，我管了这么多，想了这么多，都是多余的。

第二天，闹钟按时响，呱呱也按时起床。而我决定让呱呱以后自己管着自己的闹钟，而我则不再管。

第二天晚上，不用我多管，呱呱已经设置好时间，拧好闹钟的发条，安然入睡。就这样，呱呱慢慢地熟悉了起床时间、洗漱用多少时间、吃早餐用多少时间，而我无需多管，只需要把自己该做的事情做好。

闹钟是呱呱自己的，他完全管理早上起来的时间，而我则不用再担心。有一次周末，呱呱忘记取消闹钟时间，早上还是按照原来的时间起床。等到洗漱完毕后，看到我在做早饭，问："妈妈，你今天怎么不上班？"

我说："今天周末啊。"呱呱说："我忘记取消闹铃时间了，早知道多睡会了。"

我说："要是还能睡着那就再睡个回龙觉吧。我听见你起来了，还以为你有什么活动呢？"

呱呱说："睡不着了。妈妈，你做什么好吃的，我帮你吧。"我看着呱呱还有些困意，就对他说："出去跑步吧，能清醒一下。"呱呱拿着篮球出去活动了。

等到呱呱回来后说："外面空气真好，以后我少睡会，出去背会英语也不错。"

我说："自己时间自己管理，只要不影响白天上课就行。"

为了尝试每天清晨早起半个小时会不会影响白天学习状态，呱呱坚持了两周的时间。每天把闹钟时间往前提早半个小时，然后去小区安静的地方待会，有时候会背英语单词，有时候会背诵优美诗句。两周坚持下来后，呱呱说一点也不影响白天学习，从那时开始，他就坚持早餐早起半个小时。呱呱说要感谢闹钟呢，是闹钟让他每天多了30分钟的时间。

我让呱呱自己起床，不仅要让他从小管好自己，也要有时间观点。因为当孩子有一天步入社会时，任何事情和机遇都不会等着你。晚一分钟，面试会结束，晚一分钟，理想的工作就会失之交臂。家长就是起得再早，也代替不了孩子。家长们，从现在开始，让孩子自己管理自己吧。

帮助孩子分析问题

我一个老同学担任学校高中班班主任，有一次在聊天中，他说现在班级里学生之间发生矛盾直接导致双方家长的矛盾。班里两个学生因为借书的事情而吵起来，结果一个学生甲打电话把他爸爸叫来，甲学生的爸爸来到学校二话不说竟然动手打了另一个学生乙。乙也把自己爸爸妈妈叫来，双方家长在学校大闹，直接影响整个学校的正常教学工作。等两个孩子看到爸爸妈妈这样闹的时候，却不知道该如何是好。事情最后得以解决，而学生甲、乙不再说话。

孩子在学校生活，要接触更多的同学，而他们之间发生的矛盾，会以他们的方式解决，比如今天吵架了，明天两人说不定就和好了。可很多家长担忧自己的孩子在学校受委屈，从小到大就告诉孩子："要有人欺负你，告诉爸爸，爸爸揍他。"这样的管教直接导致孩子在遇到问题时，不知道解决的方法，而是叫来爸爸妈妈。试想，等到步入社会时工作中和其他同事遇到摩擦，也要打电话叫来爸爸"揍"人吗？

孩子在成长中，尤其是少年期 14 岁左右，思想和观点发生的转变非常大，家长的教育如果稍微有过失，可能会影响孩子的一生。因此，在对待孩子与其他同学的问题上，家长要慎重。

呱呱上初中时，他的同学来我们家玩，看着呱呱如此之多的图书，开玩笑地说："呱呱可以开个书店。"

说者无意听者有意，呱呱听了后，觉得这个办法不错，不过他认为他的书都是自己看过的，而且他很爱惜这些书，如果开书店卖给别人，他不舍得。

呱呱同学临走时借走好几本书，还对呱呱说看完后再来借。呱呱晚饭时和我们商量，他说想把他的书租出去，"班里的同学肯定也有没有看过我这些书的，我可以把这些书租给他们。"

"为什么要租呢？如果有谁想看，可以借给同学吧。"我说。

"书非'租'而不能读也，我要是借给他们，他们肯定觉得反正时间还长着呢，就不会在短时间看完。如果算上租金的话，他们有时间就会好好看的。”呱呱讲出了他的理由。

“你的想法很好，不过不知道能不能得到同学们的理解呢。”我和先生都这样说。

“我玩一次吧。”呱呱说。

呱呱嘴上说是玩，但做起来却很认真。当天晚上，呱呱就给一些书进行编号，用胶条贴好，并一一登记好。我过去看了看呱呱整理的租书薄，既有条理性又有自己的创意。他租书的价格是每本书每天三角，并且要求租书者爱惜图书。

我说：“有的名著是不是学校图书馆也有呢？”

呱呱说：“学校图书馆的书大部分每种书只有三本，好看的书都被其他人借走了，而且一借就是一个月，甚至更长时间。我觉得我这些书肯定在我们班里畅销。”

看着呱呱很兴奋的样子，我和先生都没有阻拦，只是希望他能在这次的“玩”中体验一种没有经历过的感受。

呱呱一开始的租书活动就受到了同学们的不理解。大家都认为，既然是同学，借本书是很正常的事情，如果需要付钱的话还不如去书店租书呢。有的同学说呱呱太吝啬。呱呱听了后反倒不介意，把整理好的书目给同学们看。第一天下来，呱呱的书租出去的不到五本。

我先生问呱呱：“想不想退出来呢？”

呱呱充满自信地说：“我相信我的书会经得起考验的。”

果然，一周下来，呱呱的书有不少租出去了，不过同学们由于功课较多，还书的时间比较慢。呱呱这时候有些着急。

呱呱有一天回来有些沮丧，原来他和班里的同学因为租书发生了争执。因为呱呱的每种书都只有一本，而有的同学很喜欢看，可又总是拖延着看不完，其他同学想租也租不到。呱呱催促了一下租书的同学尽快还书，可是这个同学说反正租书花了钱了，也劝呱呱多赚一毛是一毛。呱呱听了有些生气，开始辩解。当双方的情绪高涨时，矛盾升温了。同学气愤地把书和五元钱甩给呱呱，而呱呱生气地把钱扔在了地上，两人不欢而散。

呱呱当时上小学五年级，如果给他讲很多成人交往的技巧对呱呱起不了任何作用。等到吃完晚饭后，我走到呱呱的书架前，拿起一本书，对呱呱说：“你想把这些好看的书给同学看，对吗？”

呱呱不吱声。

“如果你有一天喜欢看我和爸爸书架上的书，我和爸爸向你收租金，你觉得怎么样呢？”我问呱呱。

呱呱淡淡地说：“不怎么样。”

“你也不太同意这样做法，对吗？”

呱呱低着头继续摆放自己的书。

“你的出发点是很好，可是站在同学们的立场上，你也发现问题了，对不对？”我说完后，看着呱呱有些失望的表情，我建议他，明天到学校后给同学们说清楚，把收到的租钱买来其他大家喜欢的书，如果有同学想看书的话，可以来借，不过提前声明好，什么时候还回来。

呱呱说他试试。第二天，呱呱到班上找到几个同学，说出了自己的想法，大家表示赞成。这件事情也就得以解决，呱呱和同学们之间的友谊也没有因为钱而受到影响。

在孩子成长中，自己的孩子难免会与其他孩子有各种问题，而家长能做的是帮助孩子分析问题，而不是直接干涉与阻挠，我认为这种帮助远远胜于家长直接命令孩子的管。

4. 也谈“早恋”这件事儿

妈妈，我要娶莎莎

很多孩子在小时候都可能会开心地说：“妈妈，我长大了要娶她。”“妈妈，我长大了要嫁给他。”也有很多爸爸妈妈一听到这些话，立即制止孩子：“胡说些什么，满脑子都没有正经的事儿。”

孩子很奇怪：为什么大人可以说和谁结婚，而我却不可以？为什么我说娶喜欢的女孩是不正经的事情？

这就是孩子思维和家长思维的不同，家长以自己的观点来批评孩子的天真想法。

呱呱上幼儿园时，经常和班里的莎莎玩耍。每天放学时，两人总是手牵着手一起出校门，莎莎比呱呱个子高点，所以莎莎总在前面。有一天放学，呱呱见到我时开心地说：“妈妈，我要娶莎莎。”

我摸了一下呱呱的脸蛋，笑着说：“好啊，那莎莎愿意吗？”

呱呱说：“我还没给莎莎说呢，我明天就说。”

回来的路上，我问呱呱：“为什么要娶莎莎呢？”

呱呱抬头问我说：“什么是为什么啊？”

我说：“就是……”这时，我才知道呱呱还小，他理解不了大人问的为什么。我接着说，“莎莎在幼儿园里和你玩得很好，所以你就要娶她，对不对？”

呱呱说：“嗯，莎莎今天给了我一个糖，你看，她说她喜欢和我玩，我不欺负他。”

等到第二天，我接呱呱回家时，我看到莎莎没有和呱呱一起出来，我问呱呱：“莎莎呢？”

呱呱撅着嘴说：“不和莎莎玩了，我不娶她了。”我听懂了呱呱的意思。孩子幼小的心灵里只有可以玩耍的伙伴，他们只是用大人说的“娶”、“嫁”来表达对伙伴的喜欢。

看着呱呱不太高兴的样子，我突然觉得孩子的世界也如此丰富，喜欢的玩伴不和自己玩的时候，他的感情世界也在波澜。但孩子的世界也是简单的，纯洁的，而不是大人所做的定义——“歪思想”。

慢慢地，孩子在长大，思想也在发生着变化。而这个时候，幼儿园的玩伴也在变化着，周围的男孩、女孩也在变化着。孩子在上小学时可能会喜欢班里学习优秀的同学，等到上初中时，孩子的心里又默默喜欢稍微漂亮一些的女孩、潇洒的男孩，而等到上高中后，孩子喜欢的对象又发生着变化。

而家长在任何时候，都不要轻视与丑化孩子的这种感情，因为这种感情是真挚的，是孩子成长中最丰富的感情。如果家长无端干涉，只会让家长束手无策。

一位陈姓朋友给我讲她管理女儿“早恋”的事情。陈妈妈的女儿学习成绩一直很优秀，长得也端庄秀气。女儿上了初中，陈妈妈听到不少家长说孩子早恋会严重影响学习，她为了防止女儿早恋，就开始密切关注女儿的一切行动。

每天女儿一回家，陈妈妈就问女儿：“今天和谁一起回来的”、“中午在学校和谁一起吃饭的”、“今天和哪个男孩说话了”等等。有一天，女儿放学回家晚了半个小时，陈妈妈追问了女儿一个晚上。女儿说是学校让学生们看抗洪英雄事迹的光碟，她就是不相信，给孩子的班主任打电话核实女儿说的是不是事实。一个月下来，女儿开始厌倦妈妈的问话，无论做什么解释，妈妈都不相信，干脆不说话。

陈妈妈发现女儿不理自己了，就觉得女儿肯定有什么秘密，决定侦查到底。趁女儿洗澡时，陈妈妈开始对女儿的书包进行“大清点”，翻寻可疑的地方，一片纸屑也不能放过。

有一天，陈妈妈看到女儿上网聊天，就问女儿和谁聊天。女儿不理她，她就逼着问。女儿实在没有办法，就说和班里的男同学。陈妈妈强行要看女儿的聊天记录。她一把拽开女儿，发现女儿和几个男同学称呼很别扭，什么大哥二哥的，那几个男同学称呼女儿是小妹妹。

陈妈妈说她一下子血压升高，就动手推了女儿一把，说："一个女孩天天就知道和男同学聊天，这成什么样子？怎么不知道一点害臊？"女儿一生气甩门跑出去了。等陈妈妈出去追时，女儿不知道去哪里了。一晚上，女儿都没有回来，陈妈妈打遍了女儿同学家的电话，都没找到女儿。

第二天清晨，陈妈妈就赶到女儿所在的学校，在学校大门口等来上学的女儿。见到女儿，就问："昨天晚上干什么去了？是不是找哪个男同学去了？"女儿听了差点哭了出来，冷冷地说："和男同学鬼混了，你满意了吧。"陈妈妈一怒之下就找到女儿的班主任，把女儿一夜没回家的事对班主任说了，并且请老师找出那个男同学。班主任老师觉得事情很严重，又跑去对学校的教导主任讲了这件事，教导主任马上召开年级班主任会议，严肃批评各个负责老师，并且宣布某某小小年纪就在外面过夜，要求各班要加强对学生的教育和管理。

其实，事情并不像陈妈妈想得那么复杂，陈妈妈的女儿只是赌气跑到女同学家里借宿了一晚上，她妈妈打电话时，她不让同学的妈妈说在同学家。孩子只想吓唬妈妈一下，气气妈妈，什么事情也没有。而陈妈妈却一直满脑子都想的是女儿和某个男同学在一起。

最后陈妈妈的女儿迫于压力，不得不转学，精力已经完全不能放在学习上，她的心离妈妈也越来越远了。

很多家长就是这样，当看到有的中学生手牵手时，就莫名地想到自己的孩子是不是也这样？当看到别的孩子出现问题时，就把矛头对准自己的孩子，开始翻看孩子的日记、聊天记录，非要将孩子的一点点秘密揭开才算过瘾。而家长的这些做法，只能让孩子的心离家越来越远，离爸爸妈妈越来越远。

握握手，好朋友

一般孩子从十三四岁时，开始进入心理学上的"青春期"，不少家长就开始担心“孩子会不会早恋”。有的家长问我：“你家孩子难道就没有发生过这样的事情吗？”

我诚恳地说：“我的孩子在成长中是对其他孩子有过喜欢的感情，但我从来不把孩子的这段感情叫早恋。”

呱呱上高二时十五岁，经常和班里的同学参加一些比赛和讨论，有时候会回来晚。我对呱呱说：“只要自己不饿着肚子就行，提前给我打个电话，我们就不用等你回来吃晚饭。”有一次，呱呱十点多才回来，说还没有吃饭，我给他热了点饭。我没有多问，他主动说：“去和同学参加一个大学的诗会了。大家讨论的太激烈了。”

这时，我看到呱呱书包旁边放着一本诗集，我被封面吸引了，就问呱呱什么时候买的。

呱呱说同学送的。第二天，我打扫屋子时，发现呱呱昨天忘记收拾那本诗集，我就翻看看看。翻到最后，发现一张粉色的纸上写着一首舒婷《致橡树》的诗，字迹不是呱呱的，看上去是女孩写的。很显然这是一首表达爱情的诗歌，但我很高兴这个女孩写的是一首经典的诗歌，说明这个女孩读的诗歌比较多，这也只是我的一个猜测而已。我在想要不要问呱呱，或者要不要给呱呱说出来诗集里有一张纸条。但很快，我决定把纸条放回原处，也不问呱呱，等待着让呱呱自己发现。

没过几天，呱呱的电话也多了起来，每次我接的时候，一听是女孩，我也不多想，告诉呱呱有电话。然后就和平常一样做自己的事情。看着呱呱也很坦然，我想没有必要去偷偷监听或者多问。

过了几天，呱呱带几个同学来家里玩，有男孩也有女孩。呱呱一个个给我介绍，说都是爱好诗歌的朋友，当介绍一个女孩时，呱呱自然地说：“她是我们中间最有才华的人，最崇拜舒婷了，我还请她专门写了舒婷的诗呢。”

看着呱呱和他的朋友们畅谈而开心的样子，我想这是他们的世界，他们的感情，他们的话题。

呱呱上大学后，有一次和我们聊天，当我问起那个女孩时，他说那个女孩有些可惜，她爸爸妈妈让她学医学专业，而她热衷于文学专业，早就不写诗了。呱呱笑着说当时还有点喜欢会写诗歌的女孩呢。他甚至觉得她的手是那么灵巧，可当他请她写完那首诗时，他只是和女孩握了握手，大方地说："好朋友，认识你真高兴。"至今，他们还保持着很好的联系，但彼此追求的目标早已不同。

男孩与女孩的故事就是这样，有时候他们只是被对方的某一个优点而吸引，等到再长大时就会发现，彼此的喜好完全不同。孩子在少年时期，情感极其不稳定，精神浮动也很大，家长不仅需要给出理解，也需要站在孩子的立场来思考问题，解决问题。

教育家苏霍姆林斯基说："保护少年精神世界的隐秘并使它不受侵犯，是教育的最重要任务之一。如果有谁去干涉少年所想、所感受的一切，干涉少年不愿让别人看到的一切，那就会影响少年情感的敏感性，使他性格暴躁，并变得'冷漠无情'，而'冷漠无情'最终会导致情感上的麻木不仁。"是的，孩子在成长中需要家长的疼爱与呵护，更需要家长精神上的理解和帮助。但是，孩子不需要家长的猜疑和曝光他们的隐私。

告诉孩子，采摘爱情之花需要时间的考验

我一个好朋友给我打来电话声音低沉地说女儿有"男朋友"，自己没法见人了。我立即说，不要把孩子刚刚对异性产生的好感称为"早恋"。好朋友难过地说："我真担心，现在到处都是什么早恋、情人的电影、电视剧，孩子没过几天就要学坏了。"

好朋友说，她看到有一个男孩给女儿写了封电子邮件，挺暧昧的。她问女儿怎么回事，女儿只说是隔壁班的男孩，在其他同学的生日聚会上认识的。朋友说，凭她的感觉，女儿好像也挺"喜欢"那个男孩。

我对朋友说，家长这个时候先要冷静，也不要对外大肆宣扬孩子的心底秘密。首先要告诉孩子，在这个年龄对异性产生好感很正常，这说明你很健康。而且，有异性喜欢你，说明你是个可爱的女孩；你对别人有好感，说明你也是个懂得欣赏他人优点的人。其次，要告诉孩子，要善于发现其他同学的优点，多和其他同学来往。初高中生对异性产生好感，这才是刚刚开始，

在以后的路上，你会遇到很多欣赏你的人，对他们我们都要心存感激；同时，你也会遇到许多值得你欣赏的男孩子，他们每个人身上都有不同的优点。这也就是不要让孩子把“喜欢”的人的优点夸大化，把精力聚焦在一个人身上而陷入迷恋中。更为重要的是，告诉孩子，爱情之花需要时间来考验，如果对方只是一时喜欢你，或者你也只是偶然才喜欢他，那么这不是爱情。

好朋友周末把女儿带来，我们一起聊天。当朋友去卫生间时，女孩问我：“阿姨，你多大谈恋爱的呢？”

我坦诚地告诉女孩：“我初中时喜欢语文老师，高中时也悄悄喜欢班里的男孩子，等到上大学时又喜欢另外一个师哥，毕业后才找到和我要生活一辈子的人。”

女孩沉默了片刻，说：“阿姨，有没有一辈子只喜欢一个人的呢？”

我笑着说：“喜欢和爱情不一样，一辈子爱一个人，应该也有，不过在我身上没有发生。你想试试吗？慢慢你会长大，也会自然而然爱上某个人，这种感觉很奇妙。但首先要让自己更具有魅力和才华，要不然，一个没有优点的人，难以让别人喜欢的。”

女孩沉默了会，说：“阿姨，你比我妈妈魅力大多了，我妈妈只知道防着我和男同学聊天。”

我笑着说：“你妈妈关心你，担心你的成长。”

后来，我朋友对我说，女儿现在对那个男孩的邮件也很少回复了，也喜欢和爸爸妈妈聊天了。

我想起看过一篇这样的文章，拿过来和很多家长一起分享。

这位父亲有一个儿子，他的儿子不仅长相俊秀，而且气质非常好，全身显露出一种儒雅的风度。男孩的手风琴拉得很好，每次都能吸引很多的同学，他的英语口语在学生中无人能及。这么一位优秀的男孩，自然也就得到了很多情窦初开的少女的爱慕和追求。在众多追求者中，有一位女孩美貌超凡、聪明可爱，她名叫依丝米忒，是当地赫赫有名的皮草大王的女儿。

依丝米忒热情大方，对这个男孩的追求很直接也很执著，她经常在校园里等待他的到来。女孩为了和这位优秀的男孩说话，会送给他一些小礼物，比如手表、瑞士军刀等，都是男孩子喜欢的东西。男孩不知不觉陷进了女孩用热情和礼物织出的“爱情之网”，在两个青少年看来，这就是爱情。男孩和女孩周末的时候开始约会，两个孩子过早地陷入了“爱河”之中。他们模仿着成人情侣来到郊区的小湖边、山冈上，玩耍、嬉戏，情到深处两人也会相拥而吻。

男孩回到家里，会经常发呆、傻笑。儿子的异常举动引起了父亲的察觉。这位父亲是个葡萄酒商人，一直深受西方思想的熏陶，他敏锐地感觉到儿子一定是恋爱了。这位父亲心里不禁一惊，儿子虽然个头和自己差不多了，可是他还处于少年时期，如此稚嫩，除了上学，其他任何事情都需要家里人帮忙，甚至连自己的衣服都不会洗，这样不能自理自立的孩子，沉醉在恋爱中,并不是件好事。父亲也知道年少的孩子对“爱情”有着美好的憧憬，可是过早地行走在感情钢丝上是件可怕的事情。父亲决定和儿子好好谈谈。

有一天吃晚饭的时候，父亲直接问儿子，是哪家的姑娘这样入眼。男孩被突然的问话怔住了，他不敢抬头看父亲，低着头轻声地回答了父亲的问题，做好挨批的准备。

这位父亲温和地对儿子说，这件事情就到此为止吧。

男孩似乎听出父亲并没有责备他的意思，胆子大了起来。他辩解道，是依丝米忒主动追求他，而且依丝米忒很优秀。他的语气里包含着一股豪气，似乎很为自己骄傲。

父亲摇摇头说:“奥罕，你太小了。”

男孩一听这句话，激动地反驳道:“太小？爸爸，我已经19岁了，是一个男子汉了。而你,当年只有17岁不就和妈妈好上了吗？”奥罕说的是实情，他希望父亲能妥协。

父亲并没有责备他，依旧温和地说:“奥罕，你说得没错。可是，孩子，你知道吗？我17岁的时候已经在葡萄酒作坊当酿酒师傅了，每个月能挣到两千里拉。我的意思是说，我当时已经能够自食其力，有一定的经济实力来为爱情埋单。你呢，挣不到一个里拉，凭什么安心地爱慕心仪的女孩呢？”

男孩听了父亲的话，一句话也不说，也许是被父亲的话所征服，只是埋头扒拉着碗里的饭。

父亲接着对儿子说："奥罕，不是爸爸思想顽固。你自己想想看，一个男人，如果没有经济基础，不能为他所爱的人提供必要的物质保证，如果你是个女子，你会怎么看待这样的男人？奥罕，我一直都认为，一个男人，如果没有一份赚钱的工作，不能自食其力，哪怕他40岁甚至50岁，都不配谈恋爱。谈了，就是坏事；相反，只要他有立业挣钱养家的本事，15岁恋爱也不算什么！"

父亲的话让他大吃一惊，一语惊醒梦中人，这些话是他以前没有听过的道理，却很有逻辑，合情合理，无懈可击。

经过一番思想斗争，男孩做出了决定，他从女孩身边走开，从那段虚幻而又缥缈的无根之爱中抽身而退。虽然男孩也很痛苦，但是他心里更记得父亲的话，他知道自己一无所有涉足感情为时过早。这个男孩开始一心投入学习中，最终考上了土耳其最好的国立大学，为自己的事业打好了基础。

几十年后，那个男孩获得2006年诺贝尔文学奖，那个男孩就是奥罕·帕慕克。奥罕获奖之后，多次提到父亲和他的那次谈话，他坦言很感激父亲当年"温柔地扼杀了一次愚蠢而羞赧的情绪"，让他没有浪费年华。

父母对孩子有管的责任，但要管有术，管有方法，才能让孩子从迷途中清醒，真正踏上自己的人生之路。

5. 无为而育的收获

从玩到会使用

“无为而治”是我国道家的基本思想，而这一思想最早是老子提出来的，他认为天地万物都有其发展的自然规律，所以人在对待事物就应该以顺其自然，无为而治的原则，让事物按照自身的必然性自由发展，使其处于符合自然的状态，不要对它横加干涉，不以有为去影响事物的自然进程。在家庭教育中，我认为这个思想也是极其重要的，我将其说成“无为而育”。

有的家长会问，对待孩子的事情就任其发展吗？家长什么都不管，还不知道孩子会发展成什么样子？

对孩子采用无为而育，并不是什么都不管，而是该管则管，孩子出现错误时及时说出，及时指导；不该管的，绝对不管。而且有的事情可以顺势而为。

经常听到很多家长谈论：“孩子天天玩电脑游戏，越来越上瘾，该骂的骂了，该打的也打了，就是不管用。”

电脑在当今的生活中越来越普及，许多学校也在开设电脑课，因为电脑已经进入人们的生活中，成为大家使用的一种工具。电脑也就自然而然进入孩子们的生活中，从他们生下来就看到了家里的电脑，可家长们总是担心孩子只知道上网玩游戏，担心网络上的虚拟世界误导了孩子，因此，不断地阻止孩子接近电脑。

有一个远方亲戚在电话中说，孩子上初二了，自从家里买了电脑后就天天围着电脑转，气得他们把网也断了，孩子在家上不了网，偷偷去网吧玩，现在竟然学会了逃课。

我听了后问亲戚，那家里当初买电脑的目的是什么?

亲戚说:“哎，也就是周围大家伙都买了，自己也买着玩。”

我说:“你买来能玩，孩子也可以玩。你在玩，却不让孩子玩，孩子心里当然不舒服了。电脑是一种工具，是机器，完全看人怎么用它了。”

亲戚无奈地说:“现在怎么办?”

我说:“现在已经出现问题了，就不要再反悔买了电脑，而要用起来。孩子肯定对电脑比你熟悉，那就发挥孩子的特点，让他来教教你怎么玩，怎么用电脑。现在网络时代了，要会好好用电脑，而不是拿电脑来玩游戏。只是玩游戏，买个游戏机就可以了嘛。”

亲戚听我这样一说，就问:“我就怕孩子一碰电脑，心就收不住了。”

我说:“电脑联网后，有很多学习资源，也有很多很多知识，可以和孩子一起看，一起谈论。这样一来，孩子对电脑就不是仅仅限于玩游戏了。你在家也是用电脑，而不是让孩子每天看到你在玩游戏。家长一玩，孩子好奇，也跟着玩呢。”

亲戚说他试一段时间。

家长即使再为孩子好，也要管有度。孩子玩游戏的时候，不妨想想，这个游戏可以提高孩子的灵巧度，或者借此游戏培养孩子的自我克制力。家长在管孩子的过程中，从其他角度思考，从侧面切入，慢慢接近孩子，与其站着命令孩子，不如坐下来，和孩子好好谈谈。

亲戚孩子的问题让我想起呱呱小时候喜欢看电视的事情。呱呱那时也就四岁左右，每天回来就想着看动画片，哪个频道几点有少儿节目，他都记得一清二楚。我没有干涉他，只是告诉他离电视机远些，保护好眼睛才能看更多的好节目。

在家里，我和先生休息时也会看电视节目，我们多数看新闻、综艺节目，这样一来，呱呱接触的也慢慢多一些。呱呱从电视里看到了世界不同肤色的人，也知道了不在同一个城市的同龄人在做些什么。

有人说孩子经常看电视思维受限制，精神孤独，这点我无法证明，但我想家长更多应该借势教育孩子，而不是不让孩子看电视。电视节目也有很多可以启发孩子一些精神的东西，比如呱呱小时候喜欢看老电影《鸡毛信》、《红心闪闪》等，也喜欢看周游世界的节目。我认为这些都带给孩子无形的成长，孩子喜欢小英雄，喜欢风景不同的地方，顺势和孩子讨论世界各地，这样一来，孩子的地理知识也扩展了不少。

我的亲戚过了一段时间高兴地对我说，他和孩子在网上注册了网店，都是孩子帮他来做的，孩子对以前的游戏的兴趣也淡了。从玩网络游戏到合理使用电脑，这只是一个过程，这个过程需要家长的耐心、宽容与艺术。

不做孩子的管家婆

“管家婆”这个词语不太好听，我想很多家长也不喜欢，何况孩子呢。但是我们很多家长却经常扮演着这个角色。

呱呱上学时，不太会用削笔刀，每天回来就说：“妈妈，你给我削铅笔。”我也怕他划到手，不加考虑地给他削好，放到文具盒里。几天后，我觉得不能这样，孩子会把我当成依赖，我就告诉呱呱自己削铅笔。

看着呱呱拿着削笔刀，半天弄不好，我就有些着急：“你看，这样弄，你的手不要放在这里，这样握铅笔。”然后时刻盯着呱呱的手，等到他放铅笔时，我说：“这样放，不要那样放。”

先生走过来，拽着我的袖子，悄悄说：“知道管家婆是怎么炼成的吗？你已经在开始了。”我很生气地瞪了先生一眼，回头看呱呱拿着铅笔在摆放。

从此以后，我提醒自己不能做孩子的管家婆，孩子的事情让孩子来做，这更是为孩子好。我告诉呱呱：“文具盒是你自己的，铅笔也是你自己的，想怎么放就怎么放，只要你自己用着方便就行。”

呱呱拿着摆好的文具盒给我看，问我：“妈妈你看。”我说：“呱呱比妈妈摆放得好，铅笔也削得好，以后坚持下去吧。”呱呱爽快地答应了。

我们做家长的，总是觉得孩子的事情管了才尽到家长的责任，可是在孩子看来，“家长真多事”。

在生活中，经常能听到爸爸妈妈这样的声音：

“这孩子，你能不能快点，干什么事儿都这么磨蹭……”

“你看看，鞋带也没系好，蹲下，妈妈给你系上。”

“告诉你，这件衣服穿上不好看，你非要穿，你看看，这和鞋子颜色放一起能好看吗？”

“书包里装的是什么？又是你那些乱七八糟的歌星的唱片？告诉你多少次，把精力用在学习上，每天听那些乌七八糟的歌，有什么意思？”

“今天上课好好听啊，你们老师打电话说，你的成绩很不稳定，真不知道你现在怎么回事？告诉你，你可不能学坏啊，你可是爸爸妈妈的全部希望。听到没有？”

……

这些爸爸妈妈都是在为孩子着想，是在为孩子好。可是孩子却不一定领情，也未必就能按照爸爸妈妈的预计来做。而如果家长能够无为而育，孩子们成长得也许更自在，做得更好。

有一年夏天，正值暑假，我着急开会，在路旁等出租车，等了半个小时才坐上一辆。我问司机师傅今天的车这么难等。司机师傅笑着说：“现在暑假了，这几天很多辅导班正报名呢。看您这年龄，孩子也在上学吧？”

我说是的，司机师傅问：“没给孩子报班吗？”

我说孩子暑假有活动，不上辅导班。司机师傅笑着说：“我那两个女儿都没有上过这些辅导班，现在都大学毕业了呢。”

我和司机师傅聊天中得知，这位爸爸对女儿一直实行的正是“无为”教育，两个女儿在学习上，他在家里没管过，只告诉孩子多读书，自己学。他自豪地说，这次小女儿毕业要应聘一家外企工作，英语在大学里也过了八级了，回来说应聘上了，一家人都挺高兴呢。他说，“这学习上的事情，您说咱能管得了吗？报这些辅导班估计也能起一些作用，不过辅导班价格太贵，我那两个女儿也懂事，知道我这个爸爸赚的钱不多，也不报。”

我认真地听司机师傅讲着，听得出来，他为女儿们长大而自豪，也为女儿们能自立而高兴。他问：“刚才已经有好几个家长带着孩子坐我这车了，都是外地来的，多辛苦啊。您说这十天的时间，孩子成绩能提高多少？家长非逼着孩子干这个，干那个，管来管去，害了孩子……”

司机师傅说得很有道理，教育好孩子不在乎你的职业，也不在乎你的地位，关键在于你能给孩子带来什么样的思想与观点。我想，这才是教育孩子过程中最为重要的。

第六辑

爱孩子要懂得适时放手

孩子终究有一天会长大，会过自己的生活。为了让他能独自行走，我放开手；为了能让他与人沟通流畅，我放开手；当孩子追求自己梦想的时候，我放开手，让他高飞。这一切只因我爱他。

1. 孩子，你自己来

让孩子自己盛饭吧

有一次，同事邀我们全家去她家做客，先生有事情，我就带着呱呱去。同事的孩子三岁半，呱呱那时已经五岁了。当我和呱呱到同事家时，发现他们全家人在吃饭。同事不好意思地说，孩子早上一直没吃饭。

我和呱呱就在客厅里看电视，不一会，同事过来对我不好意思地说，希望换个节目。原来我和呱呱在看《动物世界》，同事的孩子喜欢看动画片。我给呱呱说明情况后，我们把频道换了过来。不到三分钟，就听到厨房里，同事和老公哄孩子吃饭的声音："宝宝，妈妈再喂你一口，好不好？要不，爸爸吃一口，你也吃一口，来。""你看，爸爸吃得多香，你也吃一口吧。""让爸爸给你一会买汽车去，好不好？"就这样，我和呱呱在客厅足足等了一个小时，同事孩子的早饭还没有吃完。

快到中午了，同事才不好意思地说："我们家孩子太难伺候了，早饭拖到现在。”

我说：“孩子都三岁多了，一个人也可以吃饭了。”

“我们家孩子从小都是我喂饭，一天喂这孩子吃饭，我自己都累死了。”同事无奈地说。

“那这也不是个办法啊。”我说。

“能有什么办法啊，我每天就想着怎么给他喂饭。”看着同事无奈的样子，我说：“要不让我试试？”

同事不放心地说：“快算了吧，这孩子从小就是我喂大的，一见到生人，估计一口都不吃了。”

坐在一旁的呱呱说：“阿姨，你让弟弟自己盛饭，他肯定吃。”

我和同事听了都笑了，呱呱说：“妈妈，你不是总是让我自己盛饭吗？”

同事说：“你这人也真是，不怕把孩子烫着？”

我说：“没事，孩子知道呢。”

呱呱说得没错，他在三岁时已经能给自己盛饭了。呱呱看到我在盛饭，就站在旁边看，我说：“呱呱，你来。”

呱呱模仿我盛饭的样子，一手拿着碗，一手用小勺一点点地盛。呱呱说：“妈妈，米饭冒烟呢。”

我说：“这是热气。是不是很热？烫手吧。”

呱呱用手抓热气，却抓不住，“妈妈，热气跑哪里了？”

“你看看跑哪里了呢？”

呱呱看了看，说：“跑到天上去了。”说着，看到我要端菜，呱呱也要端，我说：“呱呱拿自己的小碗来盛菜吧。”呱呱说着拿起小勺往自己的往里盛菜，可是每次都是几根，即使这样，呱呱也很有收获。慢慢地，呱呱会使用筷子。每次呱呱在饭桌上会说：“妈妈，我想吃那个。”我说：“自己来夹菜吧。”看到自己会盛饭、会夹菜，呱呱的饭量也逐日增多。就这样，呱呱吃饭不再需要我喂。

当然，在呱呱盛饭时，我在一旁看着他，不让他被烫着。这样几次后，一到吃饭时候，呱呱就抢着给我和先生也盛饭。

我说："呱呱，真棒。不仅自己会盛饭，还想着爸爸妈妈。"

呱呱也有失误的时候，有时候会不小心把碗打碎，但我没有责备他，而是拿着碗给他示范动作，这样，才能做到端碗的时候，顾前顾后，更重要的是要保护好自己不被桌子碰到。

有一次，一位妈妈骄傲地说："我从来没让孩子端过碗，洗过碗，让他们把时间都放在学习上。"这位妈妈是用心良苦，可是试想，孩子终究要长大，终究要自己生存，即使以后请保姆用不着盛饭、洗碗，可是总应该让孩子具备最基本的吃饭能力吧。

因此，我要告诉家长们，不要天天围着孩子转，等着哪天你年纪大了，孩子还是离不开你，那么，你的教育就是失败的，因为你没有把孩子培养成独立的人。家长疼爱孩子，可是因为爱而不舍得让孩子动一动，不舍得让孩子自己来做事情，这种爱是危险的，因为它给孩子埋下了一种隐患，这种隐患会影响他的性格，也会影响他未来生活，甚至影响孩子的孩子。

以前有个邻居大妈，她从小疼爱儿子，平时和老公省吃俭用，把钱省下来都给孩子花，孩子想要什么就给孩子买，孩子到二十岁了，她都给孩子洗脚。她说自己的孩子自己疼，不舍得让孩子多动一下。可是当她儿子结婚后，儿媳妇家务活也不做，老太太看不下去就把儿子、儿媳妇的家务活全包了下来。老太太偶尔生病，干不了活，儿子、儿媳妇却说老太太不想干了再装病。这句话把老太太气得真生病了。老太太不理解，一辈子把爱给了孩子，可孩子到头来却怪她年老多病。多少邻居都指责大妈的儿子不孝，可大妈的儿子却若无其事，毫不动情。

苏联教育家苏霍姆林斯基说："生活证明：如果孩子们只是'享受'快乐，而不是经过劳动和精神上的努力而取得快乐，他的心就可能会变得冷漠、无情，对一切都无动于衷。"因此，我极力建议爸爸妈妈们，多让孩子们自己来。让孩子自己去尝试，来做事情，不是不爱他们，而是更爱他们，只有这样，才能让孩子有自立的能力，有独立的能力，才能更好地在以后的生活中不受外界的侵扰，越走越坚强。

陪孩子找回家的路

看到这样一段话，我觉得很有道理，抄下来与大家一起分享：“这个世界上所有的爱都是以聚合为目的的，只有一种爱是以分离为目的的，那就是父母对孩子的爱。父母真正成功的爱，就是让孩子尽早作为一个独立的个体，从你的生命中分离出去，这种分离越早，你就越成功。”

当我第一次看到这段话时，我立即抄下来给先生看，先生说很有道理。为此，我们在和呱呱相处时就有意让呱呱有自己去做的意识。这不是我们的偷懒，也不是我们不爱孩子，而是我们只希望孩子能在成长中有自立的精神。

我在送呱呱上幼儿园的路上，就会和呱呱认识路上的标志。

“呱呱，你看这里有个超市，旁边还有个理发店，对不对？”我说。

呱呱看到了，然后说：“妈妈，那里有个面包店，妈妈给我买过这么大的面包呢。”看到呱呱对路上的标志很喜欢，我就说：“这是快到咱们家的路上的商店，对不对？再往前看，看看还有什么好看的牌子或者图案是你喜欢的呢？”

“妈妈，我喜欢那个木马。”说着，呱呱指给我看。原来是一家照相馆前放的木马。我说：“那是照相馆的叔叔放的，小伙伴们照相的时候就可以骑在那上面。”

“妈妈，我也可以骑吗？”呱呱问。

“可以啊，不过要等到放学时再来了，这会呱呱和妈妈要先去幼儿园，好不好？”我和呱呱商量了一下。呱呱点点头。我对呱呱说：“从家里到这里，我们路过了好多商店，对不对？一会还要过两个人行横道，我们就能到幼儿园了。”

呱呱说：“妈妈，人行横道是什么呀？”

我指给呱呱看，然后说：“这是人行横道，过马路，我们就走人行横道。你看，红灯亮的时候就站在开头那里，对面是绿灯的时候才能走。”

呱呱问：“妈妈，一会我们就从白线上踩过去，是吗？”

“是的。”

呱呱第一天上学，一路上的各种事物，他都很好奇，一边问，一边想，等到幼儿园门口时，我说：“呱呱，还记得咱们家在哪里吗？”

呱呱想了想，摇摇头。

我说：“没关系，放学后，我们从幼儿园回家，还记得你刚才说过要骑木马呢。”

呱呱说：“妈妈，我想起来了，还有人行横道。”

我笑了笑，摸着呱呱的头，说：“放学后，妈妈带你去骑木马，然后回家。”就这样，呱呱在每天的上学路上，有意识地记住家的路线。

呱呱上大班时，我问呱呱：“妈妈不去送你，你能找到幼儿园吗？”呱呱肯定地说：“能。”我说：“那从幼儿园能找到咱们家吗？”呱呱说：“能。”

我说：“路线都记住了？”呱呱比划着说：“顺着这边的路一直走，然后拐弯，走两个人行横道就到了。”

我听了后放心了。就这样，呱呱记住了家的路线，也在路上认识了不少的标志。

等到呱呱上一年级后，我们就让他把附近的街道和家里的门牌号记住，这样，不认得路，问问别人就能找到。呱呱说他肯定能找到自己家，就是把眼睛蒙上也能找到。让呱呱自幼就记住家的路线，我还有另外一层意思，是想让他以后独自出门时，有意识地学会观察周围。呱呱高二时到青岛参加夏令营，来回路上都是坐大巴车，同伴们都玩，他则坐在最前排看路线。回来还告诉我，他以后带我和爸爸去玩就不用请导游了。

正是从认识家的路线开始，呱呱每次到陌生地方都能很快记住路线，同伴们问他怎么路线记得这么快。他开玩笑地说自己有认路的天赋。其实，他只是在小时候路上多看了会风景而已。

在生活中，呱呱但凡有机会自己出去旅行，我们都不阻止。因为我们知道，外面的世界很精彩，孩子在慢慢长大，他要在长大的过程中感受太多太多的风景。而这些，我们任何一个做父母的人都代替不了孩子。

爸爸妈妈接你，原地不要动

我认识一个女孩，她说自己是“路痴”，在城市里生活了好几年了，可就是不敢自己出门。“不敢”是因为担心自己出了家门，找不到回家的路线。她说有一次出去会朋友，结果坐车坐到半路才发现坐反方向了。急忙下车却又不知道该迈哪只脚,往哪个方向走。等到最后见到朋友时已经过了晌午，她自己也饿得晕头转向。

不能识别方向,不记得怎么走,可以问问路人,问一个不行,可以问两个，可是这个女孩说她根本“不敢”问，担心陌生人是坏人，担心陌生人故意指错路。我说：“路上总有交警吧。可以问问警察。”女孩笑着说，不认识路就不认识吧，反正也没关系，只要有家里人帮忙就可以。

我说：“万一有一天就你一个人生活呢。”女孩笑着说：“找个能随叫对到的老公就可以了。”

女孩并不是自身有缺陷,或者生理有问题,而是她从小依赖家长习惯了,也是父母让她依赖习惯了。人总要长大，也总要离开父母自己生活，当那个时候，等着任何人陪着走路，我想这并不是最好的办法。

爸爸妈妈总是充满爱意地对孩子说：“爸爸妈妈接你，原地不要动。”孩子很听话，总是在等着爸爸妈妈的到来。呱呱每次从外地回家，到车站时，除非行李太多，一个人拿不了，他才会给我们打电话，否则他不让我们去接。他说自己一个人能找到家，为何要浪费爸爸妈妈的时间和精力？

有一次，呱呱从车站回来，打电话说好十几分钟就回来，可是等了一个小时也不见人影。我有些着急。先生很冷静地说：“没事，有事孩子就会打电话的。”等到呱呱回来了，他说路上有点事情耽误了。原来，和他同坐一个车厢的一个女孩落了手机，告诉爸爸在哪里等她，可是到约定地点才发现爸爸没来。女孩蹲在那里一直哭。呱呱陪着女孩帮忙找她爸爸。二十几分钟过去了,她爸爸才来。原来路上有些堵车,他给女孩打电话没有人接。女孩生气地数落爸爸，而爸爸擦着汗还给女儿道歉。

呱呱说：“早知道这个女孩那么凶对她爸爸，就不帮她了……这么大人了，找不到爸爸就蹲在路边大哭……”

呱呱说完这事情就决定以后不帮这样的同龄人，他认为这样的同龄人太幼稚，太不值得帮。呱呱说是这样说，但这件事情让我觉得很感慨。孩子幼小时，有爸爸妈妈大翅膀在护着，可是爸爸妈妈总有一天保护不了时，孩子的翅膀能长起来吗？像这两个女孩，难道一辈子只做爸爸妈妈手中的公主吗？当有了孩子后，怎么哺育下一代呢？可能我想得太多了，而我确实很为这些孩子担忧。如果你正在护着自己的孩子，那么也请试试，让孩子试着自己飞一次吧。

我记得在龙应台的《野火集》里，她讲到一个这样的故事，一个女学生因为同伴脚受伤，两人不知所措哭泣的事情。龙应台说两个女孩已经二十岁了，可是他们独立处理事情的能力也只有五岁。这个事例已经很早了，上个世纪八十年代，龙应台女士就已经提出过，可是我们现在的孩子还是这样。孩子们遇到事情不知道怎么解决，只知道流着泪说想爸爸妈妈。爸爸妈妈们，醒醒吧，不要等到孩子三十岁了，还在哭着对你说，“爸爸我不知道怎么回家，妈妈，我饿了，不知道怎么吃饭。”

让孩子享受“独立”的快乐

我的一个朋友对我说，放手让孩子自己去做事，与其说是锻炼孩子，不如说是在锻炼家长的承受力。我说承受什么。她笑着说，没几个家长放手的，心脏受不了。

那我讲一个真事吧，看是家长的心脏受不了，还是孩子的心更难受。

一个妈妈打来电话对我说，她没让孩子参加班里的春游活动，孩子一星期都不和她说话。原来班主任老师为了让孩子观察植物，就组织全班同学周末到植物园郊游，既是班里的一次春游活动，也是一次学习机会。并且告诉同学们回家带上自己的“干粮”，到时候全班同学进行“野炊”。孩子一回来就高兴地给妈妈说，可是妈妈却不答应，说孩子从小到大没有去过郊外，路途遥远，坐车会特别累，担心孩子承受不了。尤其是在草地上吃饭，太不卫生了，就不让孩子去。她还怕孩子周末悄悄溜走，就一天都看着孩子。等到周一的时候，全班的同学都在回忆“野炊”的趣事，而孩子一个人趴在桌子上发呆。放学回家后，孩子一句话都不说。一个星期都不理她。

这位妈妈以自己的理由阻止孩子，她没考虑到孩子也需要社交，需要和同龄人在一起。虽然是郊外、“野炊”、观察植物，也许孩子观察不出什么，可是孩子的快乐在于和同龄人一起玩耍的过程中。同时，她也夺走了孩子一个锻炼的机会。家长总是说孩子缺乏独立照顾自己的机会，可是当机会来临时，家长又以爱孩子的理由抓住孩子。这样一来，孩子独立的机会永远也不可能有。

当面对家长的“不放手”时，孩子要么会顺从，要么会在心里更加反抗。顺从会让孩子越来越没有主见，而反抗只会让孩子的心离家长越来越远。这样的结果，我想家长肯定不愿意看到。

我所说的放手让孩子去做事情并非一味让家长什么都不问，任凭孩子做冒险活动。“放手”是让家长有一种心态和策略，在确保孩子安全的情况下，让孩子去尝试，让孩子做喜欢做的事情。当他尝试过了，也就知道他还会不会再去做。

2. 以未来为名义的爱

属于家长的美好蓝图

如果你是一位家长，我想问一个问题：“在拥有孩子时，是否为孩子设计过一个美好的未来？”

我说我有过这样的念头。我怀孩子时都在想，孩子是男孩还是女孩？如果是男孩，就让他做一名律师或者工程师，如果是女孩，就让他做一名教师或者医生。可事实上，呱呱渐渐长大，我对呱呱设计的蓝图不仅搁置了，而且越来越成为了我自己的蓝图了。

呱呱小时候会有很多想法，今天会说要做画家，到第二天就会说当个公园的种花者，每天修葺花花草草。上小学后，读到书中的解放军英雄人物时，呱呱又告诉我要做一名英勇的解放军战士。我说：“怎么不去做一名律师或者工程师呢？”

呱呱问我：“为什么？”

我说：“这是妈妈很早想的，妈妈以前就想当个律师呢。”

呱呱看着我说：“那是妈妈想的，我要自己想一个。”

听了呱呱坚定的话，我知道我的设计只属于我的，而不是呱呱所喜欢的。我决定不再为呱呱设计遥远的职业，也不再为呱呱设计遥远的未来，让他过好今天，他的明天自然会很好。

孩子在不同的成长阶段会有不同的愿望，对未来也会有不同的憧憬，而很多孩子的美好愿望却往往被家长设计好的蓝图而淹没了，更让孩子们感到无奈的是，家长们常常用设计好的未来来说服孩子，让孩子们奔着这个蓝图去努力。我差点也成为这样的设计者，我只是一心想为孩子好，可是我忘记了，孩子有他自己的想法，他有他的未来蓝图。

呱呱想了很多职业，想来想去，他觉得哪个都不是特别满意，最后他问我：“妈妈，我长大了可不可以一天当厨师，一天当设计师，一天又当老板？”

看着呱呱好奇的眼神，我说：“当然可以，只要具备这个能力，一天当两个也可以。以后接触的职业多了，你会发现还有你喜欢的职业呢。”

呱呱说：“世界上的职业太多了，就是一天做一个，一年也做不来。”

我说：“有的职业你看上去很喜欢，可未必你能做的来；有的职业你很喜欢，而且做事情的过程中感到很开心，很快乐，那就说明你不仅喜欢这个职业，而且适合做。到那个时候，你自然就会有自己的蓝图了。”

呱呱说：“妈妈，那我现在做什么？”

我说：“你现在是个学生，做好学生该做的事情就可以了。”

呱呱说：“妈妈，你怎么不对我有要求呢？晓杰的爸爸妈妈都为他设计好了，以后要他当经理的，现在就让他学习很多当经理的课。”

怪不得呱呱一直在想这个问题。我说：“晓杰喜欢就可以，你喜欢什么，妈妈也会支持的。”

呱呱说：“晓杰才不喜欢呢，他说他以后要周游世界，当个旅游家。”

我说：“这个想法也挺好。”

呱呱说：“晓杰的爸爸妈妈每天带着晓杰去参加什么经理人会议，说要从小培养晓杰。晓杰现在在我们班里就是一个大经理人，天天使唤大家。”

听了呱呱对曾经好朋友的评价，我觉得呱呱也开始在改变对晓杰的看法。两个很好的伙伴，突然变得陌生了。晓杰才刚刚开始步入学习阶段，认识世界的阶段，父母早已设计好他的未来蓝图，如果孩子长大了，不适合也不喜欢做父母期望的职业，那孩子还能来得及转变吗？

我看着呱呱对各种职业有所喜欢，但我都告诉呱呱，现在是学生阶段，一个人只有基础知识扎实了，具备了基本能力，以后才能胜任喜欢的职业。就这样，我们不为呱呱设计未来蓝图，只负责引导好他现在做学生的事情，我们不限制他的未来职业，只是不想让孩子在我们的框定的目标中行走，因为我们的目标是我们的，而孩子的目标是他自己的，只有让孩子自己有了生活的目标，他的努力才有意义，他的生活也才精彩，他的内心也才会真正开心。

孩子的寂寞谁理解

如果我说现在的孩子是寂寞的，很多家长会不解地问："小小孩子，有什么可寂寞的？"我说孩子不仅寂寞，而且他们中有的孩子连寂寞的时间都没有。那家长就要问了，那现在孩子在干什么？

孩子在忙着为未来做准备。

我一个同事有个十岁的儿子，她说每天头疼的事情就是陪孩子上辅导班。

我说："你自己都头疼了，那就让孩子自己去上吧。"

她无奈地说："孩子去了根本就跟不上老师的进度，老师讲得很快，题目也难，每个上辅导班的孩子都是家长在后面陪着，家长听懂了，回到家里再给孩子讲。"

我说："这种辅导班不上也罢。"

同事说："不上根本不行。老师们布置的作业大部分是参照这些教材，班里其他同学都会，就自己孩子一个人不会，孩子每天回来就生气。可是一上辅导班，他自己跟不上。别的家长要求做十道题，我就要求他做二十道题。"

我说："逼着孩子每天做那么多难题，孩子的精力也有限啊。"

同事说："每天什么事情都不让他做，他只需要做好这些题就可以了。难题都会做了，考试的时候不就简单了吗？以后升初中就可以上个重点初中，这样才能有个好未来啊。现在就业压力这么大，等我孩子长大了，还不知道要大成什么样，要抓紧让他多努力。要不然，哪有未来？"我想这些话她每天肯定也在对孩子说。

我说："孩子每天这样，只有学习，精神上是孤独和寂寞的。"

她说："小孩子知道什么是孤独和寂寞？爸爸妈妈什么都不让他做，只要把精力放在学习上就可以了，这也是为他以后着想。"

孩子是花朵，不仅是家长心中的希望，也是整个社会的未来。而今，很多家长只希望孩子做“优等生”，他们期望孩子能成为优等生，成为人上人。正是怀着这样的期望，他们以爱为名义，以未来为名义，让孩子在童年时，在少年时，时时刻刻为未来做准备。可未来在孩子的心里有影子吗？有具体的指向吗？这些孩子不知道什么是未来，他们只知道爸爸妈妈在逼着他们学习，逼着他们要高分，逼着他们做一道又一道难题；他们只知道爸爸妈妈在耳边说起：“不好好学习，就没有未来，没有好的生活”。

那何谓好的生活？

家长说：“这还用问吗？体面的工作、更多的工资，更好的房子、更好的汽车，更漂亮的老婆……”

是的，这些物质生活是人们所追求的，可是当孩子在十岁时，已经厌倦了生活，未来对他而言，这些“好”生活对他又有什么意义？他们是学习的机器，为未来而战的机器，没有灵魂和内心的机器，再好再多的物质对他们而言，又有什么意义？

我对我的同事说：“如果你的孩子具备了基本的知识能力，具备了生存的能力，不用发愁他未来没有工作，不用发愁孩子长大了找不到工作。一个具有生存能力的人，在哪里都能生活得很好。”

同事叹气说：“我也明知道这些都对，看着孩子每天煎熬的样子，我心里也着急。你说咱们干着急也没办法，我也怕把孩子逼急了，精神受刺激了，那才问题大了。”

既然道理大家都明白，那就多关心关心孩子的内心吧。别让孩子在童年时期就开始孤独，让他们对生活灰了心。

呱呱上小学四年级时，很流行一种叫“奥数班”的辅导班，目的是培养具有数学天赋的孩子。可是很多家长不管三七二十一，纷纷把孩子送到奥数班学习。目的是让孩子更聪明，以后数学成绩更好。更有家长说，孩子只要奥数过了多少分，在以后的考试中就能加分。周围人说得天花乱坠，很是神奇。我也有些心动，一打听才知道也就是几个特级教师开的课程。

我回去也就没有要求呱呱去上。呱呱后来说有几个同学上了奥数课，题目都很难。呱呱对我说："妈妈，我没有数学天赋，你不用花钱培养我了。上课好好听讲就可以了，那些奥数题，我过两年就会做。"

我说："你要是对数学有兴趣，不要在乎钱多少，妈妈会支持你去学习。你要觉得不喜欢，就不用去了，我和爸爸不会逼你去的。"

呱呱说："那些题也不怎么难，我宁可花周末时间自己做些题。反正有不懂的，可以问老师嘛。"

家长希望孩子能在同龄人中脱颖而出，希望孩子的成绩更突出，但在给孩子报各种辅导班的时候，多考虑一下孩子的精力能否承受，孩子是否能用心接受。

有一位朋友刘女士和先生离婚后，女儿才两岁，她说她把所有的希望寄托在女儿身上。她把所有的积蓄都用在培养女儿身上，让女儿弹钢琴，学跳舞。每天督促女儿学这个，学那个，发誓一定要让女儿成为最出色的女人，最有魅力的女人。女儿稍微怠慢，她就唠叨："爸爸不要我们了，你不好好学，以后你让妈妈带着你要饭吗？"我亲眼看到她在众人面前数落女儿，女儿的眼神很冷，那眼神我一辈子也忘不掉。这位妈妈就这样培养了一名钢琴过八级的女儿，可是女儿比赛了几次后再也不弹了。妈妈哭着求女儿，女儿冷冷地说："爸爸和你离婚是因为你自己，和我没有关系。"

刘女士哭着对我讲述，她说她不知道以后该做什么。我说照顾好自己，让女儿做点喜欢的事情吧。再这样逼下去，女孩不知道会成为什么样子。

我们成年人在紧张的工作结束后，内心会感到莫名的寂寞，这种寂寞无法言语，有时候即使是最贴心的朋友，最亲近的人也无法告之，就是这样的寂寞让人精神上无法感受到快乐和幸福。也许是一瞬间，也许是很久。就是这样的无助，孩子也有。家长们不要以为孩子年龄小，没有孤独，没有寂寞，恰恰相反，他们的孤独和寂寞有时候比大人还要多，因为他们的情感更丰富、更细腻。

孩子在问：什么时候不用去上课

有一次，在公交车上，我左边座位上是一对母子，男孩坐在妈妈的腿上，妈妈手里拿着一本书在提问：“火车是谁发明的？”男孩想了想，回答不上，让妈妈再问一个：“什么样的轮子只转不走？”小男孩还是不知道。妈妈生气了，推了一下孩子说：“你怎么一个都答不上？出门前刚背过的，一会的工夫全忘了？你知不知道，为给你报这个班，爸爸天天晚上熬夜加班？你这孩子怎么一点也不懂事？”

小男孩看上去也就四五岁的样子，他抬头问：“妈妈，什么时候不用去上课了？”妈妈瞪着孩子说：“等你长大了再说。”说完，她把那本书塞进孩子的书包里，看着窗外，不再说话。

这位妈妈在想什么？低着头的孩子又在想什么？而我在想，为什么要把加班辛苦挣钱的事情和孩子的学习联系起来？为的是能让孩子从小就知道，爸爸妈妈这么辛苦全是为了你，只有你学习好，考上大学，以后出息了，爸爸妈妈的生活才能改变吗？我想了很多，但也在想这样的对话有很多。

有的妈妈在给孩子书包时会附带着说：“这是妈妈花一个月的积蓄买来的，为的是让你好好读书，以后能有出息。”有的家长在孩子考得成绩不好的情况下，总是对孩子这样说：“交那么多钱，考这么点分，你让爸爸妈妈以后怎么活？”不知道有多少爸爸妈妈把自己生活的希望寄托在孩子身上，也不知道有多少爸爸妈妈每天在给孩子这样说：全家的生活就指望你了。我想，一个四五岁的孩子，他的肩膀太稚嫩，担不起爸爸妈妈遥远的未来生活。

我看到过这样一个新闻，大意是说一个十二岁左右的女孩为了不让爸爸妈妈有生活负担，以自杀来解决爸爸妈妈的经济问题。女孩的遗言上说，自己死了，也就给爸爸妈妈省了十几万元。是什么让女儿这样负有愧疚非要以死来解决？是困苦的生活吗？不是。我认为是爸爸妈妈过多的寄托。

家长把孩子带到这个世界，有责任养育他们，有责任培养他们，而不是把孩子当做为自己提供物质的未来银行。

有人说，你们能有现在优质的生活和家里的支持有关吧。我说完全不是，我和先生的家境都一般，父母能给予我们的是健康的身体和无所回报的爱，我们依靠自己能力生存着，从一开始的两个人租瓦房，到楼房，再到自己买房，家里的一针一线都是我们两人共同营造。同学们一个个经商、一个个富起来，但我们有自己的生活，祝福同学们，但按部就班过着自己的生活。孩子的到来给我们带来了无比的喜悦，而在对孩子的教育上，我们更是倍加“慷慨”。生活拮据时，我们三个人一起吃煮白菜，一起吃清汤煮面条，但我们没有埋怨，也没有抱怨，我们让呱呱在积极乐观的生活态度中成长。

优裕的物质生活，是很多人所追求的，但我想说的是崇高的精神生活，更是我们每个人内心的追求。家长朋友们，不要因物质生活而斥责孩子，也不要因为生活的困境而停止不前。美好的生活需要我们努力争取，而不是仅仅寄托于孩子的未来。

如果，我是说如果，父母期望了二十年，结果却是一场空，等到那时，又该怎样面对生活？

一位和我年龄相仿的女士对我说：“你看看，别的孩子都找到工作了，我家孩子至今没有工作，天天在家也不说去找。你说，养了这么大，就盼着孩子能有点出息，家里生活条件改善改善，这下倒好，我们还要养着他。”这位女士叹息完后，无奈地摇摇头。是不知道该自己去找工作，还是替孩子找工作？

都说工作难找，都说就业严峻，在这样的“都说”氛围下，很多年轻家长开始新一轮的未来计划：周六上午学英语，下午学德语，周日上午数学，下午高级数学，等等。年轻的爸爸妈妈开始新的一轮说教：“宝宝，英语学不好，以后找不到工作的。”“宝宝，看这个，妈妈花了很多钱买的。宝宝以后长大了要赚大钱。”“宝宝以后要出国，爸爸妈妈就可以周游世界了。”

孩子在问：“什么时候可以不用去上课了？”我想这不是孩子在问，而是在在求爸爸妈妈，求爸爸妈妈不要再让他们不停地上课，不停地参加各种考试。因为他们不知道这些能有什么意义，这些只让他们感到身心疲惫，无力面对生活的一切。

3. 孩子也需要自由的天空

给自己和孩子都留点空间

我看到很多情感专家在针对夫妻问题时，提到一个很重要的原则：给对方留点空间。我不是情感专家，只是想建议爸爸妈妈们把这一条原则也用在教育孩子上。因为孩子也需要自由。

呱呱出生在9月份，天气渐渐变凉，身上的衣服也是一件件地在加，等到冬天后，我就把呱呱裹得严严实实的。可是，呱呱不干了，每天手和脚都在挥舞着，我不知道他这些动作在干什么，总是以为他饿了或者渴了。等到我妈妈来了，看着呱呱在家里还裹得这么多，就直接说：“你看看，给孩子裹了多少层，孩子一点也不自由，能舒服吗？”说着就给呱呱脱了两件衣服。呱呱的手挥舞着，似乎在宣告自己胜利了。

我害怕呱呱着凉，害怕呱呱因穿得少而感冒，可是我忘记了，孩子对室温也有适应能力，他们身上不需要家长裹了一层有一层的棉衣。我妈妈在一旁念叨着：“家里生着炉子呢，温度挺高的，你们倒好，给孩子裹这么多，喘口气都难，哎哟，我的可怜的孩子，受委屈了……”看着呱呱活泼的样子，我才知道身体的自由对孩子多重要。

我国著名的教育家陶行知先生说：“要解放孩子的头脑、双手、脚、空间、时间，使他们充分得到自由的生活，从自由的生活中得到真正的教育。”这句话陶先生在上个世纪三四十年代开始呼吁，直到现在，很多家长一直没有把孩子的自由当做一回事儿，他们说：“自由？现在的孩子还不自由吗？要什么有什么，还不满足吗？”孩子要什么给什么，这不是自由，因为孩子不是笼子里的小动物，他们是人，既向往小鸟自由飞在天空，也向往鱼儿自由在水中游。

呱呱上初一时，喜欢上摇滚乐和说唱音乐，每天悄悄攒钱计划买CD机。他过生日时，我知道他的钱还没有攒够，就问他还缺多少钱。呱呱说："妈妈，这是我的小私事，我再攒两个月就够了，你千万不要给我买，要不然一点价值都没有了。"

听呱呱这样一说，我也就尊重了他的意思。等到元旦时，呱呱回家拿着一个CD机，说是新买的。说完就给我演示了一遍怎么来听，而且还买了十几张喜欢的唱片。我一看唱片，我确实不怎么喜欢，有美国摇滚乐队的，有嘻哈风格的，没有一张是属于我们这个年龄听的。

我刚要开口说话，呱呱说："妈妈，试着听一下，很好听的。你会有一种心不动，周围世界在旋转的感觉。"

我说："这些唱片是你喜欢的，我不太喜欢这些风格。你慢慢欣赏吧。不过，做作业的时候不要听啊。"

呱呱说："妈妈，你怎么也和其他妈妈一样了，不给我自由了？"说完，呱呱有些失望地抱着他的唱片回自己屋去了。

自从呱呱买了CD机后，我发现他和我说话的次数也少了，语言也少了。我问先生，这怎么回事？

先生说："没事，少年时期都这样，过两天听腻了就好了。你也不要多说他，给他点自由。"

我不知道那些唱片对呱呱有多么大的吸引力，也不知道呱呱为什么会喜欢那些歌曲。我很好奇，也很想知道。正是这样，有一天，我对呱呱说："我听听你的唱片。"

呱呱说："妈妈，你说过不喜欢的。"

我说："妈妈给你道歉，不应该以自己的主观判断来评价你的喜好。妈妈很想听听这些唱片，到底有什么魔力。"

呱呱说："也没什么魔力，不过可以让我全身细胞都打开，让紧张的细胞自由一下。"

我听着呱呱的这些话，觉得也有道理。我们家长在缓解压力时，总是让自己冷静一下，听听轻音乐，而他们则是让身心都动起来。

我尝试着一个个地听，尝试着以一个 13 岁的孩子的心喜欢这些唱片，听完以后，我终于明白，呱呱他们如此喜欢这些唱片正如我们当年喜欢邓丽君等歌星一样。总有那么一首歌能唤起内心某种东西，能让你的心享受此时此刻的宁静与自由。无论这种声音属于中国民乐还是欧美古典乐，无论是美国的杰克逊还是中国的周杰伦。这就是时代的不同，孩子的心灵里需要的也不同。他们会两者都喜欢，也会只喜欢一个，而我们都不能按照我们的喜好来控制他们的自由。

可是这样的自由，孩子们被剥夺了。孩子们买来的明星画，被妈妈撕得粉碎，买来的电子游戏机被爸爸砸了。孩子们的喜好自由必须经过爸爸妈妈的严格审查：唱片里不能有嘻嘻哈哈的、不能有摇滚的；明星图片不能有那个长得不男不女的，不能有头发染得像火鸡一样的；看的书不能有某青年写的暧昧的……

就是这样，一天天的审核，孩子们在喊："受够了。"

在一则报纸上我看到一条新闻，同班三个女孩联合起来离家出走。等到警方找到时，她们说离家出走的原因是父母管得严，她们没有自由。不知道这三个女孩的父母如何管束孩子的，但从离家出走的事件来说，这已经不是国内首例。孩子们受不了家长的管束，受不了家长的监督，以离家出走来争取自己的自由。可是这样的解决方法并不是最终的途径。

为什么不换个方法来做呢？唱片一起听，一起来讨论，新鲜的歌曲不一定都难听；明星长得好看，家长们也有喜欢的偶像，因为美的事物人人喜欢，等到有一天你会发现孩子在 14 岁喜欢的明星和在 15 岁喜欢的已经不一样了，因为孩子审美标准也在变；和孩子一起到书店，多选几本不同的书，让孩子在书的海洋里畅游，让孩子喜欢更多更多有智慧的书。

妈妈们，当你在给老公留一个时间的时候，也想着给孩子留一个时间。趁这个时间，来打理打理自己的事情吧。比如，练习十分钟的健美操，听听自己喜欢的歌曲，让自己的身心也放松一下，自由地享受生活的乐趣。

监督孩子的社交不可取

我们都知道有这样一句俗语，叫“近朱者赤近墨者黑”，也正是这句话，让很多家长担忧孩子会“近墨者黑”，他们会说：“不要总是和某某玩，学习那么差，两天就学坏了。”“怎么总是和某某混在一起？明天成了小混混，可不要说是我儿子。”“不要和某某在一起，他爸妈都是普通工人，长大了能有什么出息。”伴随着这样的言语，孩子们周围的朋友也越来越少，他们选择朋友的范围也越来越小。

有一年圣诞节前夕，我受邀参加一位外国友人的聚会。我带着呱呱便来了。看到很多外国人，我担心呱呱英语不好，交流不上，因为呱呱当时才十一岁。呱呱走到哪里，我的眼睛就跟到哪里。朋友和我说话，我也心不在焉。等到看呱呱和一个外国小朋友谈话时，我就不由自主地走过去了。我站在两个孩子的旁边，只是希望能做呱呱的翻译。可是呱呱不需要，他以为我在监督他。他对我说：“妈妈，我不是小孩子了。”我对他解释我的顾虑，呱呱笑着说妈妈担心是多余的。

之后，我的朋友问我：“发生了什么事情了？”我解释了我的顾虑。外国朋友不解地说：“为什么中国妈妈总是不放开拉着孩子的手呢？你这样做，孩子永远长不大的。”

朋友说得对极了。我的担心是多余的，看着呱呱与很多外国朋友在一起，边比划边说，即使语言不同，他们也能用眼神和心交流。

聚会结束后，呱呱回到家里对我说，有个外国小孩对中国了解得比他还多，去过的地方也很多，他们能聊到一起，以后还是朋友；不过也有个小孩言语中流露着轻视，他决定以后不和他交朋友。

呱呱对交朋友有自己的判断，而且每个阶段都不同。到高中后，呱呱经常和一个叫路小川的同学走得挺近，而且路小川是隔壁班的同学，学习成绩并不好。有一次呱呱过生日，路小川陪呱呱骑自行车绕了半个城市。

每天呱呱回来都很开心，有时还模仿商贩的声调。我问呱呱：“怎么突然模仿商人的声音了？”

呱呱说跟路小川学的。原来路小川的父母出售各种鱼，每天清晨一大早就起来很辛苦。路小川周末也跟着父母去。呱呱说他从小川那学到了很多本事，怎么挑选新鲜的鱼，怎么能一眼看出鱼肚子里有鱼子。

我没有反对呱呱和路小川的交往，因为他们的相识也有故事，两人在书店同时挑中一本书，有共同的喜好。呱呱邀请路小川到家里做客，也尝试周末和路小川一起去鱼市。他们俩之间有共同爱好，也有不同的喜好，但这不影响他们成为朋友。我支持他们的交往。

很多家长都明白，都希望孩子能选择自己的朋友，也希望能多几个朋友。可是孩子带回来的朋友，家长们乍一看，怎么那么不顺眼。

有一位妈妈说，她孩子每次带来的朋友，她都难以接受。我问为什么。她说了很多理由："书包反背着，一看就不是什么正经孩子。""身上一股子汗味，也不知道多久没有洗澡了，害得我把窗户都打开。""进了门，问声好，也不说大点声，声音那么小，谁听得见。"诸如此类。

我说："这些意见你当着孩子的面说的吗？"这位妈妈理直气壮地说："带到我家里了，我不满的地方肯定要说了。"

我说："那孩子肯定带朋友回家了。"

这位妈妈说："这才好呢，省得我打扫了。"

我说："你希望孩子一个朋友没有吗？"

她说："当然不是了，我只是告诉孩子，交什么样的朋友，不要把什么人都往家里带。"

我说："你这样的苛刻条件，孩子以后怎么交朋友？孩子的朋友是孩子的事情，这样干涉下去，没有一个人敢靠近你的孩子。"

这位妈妈听了我的话，笑着说："没那么严重吧。"

也许现在不严重，过两年，这位妈妈就会看到问题的严重性了。像她这样干涉的妈妈，我见了很多。孩子和谁交往她都会挑出孩子朋友的毛病和缺陷，等唠叨多了，孩子也习惯了，那这样的朋友就不再交往了。等到新交往了一个朋友，妈妈又会挑出毛病，等到孩子不回家，和朋友玩，妈妈就要开始跟踪了。

我们成人经常说，要自由，要民主，可是孩子也需要。至少，他们需要他们世界里的朋友，家长即使再不喜欢孩子朋友的穿着，再不喜欢孩子朋友的声音，也不要过多干涉孩子的选择。

难道看到孩子和不良青年在一起，不管吗？

我的回答是：不是不管，而是先冷静下来，观察孩子选择的朋友，想想孩子喜欢朋友身上的某一个优点。当对方的优点开始淡化时，孩子会做出选择的。

另外，在对孩子选择什么样的朋友的标准上，我想对家长们说，不要用成人“有用则交往”的世俗观点引导孩子。孩子之间的友谊是从对方的优点开始，从而互相吸引，互相得以帮助。比如，性格有些内向的孩子会喜欢开朗、豪爽的朋友，他们希望自己有一天也会那样开朗；胆怯的孩子喜欢更勇敢、更刚毅些的朋友；而更顽皮的孩子有时候也会喜欢安静的朋友。这些说明孩子在性格发展上需要补偿。

如果果真出现不良言行，父母要阻止，但要合理阻止。比如胆怯的孩子跟着年龄稍大的孩子学会欺负更弱小者；社会上的无业青年拉拢孩子入团伙等等。家长发现后，不要斥责与辱骂，而是给予心理上的指引。

我小学时期有个同学叫王楠，由于他胆子很小，经常受到同班同学们的欺负，因此他很崇拜比他高一年级的学长，这位学长是全校有名的“混世魔王”，王楠说当时很希望能加入学长的团伙，他觉得加入学长的团伙就不会再有人欺负他。可是当他加入后，才发现跳进了另一个火坑。学长每天晚上带着很多孩子到校区附近拦截女孩，并用各种话语吓唬女孩子哭。我的同学王楠有一次看到自己的妹妹被学长吓唬着，他拉着妹妹的手就跑，结果被学长暴打了一顿。从那以后，他才知道学长不是他的救星。王楠后来当了一名警察，说要感谢爸爸得知他的事情后，鼓励他以真正的英雄为榜样。

除此之外，父母可以很友好地告诉孩子，可以邀请自己的朋友来家里玩，但不要指责孩子的朋友是非，更不要当着众多孩子的面，指出孩子朋友的缺点。家长们也可以倾听孩子对自己朋友的看法，在聊天中，谈谈孩子的生活，这样可以发现孩子是否受到某些不良影响。

欣赏孩子的长处

有一次，我去参加呱呱的家长会，班主任老师会上提出一个问题，家长要在家里多提醒孩子，不能上课总是只顾着照小镜子，个别女同学开始抹口红等。会后，有一位妈妈有些生气地说：“这孩子真是没有一天不让人省心的。”

有一位妈妈叹气地说，自己女儿一回到家就偷偷锁上门，偷偷化妆，书包里还买来一些化妆的书。

另一个妈妈说：“要是我发现了，就把那些破玩意都扔掉。”我抬头一看，这个妈妈自己也化了妆。

不论男孩还是女孩，在十四岁左右时，身心开始发生着很大的变化，他们开始关注自己的身体变化，也很在意周围的人对他/她的评价。而这时，家长如果方法不合适，也会给孩子带来影响。

女孩子更是如此，我记得我们当年很喜欢白色的裙子，每个女孩的梦想就是能拥有一条白色的裙子。有一个女同学穿着妈妈从县城买回来的，我们极其羡慕，可是班里的一个女老师就在课上点名批评，说她穿着过于暴露，不成体统。一天之内，全校的人都知道我们班有个不成体统的女孩。女孩看到谁都抬不起头，一种阴影埋在她的心底。

正如有一位妈妈说，要把孩子的化妆的“破玩意儿”扔掉。当这种做法实施后，孩子会怎么样？

爱美是人的天性，人们都喜欢美的事物，而男孩与女孩也一样，有喜欢美的自由和权利。家长的无端干涉会让孩子有两种结果，要么孩子狠狠地扔掉那些家长所认为的“破玩意儿”，要么孩子会和家长做对。

我一个好伙伴，小时候很喜欢自己的头发，因为班里同学都说她头发又黑又亮。有一天，她洗完头发正在梳头发。母亲由于着急干农活，看到她正闲情逸致地梳头发，直接说：“每天就知道臭美，明天把头发剪了，也省的浪费时间梳了。”女孩听了后，很是委屈。第二天，果真到理发店把头发剪掉了，剪得很短，我们看到后都惊呆了。直到现在，她说她唯一遗憾的是那个时候把一头秀发剪掉了。

这个年龄阶段的孩子是敏感的，他们对美的欣赏也是极易变化的。而如今，五彩斑斓的世界，更是让他们眼花缭乱。看到各种五颜六色的彩妆，女孩们都想尝试，看到炫丽的颜色，男孩们也会喜欢。这时候，家长要合理引导，而不是干涉他们对美的欣赏。

例如，当知道女儿喜欢化妆，而且很擅长时，可以大胆地让女儿在家里化妆，而且赞美女儿的技术。也可以让女儿试着给自己化妆，和女儿翻看时尚杂志，给出不同的审美观点，但不能鄙视或侮辱女儿所喜欢的风格。但同时也告诉女儿，清纯的美更让人喜欢。

我看过一个时尚达人的记录，说自己少年时，很喜欢往脸上涂喜欢的颜色，有一次被妈妈发现了，她以为妈妈会责备她。但是妈妈不但没有责备，反而让图从这些颜色中挑选一个涂在妈妈的脸上。从那时起，这位少女就很会搭配各种颜色，由于对色彩的敏感和对时尚的天赋，妈妈鼓励她，给予支持，使得她很快成为时尚界最有潜力的人物之一。时尚达人说，如果妈妈一怒之下，把手中的各种小瓶子扔碎，接着骂一顿，她肯定会愤怒，而且也不会有今天的成果。

也许，你的孩子也有这样的长处，也有这样的天赋，那就在欣赏中让孩子长大，让孩子在你的欣赏中学会选择真正美的事物。我想这样的方法，总比让孩子一生都厌恶美和与家长做对要好得多。

4. 放飞孩子也是爱

关在笼子的鸟飞不高

我们常说，爸爸妈妈对孩子的爱是无私的，因为爸爸妈妈是孩子最亲的人。每次呱呱要离开我去外地上学，我都会很高兴，因为我知道呱呱长大了，他有他的生活了，而且他的生活注定与我的不同。

呱呱在上大学二年级时要跟随老师到日本做一个研究，时间是半年。这半年的时间里，正好有春节。呱呱可以回家，但是由于时间比较紧张，老师决定和几个学生在日本过节。

我在给邻居王大妈拜年的时候，王大妈问起呱呱。我说明原因。王大妈听了后直接说："你们怎么舍得孩子在外地过节？大过年的，这孩子在外地多孤单？" 接着王大妈讲起当年她和儿子的事情。她儿子当年毕业后学得专业很热，很多外企都想要，儿子和大连一家企业签合同。王大妈得知后，立即阻止，并以死做威胁。儿子不得已违约，在当地找了一份国企的工作。

王大妈幸福地说："你想啊，我就这样一个儿子，儿子也孝顺，现在年龄大了，儿子在身边，这就足够了。要是当年跑到外地工作，这见一面多难啊。"王大妈说："养儿能防老嘛。对了，还有一次，单位要派他去什么南美洲做项目，说在南美洲做完项目，回来就可以当主任，我一听就不高兴了。南美洲多远啊，要是我有个三长两短的，他还见不到了呢。"

王大妈的儿子在聊天中说，单位要改制，年纪也大了，熬几年就退休得了，"母亲年纪大了，不能对她发火，自己一点微薄的工资不够养活全家人，妻子唠叨着，母亲也唠叨着，孩子天天也喊着要买这个，买那个。这日子过得……"

王大妈的儿子一辈子都留在本地，至少在他妈妈有生之年。王大妈的儿子我也经常见。每次看到他不舒展的表情，我们只有心里暗自为其感到可惜。如果王大妈当年不阻止儿子到外企工作，他也许能成为今天中国某区域的代表人；如果王大妈不阻止他去南美洲做项目，他也许会得到更多，至少脸上的笑容会多些。

是的，我们中华子女一定要孝敬父母，但为人父母者切忌不可以“孝”阻止孩子的成长与发展。

呱呱在日本打来电话，说和老师同学过得很好，并嘱咐我们一定把他的祝福送给亲戚们。呱呱远在外地，但他心系着每个爱他的人。孩子如此快乐，能发展自己的事业，这对父母不也是更好的回报吗？

很多朋友和我一样，家里就一个孩子，担心孩子在外面受到雨淋，遭到风吹，为了孩子好，那就索性把孩子留在身边，时刻守护着，父母守护孩子，守护的是什么？这样的做法如同把孩子关在一个设置好的“笼子”里，孩子再飞也只能在这个笼子里飞。可这样的结果，对孩子和自己都是一种伤害。

我也想让孩子在我的身边，时不时地和我聊天，时不时地和我争论，也期待着有一天，呱呱结婚了，也有孩子了，一大家人幸福地吃着饭，聊着天。是的，这是每个老人的期盼天伦之乐。可是我不能为了自己的这个幸福的梦想，舍弃呱呱现在的快乐和幸福。我不能把呱呱关在家里，让他陪我过节，那样，他失去的不仅仅是去日本学习的机会；我不能在呱呱报考大学时，为了让他多陪我和先生，就选择我喜欢的专业和大学；我不能因为爱呱呱，而把呱呱推向自己不喜欢的笼子里。

我们单位每年都会有新同事加入，前两年的几个年轻的同事中，有两个男孩的表现截然不同。男孩丙很阳光，思维也灵活，每天与大家相处融洽，在很多问题上，都有自己的看法。而男孩丁则比较沉默，每天进办公室不和任何人说话，只喜欢在自己的博客上抒发感情，似乎周围的一切都与他无关。在几次接触后，我了解到，男孩丙是外地人，他的爸爸妈妈从小就教育他多动、多问、多和人交流，男孩子要多闯一闯；而男孩丁，是本地人，父母希望他留在本地，这份工作是他爸爸托了好几层关系帮他找到，原本他是被保送上研究生的，结果他父母非要他先工作。男孩丙和男孩丁都是家里的独生子，可由于父母的观点不同，放飞的孩子感到很快乐，很有成就感，而被关在笼子里的孩子，感觉不到快乐。两年后，男孩丙经过自己的努力考上研究生，而男孩丁早已忘记了他之前的梦想。

在欢送男孩丙时，我对丁说："你也可以试试。"丁无奈地说："我没丙这么潇洒，有爸妈看着，我飞不高了。"

男孩丁才二十五岁，这么年轻就沉重地说自己飞不高了，他的内心已经完全给自己下了判决书。我不知道他的父母听到了会做怎样的感想。也许有人会反对我的看法，会说，这样做是为了孩子好，孩子留在父母身边，父母可以随时照顾孩子，父母是最无私的，这完全是为了孩子好。可是家长朋友们，试想，孩子的身体在身边，可是孩子的内心不高兴，不快乐，父母这样的好意却办了不好的事情，而且这种不好会影响孩子的一生。

我们能拥有孩子多少年？怎么可能一辈子陪着孩子？当我们年老离去时，孩子还年轻，他怎么度过余生？朋友们，如果你爱孩子，就放开你的双手，让孩子展开翅膀飞翔吧，我想，当你看到孩子幸福地生活时，你也会更幸福。

天高任鸟飞

大家可能还记得有这样一首歌《我是一只小小鸟》，当时听到这首歌的时候，我和同学们天天唱，一个人的时候也要哼哼，总是觉得自己就如同天空中的一只小鸟，总是想飞得再高些，再高些。我记得当时报考学校时，我很想去更远的地方，我母亲有些不同意，她说一个人到外地挺孤单的，就报考近一点的学校吧，出来当个小学老师挺好的。我却很固执，没有听母亲的话，反倒是父亲的话坚定了我远飞的心。父亲说："去吧，能去多远就去多远。"后来我母亲告诉我，我父亲经常开导她说，孩子有自己的事情，不要阻止孩子。

听到母亲对我说这些时，我热泪盈眶。因为我一个人在外地求学时，很多次都非常非常想家，想念母亲做得炖菜，也想念父亲给我调好的收音机频道让我听。而今，父母虽然年老，我也可以经常回去看望他们，但我想我飞得再高，我的根还在父母这里。

我父亲有一次听我说呱呱要去外国学习，他就几次嘱咐我：“不要阻拦孩子啊，孩子有自己的事情要做，能去几个就去几个。飞得高，他才看得远，才能做大事嘛……”我听后，连连答应。一位老人，一个没有上过多年学的老人能这样明白道理，我深感父亲的智慧。

我们常说“天高任鸟飞”，很多家长也天天这样说，可是真正到自己孩子身上时，他们有那么多的理由，有那么多的不舍得。

我当年是在老家农村读的小学和初中，很多同学毕业后有的跟随亲戚去做生意，女孩大多是学裁缝，男孩大多学做木匠。没过两年，时代发展了，裁缝也越来越少，木匠也越来越少。其中有一个女同学和我关系不错，她当年学了点裁缝技术后就跟随表姐到南方服装厂打工。等到嫁人的年龄时，父母逼着她回家，无奈下她只能回家，自己在家做做衣服，慢慢自己也加工一些儿童衣服。前一阵子和我联系，说要到本市看看。我见到她后，发觉变化真大。

女同学笑着说：“你看看，这变化大吧。我都认不出你了。”我说这都几十年了，变化肯定很大。几句寒暄后，女同学说她有个很大胆的想法，想在老家开个小服装厂，不知道现在开始会不会晚。我问她为什么会觉得晚。

女同学一声叹息地说，当时她在南方打工时就想在那边一直做，然后开个店。当时南方的服装市场发展很快，要是做起来现在都能开好几十个连锁店了呢，和她一起打工的几个姐妹现在都有自己的服装厂。结果父母逼着让她回去，一结婚，全是给家里人做这个，做那个，现在孩子大了，自己想做点事情。

女同学羡慕地说：“在老家的几个姐妹，也就你行，读了这么多书，也圆了自己一辈子的梦。你看看我，现在想飞也飞不动喽，老胳膊老腿了。”

我问同学：“孩子现在做什么呢？”女同学说：“我孩子都大学毕业了，比你结婚早嘛。我自己一辈子没飞出去，我可不能让孩子也这样。大学一毕业，我就告诉他想去哪就去哪，能飞多高飞多高。说是和几个同学去深圳了工作了，做什么理财师，设计师的，我也不懂。他有事情做就行。这离家也挺远。不过现在交通这么好，想去就去了，不像咱们当年，去个县城骑自行车都要半天……”

听着女同学侃侃而谈，令她唯一骄傲的事情就是孩子飞得比她高。我无法问同学是否埋怨父母逼着她回来。因为再埋怨，几十年也已经过去，再埋怨，面对老人当初的好意又能怎样？

虽然这个故事已经很遥远，时代也已经很发达，可是现在仍还有很多的家长观点没有变，他们用一成不变的观点来对待孩子的未来和事业。我这里说的让孩子飞，并非单独地让孩子飞向大城市，飞向国外，而是要让孩子去选择自己的生活。

我有一个研究生同学，毕业后可以去一家私企工作，可是父母认为私企的工作不稳定，“说不定哪天公司就倒闭了”。父母在商议下，父亲决定自己提前退休，让女儿在单位有一个职位。而女儿所要做的工作完全不是毕生所喜欢，每天感觉只是枯燥而无趣。而几年后，时代发展了，事业单位也改革了，很多职工面临着被裁员。我的同学也正好是被裁掉的一个。我们抛开其他任何因素，单单来说父母对孩子的框定。父亲为了女儿好，让女儿有个安稳的工作，免受拼搏的劳苦，可是这样的小馅饼，解决了暂时的饥饿，但不能解决孩子的一生，也未必能让孩子一生感到快乐和幸福。

父母都舍得爱孩子，可是却不舍得让孩子飞翔；父母舍得给孩子任何自己拥有的，却不舍得让孩子按照自己的意愿去飞翔。家长朋友们，放飞孩子同样也是爱。让孩子在自己飞翔中寻找自己的归宿，让孩子在飞翔中找到属于自己的人生。

5. 孩子的成长远大于家长的意愿

发挥孩子的潜能，而不是限制

发挥孩子的潜能，几乎成了现在很多家长培养孩子的一项重要工作。我在和几个家长聊天中得知，他们普遍认同专家的观点，孩子的潜能是无穷的，家长要在孩子儿童时期多挖掘，否则会耽误孩子一生。

是的，这个观点不错，因为确实有这样的证据。美国科学家米德早在上个世纪六十年代就指出，现代人的潜能只用去6%，还有94%未被利用。有的科学家甚至认为，在部分人身上的潜能连1%都还没有被利用。为此，很多教育家也提倡，要多发挥孩子的潜能。几经转变，很多爸爸妈妈却偏离了这个“发挥”上，他们不知不觉地在挖掘自己看好的潜能，却又不停地埋没和限制孩子本就有的潜能。

我们小区有个年轻妈妈杨女士，女儿琼琼刚刚三四岁，有一天，我见到她拉着正哭泣的女儿在走。我问：“怎么掉眼泪呢？”

杨女士悄悄对我说：“要去上舞蹈的课了，不乐意了，我说了几句就哭了。”

我小声说道：“是不是说重了？哄哄吧，别让孩子这样去，你看哭成小泪人了。”

杨女士说道：“女孩学舞蹈多好啊，我小时候想学没学成。可她倒好，舞蹈也不想学，也不喜欢弹琴，不知道她有什么潜能。愁死我了。”

我说：“孩子小，喜欢的东西应该多才是。既然不喜欢去，就不要逼着去了，学点别的。”

杨女士说：“先都试试吧。”说着，拽着女儿走了。

孩子已经对妈妈所谓的“潜能”厌倦了，可是妈妈不甘心，“为什么别的孩子都有的潜能，偏偏自己孩子没有呢？”抱着“自己孩子不会比别的孩子差”的信念，家长们拽着孩子上各种各样的潜能班。即使孩子在哭泣，即使孩子在地上打滚，也要从孩子身上找到一个潜能来。而家长们所谓的潜能，无非是别的孩子都在上的舞蹈班、绘画班、钢琴班。可是，家长在忙碌中，却忽略了孩子真正喜欢的东西和身上所具有的潜能。

碰巧有一天，我看到琼琼在跟着奶奶走，手里拿着新买的布娃娃，一边哼着儿歌，一边摆弄着布娃娃。我看琼琼玩得很高兴，我就问琼琼：“喜欢布娃娃？”琼琼说：“嗯，我在给娃娃唱摇篮曲呢。”

我说：“琼琼真棒，阿姨也想听呢。”

琼琼开心地唱起来了。我对琼琼奶奶说：“孩子唱得真好。”琼琼奶奶说：“可不是嘛，她妈妈不让唱，每天我带着孩子，孩子才敢唱。”

我很疑惑：“为什么？”

琼琼奶奶说：“她妈妈说女孩子学舞蹈能练出气质来，唱歌什么都练不出来。”

我听明白了。妈妈想让女儿有舞蹈家的气质，就要从小培养跳舞，可女儿唱得这么好听，妈妈却没有听到过。我想不是杨女士没有听到，而是她的心里只有别的孩子身上所闪耀的潜能，根本没有在意自己孩子身上有着更闪耀的潜能。

法国雕塑家罗丹这样说：“世界从不缺少美，而是缺少发现美的眼睛。”我想借用这句话来说说家长在发挥孩子潜能问题上的根本原因，“孩子们从不缺少潜能，而是缺少发现潜能的心”，发现孩子的潜能不仅需要家长用眼，更需要家长用心。

呱呱小时候很喜欢玩石子，尤其是到了植物园，看到各种形态的石子都会捡起来。一开始，我觉得石子没有什么好玩的，可是呱呱拿着一块块的石子在看。“妈妈，你看，这里有好几层花纹，可都不一样。”“妈妈，你看这个是黑色，这个是白色的。”我拿过一看，颜色和形态都不一样，而且有的并不是纯白。我对呱呱说：“有的白色带点黄，有的黑色也会有白色的花纹。”在和呱呱捡石子的时候，我才发现，小石子竟然是这样美。没有香味，也没有炫耀的颜色，可是就是这样的小石子，潜藏着很多很多的美。每次捡到一块石子，我们都要拿给呱呱看，因为在他的眼里，这些小石子身上一会有着大脸猫的样子，一会又有着孙悟空的样子。有时候，呱呱捡到的小石子装满了我们的口袋，就这样，呱呱还是不放弃。等到再次去的时候，我就带上一个小布袋，告诉呱呱捡到喜欢的石子放在里面。等到石子拿回家，呱呱又一块一块地擦洗，然后摆在墙边。呱呱从中挑选了两块，一块是黑亮黑亮的，送给爸爸，一块是乳白色的送给我。看着呱呱颇有成就感的样子，我们精心珍藏着这份美。

等到再大些，呱呱喜欢上在石子上篆刻，为此，我先生还给呱呱买来了一把刀和磨砂纸。至今，呱呱还留有这样的喜好。呱呱大学毕业后，把精心刻的一块印章送给一位自己尊敬的老师，老师接到礼物后说是他一生中最值得珍藏的礼物。

意大利文艺复兴时期著名的雕塑家米开朗琪罗的雕塑作品《大卫》震惊世人。有一次，一个记者问他，是怎么创作出这么伟大的作品？米开朗琪罗平静地说，他去大理石厂发现一块石头里隐藏着“大卫”，而他只需要把多余的部分剔除掉就可以了。一件伟大的作品的产生，并不是需要人们不断地添加什么，而只需要发现潜藏的伟大就足够。

同样的道理，家长朋友们，不要总是往孩子身上添加孩子天生没有的潜能，当你添加自认为良好的潜能时，其实是在限制、掩埋孩子身上潜藏的伟大。

孩子，做你喜欢做的事情

意大利著名艺术家达·芬奇说：“伟大的爱出自伟大的理解。”而家长对孩子爱，除了无私奉献外，更应该包含理解。

呱呱给我推荐过一部印度电影，名字叫《3 idiots》，我看了一遍又一遍，并把这部电影推荐给我周围的朋友和很多我认识的家长。这部电影讲述的是印度三名大学生入学后发生的一系列事情。面对教条的教育，一位叫“兰彻”的青年大胆喊出来，并帮助自己的朋友跳出那个家长和教师期望的怪圈，各自去做自己喜欢做的事情。

电影虽然讲述的是另一个国家的事情，可在我们周围，这样的事情也屡见不鲜。什么职业获得薪水高，什么职业能很快成名，家长们就从孩子出生的那一刻给孩子敲定了一辈子的事情。

我认识一位医生朋友，他的医术很是高明，在全国也很有名声，四十三岁得子，很是高兴，见到亲朋好友，便说儿子也会像他一样。于是，儿子从小就被灌输着“子承父业”的观点。可是等到孩子高考报志愿时，朋友才发现，孩子悄悄报考了文学专业。朋友一气之下住了医院。他不能理解，自己是享誉全国的医生，儿子也要做到他这样，才能让他感到有所成就。

在住院期间，朋友死活不见孩子，并指责妻子为什么不告诉他孩子把志愿改掉。而等到有一天，同病房住进了一个与自己孩子同龄的青年人时，他才慢慢改变态度。当问及这位青年人为什么住院时，一旁的家长叹息地说孩子患了精神紊乱症，接着埋怨自己不该逼着孩子天天熬夜学习。原来这个住院的孩子也是喜欢文学，在学习期间，理科成绩并不是很好，但文科成绩很突出。家长非逼着孩子学理科，为的是毕业后能更好找工作。孩子临高考前，精神上受不了，连高考也参加不成了。我的医生朋友给我讲这个事情时责问自己，当初怎么就那么糊涂，非要逼着孩子做不喜欢做的事情，要是孩子也出现了问题，那他会后悔一辈子。

医生朋友的这种做法，让我想起电影中的一个情节。男孩法汉的父亲是一位工程师，父亲在法汉出生时就定下来法汉要上的大学，要做的职业。而法汉却喜欢动物摄影，想做一名摄影师。法汉父亲不理解，为什么法汉非要去做那些“乱七八糟”的事情，而不去做一名工程师，而法汉也不理解，为什么父亲不能理解自己的心意？在毕业前，法汉鼓起勇气对父亲说明自己的心意，并恳请父亲理解他。法汉的父亲最终理解了儿子，终于说出让法汉做自己喜欢做的事情，并将买好的打算送给儿子的礼物由笔记本电脑换成了专业照相机。

当我看到电影中的父子拥抱在一起时，我多希望我们更多的家长也能理解孩子的心，也能让孩子做自己更喜欢的工作。

有一次，呱呱到我们单位找我，说是办完事情，正好路过，就和我一起回家。同事们看见呱呱了，都问："呱呱也快要毕业了，以后工作准备去哪？"

呱呱笑着说："还没想好呢。"

同事小张说："去你爸单位吧，他们单位多好啊，也比较稳定。"

呱呱笑了笑，没直接回答，因为别人都不了解，呱呱喜欢的事情和爸爸不一样，而很多时候，大家都羡慕其他人的工作，却忘记了自己的价值和追求。

呱呱回到家就对我说："妈妈，这次回来还有重要事情要和你商量呢。"

我说："什么重要事情，这么严肃？"

呱呱说："我有两个困惑，大学毕业是直接工作还接受学校的保送上研究生？"

我问："什么工作？你喜欢吗？"

呱呱说："学校大四毕业生有招聘会，我也写了份简历，结果还参加面试通过了。那个公司说可以继续在学校上半年课，实习时直接去他们公司。也就算接受我了吧。"

我沉默了，事实上，我内心里希望呱呱在这个年龄阶段多学习，不要急于工作。但我没有直接给呱呱指路，因为我担忧如果给他指了上研的路，他要是坚持不下来，他心里也会很难受。

我对呱呱说，自己先想想，等爸爸回来，咱们三个人一起探讨。呱呱说："刚才你们同事还建议让我去爸爸单位呢，工作稳定，一辈子也就定下来了。"

我对呱呱说："一辈子的事情就被你这样一句话给定下来了。自己想想。"

等先生回来后，我把情况说明了。先生直接叫来呱呱，说了一句话："做你想做的事情，这事不要和我们商量了。我们指的路多了，你更迷路。"

听了爸爸的话，呱呱说，他心底里想继续上研，因为可以跟着老师做很多国际课题，而且见识也会更多些。想参加工作是想早点养活自己，也好替父母分担些经济问题。

我听了后，心里很是感动，呱呱长大了，知道替爸爸妈妈分担家庭问题。但我不能为此前的利益而让他放弃更喜欢的事情。

我先生这时诙谐地说："咱们家的财政部长的权力还在你妈妈手里呢，放心吧，咱们家的财政部长不会让咱们饿着肚子的。"

我很平静地对呱呱说："任何家里都会有解决不完的问题，而现在，爸爸妈妈并不指望你能解决一分钱的问题，需要你自己解决自己的问题。你自己问题解决好了，爸爸妈妈更高兴。"

呱呱听后，说要立即给老师打个电话，因为老师还在等着他的回复。就这样，呱呱选择了自己更喜欢做的事情。

有的家长可能会质疑："你们这样纵容孩子，孩子以后赚的比别人少，买不起这个买不起那个，到时候，你们可别后悔。"

我想，对于这个问题，我们就不在意了，钱赚的比别人少点，房子小点，又有什么关系呢？只要生活得开心、快乐总比压抑、寂寞要好得多。而且，一个人过得是自己的生活，总是与他人比较，羡慕他人的外在事物，只会让自己身心疲惫。

等待孩子的绽放

有一次，我遇到一个以前的同事，见面寒暄后，问我孩子做什么事情。我说还在上学。她很惊奇地说都多大了，怎么还上学？

我也很疑惑，为什么她会有如此强烈的反应。她说朋友们的孩子都工作好几年了，好几个孩子在做 IT 行业，她的孩子就开一家小公司，现在是经理，她很自豪地说孩子也算是一个成功人士。

我表示祝福，但我并没有认为我的孩子不成功。临告别时，她千叮咛万嘱咐，赶紧让呱呱工作，赶紧结婚，赶紧生孩子。

几个"赶紧"让我目瞪口呆。这个话题让我想了一路，也让我"赶紧"了一路。回到家，我就开始和先生说这个问题。先生不解地说："别人家的孩子那是别人家的事情，咱们的孩子是咱们的孩子，两个孩子不一样嘛，人家孩子早熟些，咱们孩子晚熟些，慢慢等着。"

先生的话让我想起儿时的一个事情。记得小时候我家院子里有一棵枣树，一到八月份，我和其他姐妹看到红枣就抢着摘。有时候一碰枣树的枝叶，熟透的枣就会掉下来。当我们发现这个秘密后，就拿来小板凳，踩在板凳上，使着劲拽一枝，希望长在高处的红枣能掉下来。可是有时候发现，明明有的枣红了一多半，可就是不掉。

有一次，我的举动被爸爸发现了。我就问："怎么那几个枣就是不掉下来？"

爸爸说："还没熟好呢，再等两天。"

我很心急，每天看完枣树告诉爸爸赶紧收，爸爸总是说再等两天。就这样，长在最下面的枣，被我们几个小孩子偷偷吃了个差不多。有的枣半青半红，吃着不好吃，发涩，而红亮红亮的枣才好吃，轻轻咬一口，仿佛能喝到一碗浓浓的白糖水，可是那感觉脆脆的，自己都能听到那种声音。

妈妈总在担心吃了生枣会拉肚子，而爸爸总笑着说："红了才好吃吧。"

而我总在问："怎么枣不全红啊？一个青，一个红，都红了就好了。"

爸爸指着枣树说："太阳能照到的枣，熟得早，也就红的早了。那边枣晒得太阳少，总是长得慢些。"

我说："那把那几个青枣摘下来，多晒晒太阳就红了。"

爸爸说："枣还是在树上自己熟才好吃嘛，你把青枣摘下来给它晒太阳，那它就不是自己熟了。"

我当时不相信，就摘了几个青点的枣，晒在太阳底下，可是当吃的时候，觉得总是没什么味道，而且枣的皮也发软，不好吃，结果都被我扔掉了。

儿时的事情已经远去，现在想想，枣树上的青枣也会熟，也会红，只要给它再多些时间，只需要多等两天。因为这是枣成熟的自然规律。

是啊，自然界有自然界的规律，那我们的孩子呢？

我想，每个孩子肯定是不同的，他们潜在的基因不同，他们潜在的才华不同，他们的环境和经历不同，所以他们成功的时间也会不同。既然如此，我们家长为何要求孩子们在同一个年龄达到某种高度呢？

有的爸爸指着报纸上的少年富翁照片责问孩子："你看看，和你一般大，人家孩子十二岁就富翁了，你看看你，每天就知道花钱，”

有的妈妈指着电视里的某成功人士对孩子说：“看看人家这孩子那才叫孩子，咱们的孩子天天就知道看电视。”

孩子大学毕业刚适应新工作，家长在一旁就开始唠叨：“看看别人，再看看你自己。别的孩子给爸妈一个月就好几千，你呢，工资那么少，也不知道什么时候能出息。”

我们家长就是这样，盼着孩子长大，盼着孩子长大了能出息些，能更成功些，可是我们忘了，孩子的成长也需要家长的等待，孩子的成功也需要时间。

我们大学班级里也有这样的事情。一个班三十五个同学，一毕业，有三十个同学都顺利工作，早早结婚生子。而其他几个人各走各的，有的继续考研究生，有的转行和别人做生意，有的则是自己开个小店当起了老板。他们的这些做法在很多人眼里都是“不正常”，而且都不看好他们。

可是，五年、十年过去了，读研究生地实现了大学教师的梦想，而这个梦想曾是班上很多人所想的；和别人做生意的同学，日子也过得很不错，经常飞来飞去谈生意；自己创业的同学更是成为今天人们津津乐道的商界人士，他开了一家又一家的连锁店。

早早稳当工作的同学每次闲聊总是流露出对这几个同学成功的佩服，也难免说出懊悔之词，“怎么当年就没想到去开个公司呢？”“怎么当年就不能继续坚持两三年呢？”不是没想到，而是有时候，我们太急于求成。一毕业，大家都想着赶紧工作，赶紧结婚，赶紧赚钱，赶紧成功，赶紧朝着远远的大成功追赶，唯恐一不留神，掉了大众的队。可就是在这个赶紧的过程中，大部分人丢了很多，也忘记了很多。忘记了自己实力不够就大包大揽，忘记了自己吃不了肉却非要抢一盘肉，忘记了孩子还没有学会走，就买来了跑步机，忘记了孩子刚上学，就要让孩子考大学；忘记了孩子刚适应社会，就追着要成功。

任何成功都需要一个过程，哪怕这个过程只需要一天，它也需要二十四个小时。孩子的成功也是如此。也许孩子不像某天才儿童那么会投资，但孩子能写出一篇好文章被某期刊采纳；也许孩子不像邻居孩子那样，每年拿回多少钱，但是孩子工作也很努力，生活也很幸福；也许孩子不像别的孩子那样光芒闪耀，但是孩子也能自食其力；也许孩子至今默默无闻，但请耐心等待他的绽放。因为，晚熟的孩子也会有成功的一天。

6. 普通孩子也有非凡的未来

妈妈，我有什么特殊才能呢

呱呱小时候上幼儿园，路上我们经常会遇到其他妈妈也送孩子。有一次，遇到一个妈妈。她问我："你给孩子做测试题了吗？"

我说："做什么测试题？"

那位妈妈说："测孩子有哪方面的才能啊。比如听一段音乐，看孩子有没有音乐的才能，做几道题看看孩子有没有作家的才能。"

我说："没测过。"

那位妈妈接着说："测一测吧，挺有用的。知道孩子有哪些才能，咱们就好培养啊。要不然孩子什么才能都没有，那以后干什么呀。"

呱呱听到了，好奇地问我："妈妈，特殊才能是什么呀？"

我看着呱呱好奇的眼神，说："就是和别的小朋友有什么不一样的地方。"

呱呱问："妈妈，那我有什么特殊才能呢？"

我笑着对呱呱说："你说呢。"

呱呱说："妈妈，我的眼睛和宁宁不一样，鼻子也不一样，还有，我比他的个子高呢。"

我说："是啊，大家都不一样嘛。"

就这样，我给呱呱解释了"特殊才能"的意思，而且在我眼里，呱呱是和别的孩子不一样，但我很明白，他很普通，既没有莫扎特 6 岁就上演奏会的特殊才能，也没有 3 岁背诵唐诗三百首的特殊才能。但我相信呱呱长大后不论做什么，都会与众不同。

和呱呱一个班的一个孩子，从小他爸爸就培养他下象棋，说孩子是周岁时就抓着象棋不放。这样一来，爸爸妈妈就认为孩子肯定喜欢象棋，等到孩子刚刚学会说话，就天天和孩子下象棋，也报了象棋班。学了两年多，可孩子对象棋越来越没有兴趣，动不动就在家里扔棋子。爸爸妈妈不理解孩子当初的“特殊才能”跑到哪里去了。

也有的妈妈羡慕地说：“别的孩子都有特殊才能，什么5岁就能弹世界名曲，10岁就能写长篇小说，像这样有才能的孩子以后才有出息嘛。像咱这孩子，什么才能都没有，以后长大了还不知道干什么呢。”

我不相信这样的话，也不相信在两三岁时有特殊才能的孩子在十几年后就一定能成为音乐家、作家、科学家。我们承认，在幼儿有特殊才能的孩子未来可能在某方面有特殊的造诣，请注意，是可能。而在幼儿时期没有显示出特殊才能的孩子未必就没有成功之日。

美国加尼福利亚匹特兹大学的罗伯特·阿尔伯特学者，用几十年的时间对各种超能儿童的有关情况进行研究。最后他发现，天生就有某种特殊才能的孩子在婴幼儿时期并没有什么特殊表现，直到青年时期或壮年时期的某种偶然机会（如在学校的实验室或文艺会演的舞台上），他们的异常天赋才得以淋漓尽致地自我展露出来或被某位“伯乐”发现。这也符合英国教育中被人们信奉的那句经典名言：“每个孩子都有特殊才能。给他们一个机会，他们真的能够超越他人。”

阳光洒满大地，它不会因为小草的普通而阻止小草的生长，也不会因为野花的普通而阻止花朵的绽放。蓝天下的孩子都是普通的子民，但每个孩子都不同。也正因为如此，我们没有必要因为孩子没有“特殊才能”而怨声叹气，也不要因为没有“特殊才能”而逼着孩子拥有。

何苦求“全才”

有一年过春节，呱呱陪爷爷奶奶看电视，正好看到一个娱乐节目，节目里每位表演者都是全能，既能弹钢琴又能吹萨克斯，既能跳探戈舞又能跳街舞。主持人和观众都为表演者的全才全能而惊叹。这时，坐在电视机前的爷爷说：“这孩子看上去挺小的，每天练习肯定也很辛苦。”

呱呱笑着说：“全才的人难做嘛。”

爷爷接着说："我觉得还是精益求精的好，这什么都懂个皮毛也未必好。前几天那老李家的孙子说也要上电视，专门去省城学了好几样，结果什么都没学成回来了。"

奶奶在一旁插话说："孩子也要有那天赋，没天赋怎么训练也难成才。"

两位老人虽然没读过多少名著，但是这个道理大家都明白。"全才"的孩子很少见，但我们很多家长都在追求"全才"。

为了能让孩子长大后是"全才"，那就开始从小培养。家长们似乎很相信"勤能补拙"的道理，也宁愿认为孩子虽然没有某方面的天赋，只要"勤奋"就可以弥补。正因为如此，孩子们在很小的年龄被迫放弃了喜欢的游戏，放弃了喜爱的玩具，而与"全才"的名号为伴。

呱呱上幼儿园时，班上的一位老师问我："呱呱在很多方面都与众不同，家长培养一下，以后就是个全才。"

旁边的一位妈妈听了说："全才啊？真好，我们家孩子也要朝全才发展。"

我笑了笑说："孩子现在喜欢什么就玩什么吧，强迫孩子去学，孩子反而厌倦了。"

幼儿园的老师说："呱呱妈妈，我说的事情你一定要开始了，要不然，呱呱挺可惜的。嗓子也好，记忆力也好，你抓紧时间让孩子学弹钢琴，这样能培养孩子艺术气质。"

旁边的那位妈妈说："老师，您看看家孩子怎么培养，学点什么呢？孩子小，不能不想干嘛就不干嘛。"

我听了后心里也在想："要不要让呱呱成为未来的全才？"回到家就和先生说这个事情。我在想，孩子嗓子好，可以当个音乐家，也可以当个播音员；记忆力好，可以让呱呱多学几门语言，这样就可以成为翻译家、语言学家；对数字比较敏感，可以让呱呱以后成为银行家。我越想越激动，越想越觉得未来的全才专家集呱呱一身。正想着时，呱呱提着裤子走过来："妈妈，我的裤子掉了，我要上厕所……"

呱呱的一句话叫醒了我"全才梦"，看着呱呱调皮的样子，我才明白，呱呱是个普通的孩子，所谓的"全才"是家长们的一个梦想。当然，古今中外确实有很多“全才”，既是天文学家、又是数学家，既是化学专家，又是音乐家。可是这毕竟是少之又少，也非家长的培训而成。

而爸爸妈妈们以为的“全才”又能让孩子收获什么呢？

前几天，我一个同学给我打来电话，问我有没有认识的大学毕业生，他说他公司需要招聘新人，让我多留意一些好的人选。我问什么样的条件。他说只要性格好，能做事、肯学习就行。我说这要求既简单又不简单。

我的同学说，招聘了一个月，很多应聘者面试时就说自己是“全才”，说什么都会，爱好广泛，会唱歌，又会跳舞、会弹钢琴又会拉小提琴的、考了托福又考雅思，计算机过了几级，摆了一堆的证件。当问到最擅长做公司现有工作的哪项工作时，面试者大都说：“都能做。”

我们需要“全才”，但也需要能对自己有所了解的“全才”，需要知道发挥自己特长的普通人才。即使不是“全才”，只要本职事情能做得更好，我认为这也是孩子的一种才能。

图书在版编目(CIP)数据

我的孩子顶呱呱 / 靳丽华著. ——北京:九州出版社,2011.5

ISBN 978-7-5108-0921-7

Ⅰ.①我… Ⅱ.①靳… Ⅲ.①家庭教育 Ⅳ.①G78

中国版本图书馆 CIP 数据核字(2011)第 057891 号

我的孩子顶呱呱

作　　者　靳丽华　著
出版发行　九州出版社
出 版 人　徐尚定
地　　址　北京市西城区阜外大街甲 35 号(100037)
发行电话　(010)68992190/2/3/5/6
网　　址　www.jiuzhoupress.com
电子信箱　jiuzhou@jiuzhoupress.com
印　　刷　北京凯达印务有限公司
开　　本　710 毫米×1000 毫米　　16 开
印　　张　15.25
字　　数　180 千字
版　　次　2011 年 6 月第 1 版
印　　次　2011 年 6 月第 1 次印刷
书　　号　ISBN　978-7-5108-0921-7
定　　价　26.00 元